全国高等职业教育药品类专业
国家卫生健康委员会"十三五"规划教材

供药学、药品经营与管理专业用

药品营销心理学

第 **3** 版

主 编　丛　媛

副主编　卫军锋　周立超　李洪华

编　者　（以姓氏笔画为序）

卫军锋　（山西药科职业学院）　　　　李静静　（山东医学高等专科学校）

马向芹　（南阳医学高等专科学校）　　张亦含　（天津生物工程职业技术学院）

丛　媛　（山东医学高等专科学校）　　周立超　（黑龙江护理高等专科学校）

李洪华　（重庆医药高等专科学校）　　胡　秦　（大庆医学高等专科学校）

李倩雯　（广东食品药品职业学院）

人民卫生出版社

图书在版编目（CIP）数据

药品营销心理学／丛媛主编.—3 版.—北京：
人民卫生出版社,2019

ISBN 978-7-117-26534-8

Ⅰ.①药…　Ⅱ.①丛…　Ⅲ.①药品－市场心理学－高
等职业教育－教材　Ⅳ.①F713.55

中国版本图书馆 CIP 数据核字(2019)第 023509 号

人卫智网	www.ipmph.com	医学教育、学术、考试、健康， 购书智慧智能综合服务平台
人卫官网	www.pmph.com	人卫官方资讯发布平台

药品营销心理学
第 3 版

主　　编：丛　媛

出版发行：人民卫生出版社（中继线 010-59780011）

地　　址：北京市朝阳区潘家园南里 19 号

邮　　编：100021

E - mail：pmph @ pmph.com

购书热线：010-59787592　010-59787584　010-65264830

印　　刷：三河市潮河印业有限公司

经　　销：新华书店

开　　本：850×1168　1/16　印张：12

字　　数：282 千字

版　　次：2009 年 1 月第 1 版　　2019 年 8 月第 3 版
　　　　　2024 年 7 月第 3 版第 11 次印刷（总第 25 次印刷）

标准书号：ISBN 978-7-117-26534-8

定　　价：38.00 元

全国高等职业教育药品类专业国家卫生健康委员会
"十三五"规划教材出版说明

《国务院关于加快发展现代职业教育的决定》《高等职业教育创新发展行动计划（2015－2018年）》《教育部关于深化职业教育教学改革全面提高人才培养质量的若干意见》等一系列重要指导性文件相继出台，明确了职业教育的战略地位、发展方向。为全面贯彻国家教育方针，将现代职教发展理念融入教材建设全过程，人民卫生出版社组建了全国食品药品职业教育教材建设指导委员会。在该指导委员会的直接指导下，经过广泛调研论证，人卫社启动了全国高等职业教育药品类专业第三轮规划教材的修订出版工作。

本套规划教材首版于2009年，于2013年修订出版了第二轮规划教材，其中部分教材入选了"十二五"职业教育国家规划教材。本轮规划教材主要依据教育部颁布的《普通高等学校高等职业教育（专科）专业目录（2015年）》及2017年增补专业，调整充实了教材品种，涵盖了药品类相关专业的主要课程。全套教材为国家卫生健康委员会"十三五"规划教材，是"十三五"时期人卫社重点教材建设项目。本轮教材继续秉承"五个对接"的职教理念，结合国内药学类专业高等职业教育教学发展趋势，科学合理推进规划教材体系改革，同步进行了数字资源建设，着力打造本领域首套融合教材。

本套教材重点突出如下特点：

1. 适应发展需求，体现高职特色　本套教材定位于高等职业教育药品类专业，教材的顶层设计既考虑行业创新驱动发展对技术技能型人才的需要，又充分考虑职业人才的全面发展和技术技能型人才的成长规律；既集合了我国职业教育快速发展的实践经验，又充分体现了现代高等职业教育的发展理念，突出高等职业教育特色。

2. 完善课程标准，兼顾接续培养　本套教材根据各专业对应从业岗位的任职标准优化课程标准，避免重要知识点的遗漏和不必要的交叉重复，以保证教学内容的设计与职业标准精准对接，学校的人才培养与企业的岗位需求精准对接。同时，本套教材顺应接续培养的需要，适当考虑建立各课程的衔接体系，以保证高等职业教育对口招收中职学生的需要和高职学生对口升学至应用型本科专业学习的衔接。

3. 推进产学结合，实现一体化教学　本套教材的内容编排以技能培养为目标，以技术应用为主线，使学生在逐步了解岗位工作实践，掌握工作技能的过程中获取相应的知识。为此，在编写队伍组建上，特别邀请了一大批具有丰富实践经验的行业专家参加编写工作，与从全国高职院校中遴选出的优秀师资共同合作，确保教材内容贴近一线工作岗位实际，促使一体化教学成为现实。

4. 注重素养教育，打造工匠精神　在全国"劳动光荣、技能宝贵"的氛围逐渐形成，"工匠精神"在各行各业广为倡导的形势下,医药卫生行业的从业人员更要有崇高的道德和职业素养。教材更加强调要充分体现对学生职业素养的培养,在适当的环节,特别是案例中要体现出药品从业人员的行为准则和道德规范,以及精益求精的工作态度。

5. **培养创新意识,提高创业能力** 为有效地开展大学生创新创业教育,促进学生全面发展和全面成才,本套教材特别注意将创新创业教育融入专业课程中,帮助学生培养创新思维,提高创新能力、实践能力和解决复杂问题的能力,引导学生独立思考、客观判断,以积极的、锲而不舍的精神寻求解决问题的方案。

6. **对接岗位实际,确保课证融通** 按照课程标准与职业标准融通,课程评价方式与职业技能鉴定方式融通,学历教育管理与职业资格管理融通的现代职业教育发展趋势,本套教材中的专业课程,充分考虑学生考取相关职业资格证书的需要,其内容和实训项目的选取尽量涵盖相关的考试内容,使其成为一本既是学历教育的教科书,又是职业岗位证书的培训教材,实现"双证书"培养。

7. **营造真实场景,活化教学模式** 本套教材在继承保持人卫版职业教育教材栏目式编写模式的基础上,进行了进一步系统优化。例如,增加了"导学情景",借助真实工作情景开启知识内容的学习;"复习导图"以思维导图的模式,为学生梳理本章的知识脉络,帮助学生构建知识框架。进而提高教材的可读性,体现教材的职业教育属性,做到学以致用。

8. **全面"纸数"融合,促进多媒体共享** 为了适应新的教学模式的需要,本套教材同步建设以纸质教材内容为核心的多样化的数字教学资源,从广度、深度上拓展纸质教材内容。通过在纸质教材中增加二维码的方式"无缝隙"地链接视频、动画、图片、PPT、音频、文档等富媒体资源,丰富纸质教材的表现形式,补充拓展性的知识内容,为多元化的人才培养提供更多的信息知识支撑。

本套教材的编写过程中,全体编者以高度负责、严谨认真的态度为教材的编写工作付出了诸多心血,各参编院校对编写工作的顺利开展给予了大力支持,从而使本套教材得以高质量如期出版,在此对有关单位和各位专家表示诚挚的感谢! 教材出版后,各位教师、学生在使用过程中,如发现问题请反馈给我们(renweiyaoxue@ 163. com) ,以便及时更正和修订完善。

人民卫生出版社
2018 年 3 月

全国高等职业教育药品类专业国家卫生健康委员会
"十三五"规划教材
教材目录

序号	教材名称	主编	适用专业
1	人体解剖生理学(第3版)	贺 伟 吴金英	药学类、药品制造类、食品药品管理类、食品工业类
2	基础化学(第3版)	傅春华 黄月君	药学类、药品制造类、食品药品管理类、食品工业类
3	无机化学(第3版)	牛秀明 林 珍	药学类、药品制造类、食品药品管理类、食品工业类
4	分析化学(第3版)	李维斌 陈哲洪	药学类、药品制造类、食品药品管理类、医学技术类、生物技术类
5	仪器分析	任玉红 闫冬良	药学类、药品制造类、食品药品管理类、食品工业类
6	有机化学(第3版) *	刘 斌 卫月琴	药学类、药品制造类、食品药品管理类、食品工业类
7	生物化学(第3版)	李清秀	药学类、药品制造类、食品药品管理类、食品工业类
8	微生物与免疫学*	凌庆枝 魏仲香	药学类、药品制造类、食品药品管理类、食品工业类
9	药事管理与法规(第3版)	万仁甫	药学类、药品经营与管理、中药学、药品生产技术、药品质量与安全、食品药品监督管理
10	公共关系基础(第3版)	秦东华 惠 春	药学类、药品制造类、食品药品管理类、食品工业类
11	医药数理统计(第3版)	侯丽英	药学、药物制剂技术、化学制药技术、中药制药技术、生物制药技术、药品经营与管理、药品服务与管理
12	药学英语	林速容 赵 旦	药学、药物制剂技术、化学制药技术、中药制药技术、生物制药技术、药品经营与管理、药品服务与管理
13	医药应用文写作(第3版)	张月亮	药学、药物制剂技术、化学制药技术、中药制药技术、生物制药技术、药品经营与管理、药品服务与管理

序号	教材名称	主编	适用专业
14	医药信息检索（第3版）	陈燕　李现红	药学、药物制剂技术、化学制药技术、中药制药技术、生物制药技术、药品经营与管理、药品服务与管理
15	药理学（第3版）	罗跃娥　樊一桥	药学、药物制剂技术、化学制药技术、中药制药技术、生物制药技术、药品经营与管理、药品服务与管理
16	药物化学（第3版）	葛淑兰　张彦文	药学、药品经营与管理、药品服务与管理、药物制剂技术、化学制药技术
17	药剂学（第3版）*	李忠文	药学、药品经营与管理、药品服务与管理、药品质量与安全
18	药物分析（第3版）	孙莹　刘燕	药学、药品质量与安全、药品经营与管理、药品生产技术
19	天然药物学（第3版）	沈力　张辛	药学、药物制剂技术、化学制药技术、生物制药技术、药品经营与管理
20	天然药物化学（第3版）	吴剑峰	药学、药物制剂技术、化学制药技术、生物制药技术、中药制药技术
21	医院药学概要（第3版）	张明淑　于倩	药学、药品经营与管理、药品服务与管理
22	中医药学概论（第3版）	周少林　吴立明	药学、药物制剂技术、化学制药技术、中药制药技术、生物制药技术、药品经营与管理、药品服务与管理
23	药品营销心理学（第3版）	丛媛	药学、药品经营与管理
24	基础会计（第3版）	周凤莲	药品经营与管理、药品服务与管理
25	临床医学概要（第3版）*	曾华	药学、药品经营与管理
26	药品市场营销学（第3版）*	张丽	药学、药品经营与管理、中药学、药物制剂技术、化学制药技术、生物制药技术、中药制药技术、药品服务与管理
27	临床药物治疗学（第3版）*	曹红	药学、药品经营与管理、药品服务与管理
28	医药企业管理	戴宇　徐茂红	药品经营与管理、药学、药品服务与管理
29	药品储存与养护（第3版）	徐世义　宫淑秋	药品经营与管理、药学、中药学、药品生产技术
30	药品经营管理法律实务（第3版）*	李朝霞	药品经营与管理、药品服务与管理
31	医学基础（第3版）	孙志军　李宏伟	药学、药物制剂技术、生物制药技术、化学制药技术、中药制药技术
32	药学服务实务（第2版）	秦红兵　陈俊荣	药学、中药学、药品经营与管理、药品服务与管理

序号	教材名称	主编	适用专业
33	药品生产质量管理（第3版）*	李 洪	药物制剂技术、化学制药技术、中药制药技术、生物制药技术、药品生产技术
34	安全生产知识（第3版）	张之东	药物制剂技术、化学制药技术、中药制药技术、生物制药技术、药学
35	实用药物学基础（第3版）	丁 丰 张 庆	药学、药物制剂技术、生物制药技术、化学制药技术
36	药物制剂技术（第3版）*	张健泓	药学、药物制剂技术、药品生产技术
	药物制剂综合实训教程	胡 英 张健泓	药学、药物制剂技术、化学制药技术、生物制药技术
37	药物检测技术（第3版）	甄会贤	药品质量与安全、药物制剂技术、化学制药技术、药学
38	药物制剂设备（第3版）	王 泽	药品生产技术、药物制剂技术、制药设备应用技术、中药生产与加工
39	药物制剂辅料与包装材料（第3版）*	张亚红	药物制剂技术、化学制药技术、中药制药技术、生物制药技术、药学
40	化工制图（第3版）	孙安荣	化学制药技术、生物制药技术、中药制药技术、药物制剂技术、药品生产技术、食品加工技术、化工生物技术、制药设备应用技术、医疗设备应用技术
41	药物分离与纯化技术（第3版）	马 娟	化学制药技术、药学、生物制药技术
42	药品生物检定技术（第2版）	杨元娟	药学、生物制药技术、药物制剂技术、药品质量与安全、药品生物技术
43	生物药物检测技术（第2版）	兰作平	生物制药技术、药品质量与安全
44	生物制药设备（第3版）*	罗合春 贺 峰	生物制药技术
45	中医基本理论（第3版）*	叶玉枝	中药制药技术、中药学、中药生产与加工、中医养生保健、中医康复技术
46	实用中药（第3版）	马维平 徐智斌	中药制药技术、中药学、中药生产与加工
47	方剂与中成药（第3版）	李建民 马 波	中药制药技术、中药学、药品生产技术、药品经营与管理、药品服务与管理
48	中药鉴定技术（第3版）*	李炳生 易东阳	中药制药技术、药品经营与管理、中药学、中草药栽培技术、中药生产与加工、药品质量与安全、药学
49	药用植物识别技术	宋新丽 彭学著	中药制药技术、中药学、中草药栽培技术、中药生产与加工

序号	教材名称	主编	适用专业
50	中药药理学(第3版)	袁先雄	药学、中药学、药品生产技术、药品经营与管理、药品服务与管理
51	中药化学实用技术(第3版)*	杨 红 郭素华	中药制药技术、中药学、中草药栽培技术、中药生产与加工
52	中药炮制技术(第3版)	张中社 龙全江	中药制药技术、中药学、中药生产与加工
53	中药制药设备(第3版)	魏增余	中药制药技术、中药学、药品生产技术、制药设备应用技术
54	中药制剂技术(第3版)	汪小根 刘德军	中药制药技术、中药学、中药生产与加工、药品质量与安全
55	中药制剂检测技术(第3版)	田友清 张钦德	中药制药技术、中药学、药学、药品生产技术、药品质量与安全
56	药品生产技术	李丽娟	药品生产技术、化学制药技术、生物制药技术、药品质量与安全
57	中药生产与加工	庄义修 付绍智	药学、药品生产技术、药品质量与安全、中药学、中药生产与加工

说明：*为"十二五"职业教育国家规划教材。全套教材均配有数字资源。

全国食品药品职业教育教材建设指导委员会
成员名单

主任委员： 姚文兵　中国药科大学

副主任委员：
刘　斌	天津职业大学	马　波	安徽中医药高等专科学校
冯连贵	重庆医药高等专科学校	袁　龙	江苏省徐州医药高等职业学校
张彦文	天津医学高等专科学校	缪立德	长江职业学院
陶书中	江苏食品药品职业技术学院	张伟群	安庆医药高等专科学校
许莉勇	浙江医药高等专科学校	罗晓清	苏州卫生职业技术学院
昝雪峰	楚雄医药高等专科学校	葛淑兰	山东医学高等专科学校
陈国忠	江苏医药职业学院	孙勇民	天津现代职业技术学院

委　员（以姓氏笔画为序）：

于文国	河北化工医药职业技术学院	杨元娟	重庆医药高等专科学校
王　宁	江苏医药职业学院	杨先振	楚雄医药高等专科学校
王玮瑛	黑龙江护理高等专科学校	邹浩军	无锡卫生高等职业技术学校
王明军	厦门医学高等专科学校	张　庆	济南护理职业学院
王峥业	江苏省徐州医药高等职业学校	张　建	天津生物工程职业技术学院
王瑞兰	广东食品药品职业学院	张　铎	河北化工医药职业技术学院
牛红云	黑龙江农垦职业学院	张志琴	楚雄医药高等专科学校
毛小明	安庆医药高等专科学校	张佳佳	浙江医药高等专科学校
边　江	中国医学装备协会康复医学装备技术专业委员会	张健泓	广东食品药品职业学院
		张海涛	辽宁农业职业技术学院
师邱毅	浙江医药高等专科学校	陈芳梅	广西卫生职业技术学院
吕　平	天津职业大学	陈海洋	湖南环境生物职业技术学院
朱照静	重庆医药高等专科学校	罗兴洪	先声药业集团
刘　燕	肇庆医学高等专科学校	罗跃娥	天津医学高等专科学校
刘玉兵	黑龙江农业经济职业学院	邾枝花	安徽医学高等专科学校
刘德军	江苏省连云港中医药高等职业技术学校	金浩宇	广东食品药品职业学院
		周双林	浙江医药高等专科学校
孙　莹	长春医学高等专科学校	郝晶晶	北京卫生职业学院
严　振	广东省药品监督管理局	胡雪琴	重庆医药高等专科学校
李　霞	天津职业大学	段如春	楚雄医药高等专科学校
李群力	金华职业技术学院	袁加程	江苏食品药品职业技术学院

莫国民　上海健康医学院

顾立众　江苏食品药品职业技术学院

倪　峰　福建卫生职业技术学院

徐一新　上海健康医学院

黄丽萍　安徽中医药高等专科学校

黄美娥　湖南食品药品职业学院

晨　阳　江苏医药职业学院

葛　虹　广东食品药品职业学院

蒋长顺　安徽医学高等专科学校

景维斌　江苏省徐州医药高等职业学校

潘志恒　天津现代职业技术学院

前　言

　　《药品营销心理学》(第3版)作为一门新兴的应用型教材,在前两版教材的基础上,做了大量修订工作,编写中力求体现高职高专教育的特点,注重学生职业技能的培养,结合职业岗位的任职要求整合教材内容,努力体现高职教育的改革成果。教材内容的设置对接岗位、面向生产、建设、服务和管理第一线,注意理论知识的把握程度,强化技能培养。尽量使教材内容更加贴近实际岗位,让学生了解实际工作岗位的知识和技能需求,达到学有所用的目的。

　　在这一轮教材中我们对原有栏目进行了系统优化。例如,增加了"导学情景",借助真实工作情景开启知识内容的学习;"边学边练"将实验实训内容与主干教材贯穿在一起;"课堂活动"结合教学进程,提高学生参与度;"案例分析"结合医药及保健品企业实例,或引出知识点,或用以实证分析。这次教材的特色重点是增加了富媒体数字资源,包括同步课件、同步练习、视频等,更有助于教师授课和学生掌握有关内容。内容方面也进行了适度增减优化:第一章着重对药品营销心理学这门课程的起源、发展等做了概括性论述;第二章消费者的心理活动重点描述了消费者对商品的认知过程、情感过程、意志过程;第三章重点介绍了消费者的个性心理特征以及消费者的行为方式、生活方式;第四章与第五章重点分析了与消费心理相关的社会影响因素以及药品营销活动对消费者购买心理的影响,第五章删减了与其他章节有一定重叠的内容,丰富了服务营销的内容;第六章重点放在药品营销中的心理学原则的应用上,更加突出了理论与实践的结合;第七章强调了药品营销人员的心理素质培养,强化了德育与沟通等素质;第八章医药营销团队心理训练,增加了几个有趣可行的实训。希望本课程内容,能对培养符合市场需要的实用性药品营销人员起到更好的促进作用。

　　本书共分8章,各章编写的主要人员为:第一章部分内容由南阳医学高等专科学校马向芹编写,第二章由黑龙江护理高等专科学校周立超编写;第三章由广东食品药品职业学院李倩雯编写;第四章由重庆医药高等专科学校李洪华编写;第五章由山西药科职业学院卫军锋编写;第六章由山东医学高等专科学校李静静编写;第七章由天津生物工程职业技术学院张亦含编写;第八章由大庆医学高等专科学校胡秦编写。山东医学高等专科学校丛媛编写第一章部分内容并对各章内容进行了指导和审稿。

　　由于作者的学识水平和所获得的信息有限,难免存在不足和疏漏之处,而且目前在国内也很少见到有关药品营销心理学的参考资料,所以许多内容还有待继续完善和发展,敬请读者及广大同行批评指正、不吝赐教,以便再版时纠正和补充。

本书主要供高职高专类药学、药品经营与管理专业学生使用，中医药学、中药制药技术、化学制药技术、生物制药技术、药物制剂技术等专业的学生及工作人员也可参阅。

在此一并向所有帮助、关注和支持本教材出版的工作人员表示衷心的感谢！

编者

2019 年 3 月

目　录

第一章

绪　论

导学情景 ∨

情景描述：

　　某天，小李到药店买药时发现药店里有一条横幅："购药满 200 元及以上，每 200 元赠送 40 元。"小李打算买 100 多元的药，他问营业员能不能也打个折。营业员很直白地告诉他不能，因为规定买药的金额必须满 200 元才能享受此优惠。结果，小李也没买药，很不满意的离开了。

学前导语：

　　上述案例中营业员没有顾及顾客在购物中希望商品物美价廉的心理而导致顾客带着怨气离开。药品营销活动涉及消费者的心理活动，会影响消费者的购买决策。本章主要讲述药品营销心理学的研究对象与内容、研究原则与方法。

学习目标 ∨

1. 掌握药品营销心理学的研究对象与内容、研究原则与方法。
2. 熟悉药品营销心理学研究的应用与意义。
3. 了解药品营销心理学的发展过程与理论来源。

第一节　药品营销心理学概述

　　药品营销心理学是一门以心理学、经济学、市场营销学和文化人类学为理论基础，专门研究参与药品市场营销各环节中的人的行为与心理活动规律的科学；属于应用心理学范畴，是心理学的分支学科之一；着重分析和研究药品这一特殊商品购销的双方——药品消费者的消费心理、药品营销人员在营销活动中如何运用营销策略等。

一、药品营销心理学的发展过程

　　药品营销心理学的基本理论与基本技能派生于心理学、营销心理学与市场营销学等。这是一门非常年轻的、正处在探索中有待发展的学科。

（一）市场营销学的发展

药品虽然是一种特殊的商品，有其特定的消费群体和特定的市场，但其经营和消费与所有商品

1

一样,符合商品经营的规律。

在人类历史上,商品和市场关系的形成经历了漫长的过程。原始社会的中后期逐步产生了以家庭为中心的财产私有制,并相继产生了以交换为目的的商品生产活动。最初的商品交换是以物易物,随着生产力的发展、剩余产品的不断增多,交换也越来越频繁,于是在部分群体中形成了一些相对固定的交换场所——市场。市场的出现又进一步促进了商品的生产和商品交换的发展。

伴随着商品交换的发展,市场的范围日益扩大,商品的种类日益繁多,市场的作用也随之彰显。对于市场、商品、营销等的研究、讨论也逐渐展开,市场营销学的发展大致经历了如下几个阶段:

1. **萌芽阶段(1900—1920 年)**　市场营销学于 20 世纪初期产生于美国,阿切·W.肖(Arch W Shaw)于 1915 年出版了《关于分销的若干问题》一书,率先把商业活动从生产活动中分离出来。韦尔达(Weld)、巴特勒(Bulter)和威尼斯(Venice)在美国最早使用“市场营销”术语。韦尔达提出,“经济学家通常把经济活动划分为 3 大类:生产、分配、消费……生产被认为是效用的创造”“市场营销应当定义为生产的一个组成部分”“生产是创造形态效用,营销则是创造时间、场所和占有效用”,并认为“市场营销开始于制造过程结束之时”。

2. **功能研究阶段(1921—1945 年)**　1932 年,克拉克(Clerk)和韦尔达出版了《美国农产品营销》一书,对美国农产品营销进行了全面的论述,阐述了市场营销的目的,详述了市场营销的功能。1942 年,克拉克出版的《市场营销学原理》一书,在功能研究上有所创新,并提出了“推销是创造需求”的观点,这实际上就是市场营销的雏形。

3. **形成和巩固时期(1946—1955 年)**　1952 年,范利(Vaile)、格雷特(Grether)和考克斯(Cox)合作出版了《美国经济中的市场营销》一书,全面地阐述了市场营销的资源分配、资源的使用尤其是稀缺资源的使用等;市场营销如何影响个人分配,而个人收入又如何制约营销;市场营销还包括为市场提供适销对路的产品。同年,梅纳德(Maynard)和贝克曼(Beckman)在出版的《市场营销学原理》一书中提出了市场营销的定义并归纳了研究市场营销学的 5 种方法,即商品研究法、机构研究法、历史研究法、成本研究法及功能研究法。可以看出这一时期已形成市场营销的原理及研究方法,传统市场营销学已形成。

4. **市场营销管理导向时期(1956—1965 年)**　1957 年,罗·奥尔德逊(Wraoe Alderson)在他的《市场营销活动和经济行动》一书中,提出了“功能主义”。约翰·霍华德(John Howard)在出版的《市场营销管理:分析和决策》一书中,率先提出从营销管理角度论述市场营销理论和应用。尤金尼·麦卡锡(Jerome Mclarthy)在 1960 年出版的《基础市场营销学》一书中,对市场营销管理提出了新的见解。他把消费者视为一个特定的群体,即目标市场。企业制定市场营销组合策略,适应外部环境,满足目标顾客的需求,实现企业经营目标。

5. **协同和发展时期(1966—1980 年)**　1967 年,美国著名市场营销学教授菲利浦·科特勒(Philip Kotler)出版了《市场营销管理:分析、计划与控制》一书。菲利浦·科特勒突破了传统市场营销学认为营销管理的任务只是刺激消费者需求的观点,进一步提出了营销管理任务还影响需求的水平、时机和构成,因而提出营销管理的实质是需求管理,还提出了市场营销是与市场有关的人类活动,既适用于营利组织,也适用于非营利组织,这样就扩大了市场营销学的范围。他还于后来提出了企业不应只被动地适应外部环境,也要有影响外部环境的战略思想。

1971 年,乔治·道宁(George Downing)在他的《基础市场营销:系统研究法》一书中提出了系统研究法。这一阶段,市场营销学逐渐从经济学中独立出来,同管理科学、行为科学、心理学、社会心理学等理论相结合,使市场营销学的理论更加成熟。

6. 分化和扩展时期　1981 年以来,市场营销领域又出现了大量丰富的新概念,使得市场营销这门学科出现了变形和分化的趋势,其应用范围也在不断地扩展。进入 20 世纪 90 年代以来,关于市场营销、市场营销网络、政治市场营销、市场营销决策支持系统、市场营销专家系统等新的理论与实践问题开始引起学术界和企业界的关注。进入 21 世纪,互联网的发展应用推动着网上虚拟交易发展,基于互联网的网络营销得到迅猛发展。

西方市场营销学者从不同角度及发展的观点对市场营销下了不同的定义。有些学者从宏观角度对市场营销下定义。例如,麦卡锡把市场营销定义为一种社会经济活动过程,其目的在于满足社会或人类需要,实现社会目标。又如,菲利浦·科特勒指出,"市场营销是与市场有关的人类活动。市场营销意味着和市场打交道,为了满足人类的需要和欲望,去实现潜在的交换"。

麦卡锡于 1960 年也对微观市场营销下了定义:"市场营销是企业经营活动的职责,它将产品及劳务从生产者直接引向消费者或使用者,以便满足顾客需求及实现公司利润。"

菲利浦·科特勒于 1984 年对市场营销又下了定义:市场营销是指企业的这种职能,"认识目前未满足的需要和欲望,估量和确定需求量大小,选择和决定企业能最好地为其服务的目标市场,并决定适当的产品、劳务和计划(或方案),以便为目标市场服务"。

美国市场营销协会(AMA)于 1985 年对市场营销下了更完整和全面的定义:"市场营销是对思想、产品及劳务进行设计、定价、促销及分销的计划和实施的过程,从而满足个人和组织目标的交换"。

市场营销学主要的研究目的是满足消费者的现实或潜在的需要,其中心目的就是达成交易,而达成交易的手段则是开展综合性的营销活动,因此市场营销学也为营销心理学的研究、发展指明了方向。

(二) 营销心理学的发展

营销心理学产生于 20 世纪 60 年代的美国,其发展过程也经历了几个不同的阶段:

1. 营销心理学的初创阶段(19 世纪末—20 世纪初)　当时正值资本主义经济迅速发展,消费需求急速膨胀,求大于供,导致大多数企业奉行"我能够生产什么就卖什么"的错误经营理念,致使后来因竞争的加剧、劳动生产率的迅速提高而出现一定程度的产品滞销问题。后来,研究产品的销售问题变得迫在眉睫,重点则是希望通过广告宣传解决这一问题。

1895 年,美国明尼苏达大学的盖尔(Gael)采用问卷调查的方法,就消费者对广告及所宣传的商品所持有的态度与看法进行了研究。1901 年,美国心理学家斯科特开始对广告心理学进行实证研究。此后他陆续发表了许多文章,于 1903 年将其汇编成《广告理论》一书出版,强调心理学在广告学中的重要作用。学术界一般认为,《广告理论》一书的问世标志着广告心理学的诞生,同时也被看作是市场营销心理学的雏形。1908 年,斯科特又出版了《广告心理学》一书。与此同时,美国哈佛大学的闵斯特伯格也展开了广告心理学的实证研究。随后,越来越多的心理学家和市场营销专家注意到心理学与市场营销学的关系,以及心理学在营销中的应用问题,并出版了世界上第一本命名为 *Marketing* 的科教书。这一时期主要研究的是广告心理学,是营销心理学的初创时期。

2. **营销心理学的研究阶段(20 世纪 20 年代—40 年代末)** 随着垄断的资本主义商品经济的飞速发展,以及市场竞争的加剧,商品销售出现了前所未有的困境。于是,商品推销以及推销的技术、技巧受到人们的特别重视,推销机构以及推销人员成为企业最为重视的部分。这一局面极大促进了营销心理学的分支之一——消费者心理学的发展。美国西北大学的贝克伦(Becklain)在他的《实用心理学》一书中专门论述了销售心理学的问题,指出搞好推销工作的核心环节就是了解消费者的消费需要。这一时期的研究重点是销售心理学。

3. **消费者心理学研究阶段(20 世纪 50 年代—80 年代初)** 营销心理学的研究在这一时期极其繁荣。第二次世界大战以后,西方各国的经济由战争经济转为民用经济,加上科学技术的飞速发展,极大促进了市场经济的发展。西方各国社会生产力得到前所未有的提高,买方市场全面形成,市场消费需求变得异常复杂,继而形成了"以消费者为中心"的现代市场营销心理学观念。1967—1976 年,美国发表了 1 万多篇消费心理学方面的文章,专门研究营销心理学问题的各类杂志、刊物也陆续创刊。这一时期市场营销心理学的研究包括了生产领域,消费者的消费动机、态度、消费人格和购买习惯等一系列问题,营销心理学也成为流通领域销售过程中的指导理论,参与指导企业经营与决策。

4. **整体市场营销心理学研究阶段(20 世纪 80 年代至今)** 随着市场经济的日趋激烈、销售环境的不断变化,市场营销的理论及观念也在不断更新。由此产生的"大市场营销观念"和"全球市场营销观念",强调企业要适应经济全球化的趋势。在崭新的市场营销观念的指导下,营销心理学的理论研究也在不断深化和成熟,与社会心理学、跨文化心理学、社会学和人类学的联系日趋密切,研究范围延伸到了消费者对产品的潜在需求领域和产品的售后服务,其成果得到广泛认可,成为企业营销活动的理论依据。

(三)我国药品营销心理学的酝酿和起步

自我国改革开放以来,经济迅速腾飞,医药行业也迅速发展。国家宏观经济发展的持续趋好,为医药行业的改革与发展提供了良好的外部环境。在日趋激烈的市场竞争中,医药流通体制的结构调整和经营方式的现代化进程加速了医药流通领域向规模化、集约化发展,提高了控制力和经济效益。国内药品市场在国有医药经济为主的前提下,集体经济、股份制经济等都在不断地发展,这种多元化的医药经济结构,为活跃医药市场提供了良好的环境。但是,在激烈的市场竞争中,唯有注重品牌、管理、深度服务的理性市场竞争和差异化经营,消除不正当经营方式,才是医药销售赢得市场空间、健康发展的关键所在。

药品营销心理学的相关理论试图对药品这一特殊商品的经营和销售,及其特殊消费者的消费动机、态度、人格和购买习惯等一系列问题进行分析、解释,并对部分影响因素进行讨论,希望能对药品销售过程起到参谋作用,并对企业的经营决策有所帮助。

二、药品营销心理学的理论来源

药品营销心理学的主要理论依据以下几个方面。

（一）心理学

　　心理学的基本原理是药品营销心理学中关于消费者在消费过程中的心理过程、个性特征等理论的主要理论依据。心理学侧重于研究行为发生和发展的规律，包括由此而产生的相应的态度。另外，作为心理学分支之一的社会心理学则是研究个体或群体在特定条件下对心理活动，尤其是药品消费心理活动的发生、发展变化规律的理论依据。社会心理学所研究的个体、他人、群体以及其态度的形成和转变，对于研究药品消费者的购买愿望及影响因素有重要的意义。有了社会心理学的知识，才能更多地了解药品消费行为是如何受到社会群体、他人和家人影响的。此外，社会心理学中的沟通理论和人际关系理论是药品营销心理学中营销人员素质与能力培养的理论依据，其中包括与消费者的沟通技术、人际关系的建立与发展等，都是药品营销者应具备的能力。

▶ **课堂活动**

　　请同学们回顾一下近期的购药经历或其他购物经历，营业员在推销产品的过程中是如何利用消费者心理来影响消费者购买决策的？

（二）营销心理学

　　营销心理学研究探讨的是商品营销活动中主要营销对象——消费者的心理特征，以及营销人员应具备的基本心理素质和相关的营销策略，为营销活动提供心理学理论依据，讨论营销活动应遵循人们心理活动的规律，提倡把营销策略、营销方式以及营销宣传与消费者的心理过程、个性心理特征联系起来。

　　另外，营销心理学中不同程度地涉及社会学、经济学、跨文化人类学等方面的知识，社会信息传播、社会生活方式变化及家庭结构问题的理论，商品生产与商品流通、商品价格的理论，不同民族的文化传统、生活方式和风俗习惯等对人类消费行为的影响等。

　　上述理论都是药品营销心理学中研究药品消费者行为理论的重要依据和理论来源。

（三）医学伦理学

　　医学伦理学是专门研究医学道德的学科。在药品经营销售活动中，药品作为特殊商品，其特殊性就体现在它的用途上，药品消费者购买这一商品的主要用途就是治疗疾病，保证身体健康。因为药品关乎人的生命和健康，与人们的生命安危息息相关，不同于一般商品，所以，药品营销人员的职业素质和道德要求显得极为重要。也正因为这样，药品营销心理学中对于营销人员的心理素质和职业要求以及营销观念，始终贯穿相关的医学伦理学和医学道德的理念。

点滴积累 ∨

　　1. 药品营销心理学是一门以心理学、经济学、市场营销学和文化人类学为理论基础，专门研究参与药品市场营销各环节中的人的行为与心理活动规律的科学。

　　2. 因为药品关乎人的生命和健康，药品营销观念应始终贯穿相关的医学伦理学和医学道德的理念。

第二节 药品营销心理学的研究对象与内容

一、药品营销心理学的研究对象

药品营销心理学作为一门由多学科交叉而派生的边缘性学科,要研究的对象包括药品营销者、消费者的心理过程,心理行为和各类营销手段与媒介(药品、价格、广告、购物环境等)产生的心理效应,以及药品营销过程中存在的普遍的、一般的心理现象和心理规律。

药品营销心理学主要以营销者和消费者为研究对象,所研究的心理现象表现形式复杂多样,涉及范围也很广泛,有营销者和消费者本身的个性心理特征、行为动机与行为方式,还有其各自相关的群体、广告媒介、社会文化环境以及各类经营活动。

二、药品营销心理学的构成要素

药品营销活动应当是药品营销者通过各种销售途径、销售手段,将药品这一特殊商品,输送到消费者手中,以满足消费者的需要的过程。在这一消费过程中我们总结发现,药品营销过程包含以下几个要素。

(一)药品营销者和消费者

药品作为特殊商品所构成的营销活动包括卖方和买方。营销药品的一方为卖方,可以是药品的直接生产者,也可以是进货后再销售的商业企业;消费药品的一方为买方,可以是直接的个体用药者,也可以是医院、社区医疗机构等。因此,生产、销售和消费的整个过程是否顺利,既取决于药品生产者的药品质量、功能以及疗效等各种因素能否满足消费者的需要,又取决于药品营销者的宣传方式、销售手段是否被消费者接受。

(二)药品营销关系

药品营销活动展开后涉及许多关系,既包括上面叙述的卖方和买方,还包括一些中间环节。

药品营销心理学就是要针对这些关系、环节,以及在这些关系的互动中涉及的心理活动和有可能出现的心理问题作出分析和研究。

在上述关系中,买方的活动相对简单,仅仅关注自身的需要,以及营销活动是否符合自己的要求。而卖方的主要经营活动是面向消费者的,因此,营销者是活动的积极主动性因素,营销活动的成功与否也主要取决于营销者的作用,即营销者能否对消费者的心理活动和心理需要有充分的理解和认知。在对于这些因素充分认知后,采用什么样的手段调动消费者参与营销互动,如何很好地满足消费者心理和行为的需要,就取决于营销者对药品营销心理学知识的运用程度。

(三)药品营销的交流渠道

药品营销过程中除了营销人员和消费者的心理与行为因素外,还包括对双方心理与行为活动均具影响作用的交流与沟通,如药品营销者在运用各种手段和媒介向消费者施加影响时采取的心理策略、心理效应,消费者为满足自己的需要和愿望而进行的各种选择和比较等。要使药品营销活动顺利进行,营销人员就必须对双方心理活动,尤其对消费者的心理活动规律、特点有所了解和把握,根据其心理特点采取诱导、说服、暗示、从众以及改变态度等沟通方式,也可以利用价格、色彩、广告和包装等非语言沟通的方式说服对方。

而如何运用上述药品营销的手段,如何把握消费者的心理特点就是药品营销心理学的基本研究方向。

三、药品营销心理学的研究内容

药品营销心理学根据其研究对象,确定了研究的内容和方向。

第一,药品营销者和消费者属于社会人群中的不同群体,其心理和行为符合人的心理和行为活动的一般规律和共同特征。例如,在药品购买行为中产生的认知、情感以及行为等。在对其共性研究的同时,还应该兼顾因药品这一特殊商品所带来的差异性。例如,在药品经营和购买中,供求双方的不同需要、动机和行为及个体在能力、气质和性格方面产生的不同影响。

第二,还要研究药品营销者和消费者群体的心理与行为。作为个体,其行为必然受到文化、亚文化、社会阶层、家庭、性别等因素的影响,而每个个体都是社会化的人,势必属于一定的社会群体,所以也就必然表现其群体的心理行为与共同特点。换句话说,就是群体的心理行为在很多时候是以个体的形式表现出来的。这一内容也是药品营销心理学必须重视和研究的。

第三,药品营销心理学对于在营销过程中所涉及的营销手段和策略、产品价格、包装、广告媒介等引起的心理效应也要有充分的分析和研究,以便在此基础上掌握供求双方的心理活动。

点滴积累 ∨

1. 药品营销心理学研究的对象包括药品营销者、消费者的心理过程,心理行为和各类营销手段与媒介(药品、价格、广告、购物环境等)的心理效应,以及药品营销过程中存在的普遍的、一般的心理现象和心理规律。
2. 药品营销的构成要素包括:药品营销者和消费者、药品营销关系、药品营销的交流渠道。
3. 药品营销心理学的研究内容:药品营销者和消费者的个体心理现象、药品营销者和消费者群体的心理与行为、药品营销手段和策略等引起的心理效应。

第三节 药品营销心理学的研究原则与方法

一、药品营销心理学的研究原则

(一)客观性原则

即如实反映药品营销活动中参与者的心理发生、发展、变化的规律。要求尊重客观实际,实事求是地去反映事物,不做丝毫的主观臆断。

人的心理是客观事物的主观反映,一切心理活动都是由外界刺激所引起的。研究药品营销参与者的心理活动,就是要从这些可以观察得到的现象中去研究,客观地、全面地分析特定经济环境下影响药品营销活动参与者心理因素的背景,以了解营销心理的发生、发展、变化规律。

（二）发展性原则

任何事物都是不断发展变化的,药品营销活动反映的营销心理也处于变化之中。这就要求研究者要用发展、变化的眼光去看待营销参与者的心理,善于根据事物演变的可能性去预测营销心理变化的趋势,或者运用已经被证明了的营销心理规律去推断新的营销心理变化的可能性。

（三）联系性原则

每个人都在复杂的自然环境和社会环境中生活,因而其各种心理现象的产生都受到环境的影响和制约,某种影响和制约在不同时间、不同地点、不同条件下的反映又有所不同。因此,在研究药品营销供求双方的心理现象时,不仅要考虑与之相联系的多方面因素,还要分析引起营销心理现象的原因、条件等。要注意全面研究社会环境诸因素对营销参与者心理的影响,不能孤立地、片面地看问题。

二、药品营销心理学的研究方法

药品营销心理学的研究方法从传统意义上来讲,沿袭了心理学以及社会心理学等研究方法。但是,在研究药品营销市场以及消费者等影响因素时,还应当结合采用市场营销的相关调查方法。

（一）实验法

在控制条件下对某种行为或者心理现象进行观察的方法称为实验法。在实验法中,研究者可以积极地使用仪器设备干预被试者的心理活动,人为地创设出特定条件,使得被试者做出某些行为,并且这些行为是可以重复出现的。

实验法的研究中涉及3类变量。第一,自变量,即实验者控制的刺激条件或实验条件。第二,因变量,即反应变量。它是实验者所要测定和研究的行为和心理活动,是实验者要研究的真正对象。第三,控制变量,即实验中除自变量和因变量外其他可能影响实验结果的变量。为了避免这些变量对实验结果产生影响,需要设法予以控制。采用实验法研究药品营销活动中的个体行为时,主要的目的是在控制的环境下考察自变量和因变量之间的内在关系。

实验法有两种:自然实验和实验室实验。自然实验也叫现场实验,指在实际营销环境中,对由实验者创设或改变某些条件,从而引起被试者的某些心理活动进行研究的方法。在这种实验条件下,由于被试者处于自然状态中,不会产生很强的紧张心理,因此,得到的资料比较切合实际。但是,自然实验中的实验环境不易控制。实验室实验是借助于专门的实验设备,引起和记录被试者心理活动的现象。通过实验室严格的人为条件控制,可能获得较精确的研究结果,并可以对实验结果进行反复验证。但是,由于实验者严格控制实验条件,使实验情境带有很大的人为性质,有可能干扰实验结果的客观性。营销心理学的许多课题都可以在实验室进行研究。例如,市场营销活动中的感知觉分析、营销沟通研究、购买决策研究等。

（二）观察法

观察法就是研究者依靠视、听器官,在自然环境中对人的行为进行有目的、有计划地系统观察并记录,然后对所作记录进行分析,以期发现心理活动变化和发展规律的方法。所谓自然环境是指被观察者并不知道自己的行为正在受到观察。观察法一般适用于以下的条件:研究的对象处于因多种原因无法控制的情况,以及研究对象在控制条件下会发生质的改变,或出于道德伦理等因素的考虑,不应该对之进行控制的行为。观察法的优点是使用方便,所得材料真实。观察法的缺点如下:其一,观察者只能被动地等待所要观察事件的出现。所能观察到的是活动过程,而无法得知活动原因和心理活动内容;其二,观察资料易受观察者本人的能力水平、心理因素的影响;其三,为保证观察的资料全面、真实、可靠,被观察对象要多、面要广,为了取得大量的资料,耗费的人力和时间较多。因此,观察法有它的局限性。

观察又分为纵向观察、横断观察和随机观察。纵向观察,即对选定的对象进行有目的地、系统地追踪观察。例如,对某些消费者建立"个人心理档案",长期地、不间断地积累观察日记和调查资料,分析他们心理发展的情况,从而掌握消费者心理变化的完整过程,从中找出规律性的内容。横断观察,即在同一时间内对同一环境下的一组人员的心理发展水平进行比较观察。随机观察,即在日常生活中利用偶然机会进行观察。

观察法一般用于研究:消费者需求与动机、消费行为与态度、购买决策等;广告、商标、包装、橱窗和柜台设计在营销沟通中的效果;商品价格对购买的影响、商店的营销状况和某种新产品是否受消费者的欢迎等方面。例如,可以通过观察手段了解路牌广告设计的效果,了解一种新产品投放市场后销售量上不去的原因等。

1966 年,美国的威尔斯和洛斯克鲁托在超级市场内所进行的消费心理研究,是运用观察法的典型案例。他们在超级市场的谷物食品、糖果和洗衣粉柜台前进行了 600 小时的观察。从顾客进入这些柜台的过道开始,直到离开过道为止,他们观察顾客的各种活动,做了 1500 条记录。通过对观察记录的分析,研究了顾客的构成、性别及成人和儿童所占的比例,还分析了当几个人在一起时,是谁影响了购买。此外,顾客的一些其他微观的心理活动,诸如对价格的议论、对商标与包装的兴趣都在分析之列。这种观察研究不仅为探察消费心理的一般规律提供了资料,同时也为商店改进经营策略提供了依据。

运用观察法,常需借助于现代的视听器材设备,如摄影机、录像机、录音机、闭路电视等。

要运用好观察法,需要有明确的观察目的和较详细的计划,包括确定观察内容、选择恰当的观察策略、制定观察记录表等。如果临时抽借观察人员,还必须对其进行认真培训,使其熟悉所要观察的内容和要求,以便能够保证观察的客观性,还要注意防止任何可能发生的取样误差。

观察法所获得的资料比较客观、真实和可靠。此外,这种方法比较简便易行,花费也较低廉。

(三)调查法

调查法是通过晤谈、访问、座谈或问卷等方式获得资料,并加以分析研究的方法。

1. 晤谈法或访问法 通过与被试者晤谈,了解其心理信息,同时观察其在晤谈时的行为反应,以补充和验证所获得的资料,进行描述或者等级记录以供分析研究。晤谈法的效果取决于问题的性质和研究者本身的晤谈技巧。

座谈也是一种调查访问手段。通过座谈可以从较大范围内获取有关资料,以供分析研究。这种方法的优点是简单易行,便于迅速获取资料;缺点是具有较大的局限性。

要使谈话有效,需注意 3 点:①目的明确,问题简易;②讲究方式,控制进程;③系统、完整、详尽地记录谈话的内容。

2. 问卷法 问卷法是运用内容明确的问卷量表,让被试者根据个人情况自行选择回答,然后通过分析这些回答来研究被试者心理状态的方法。常用的有是非法、选择法和等级排列法 3 种。问卷法的优点是能够在短时间内取得广泛的材料,且能够对结果进行数量处理;缺点是所得材料较难进行质量分析,难以把所得结论与被试者的实际行为进行比较。

为保证调查质量,往往事先设计调查表或问卷,列好等级答案,当面或通过邮寄的方式供被调查者填写,然后收集问卷对其内容逐条进行分析、等级记录并进行研究。例如,调查消费者对产品是否满意,对哪些满意、哪些不满意及其等级程度。问卷调查的质量决定于研究者事先对问题的性质、内容、目的和要求的明确程度,也决定于问卷内容设计的技巧性以及被试者的合作程度。例如,问卷中的问题是否反映了所要研究问题的实质、设问的策略是否恰当、对回答的要求是否一致、结果是否便于统计处理,以及内容是否会引起被调查者的顾虑等。

总之,可以根据具体情况灵活使用各种访问调查方法,互相结合,互相补充。这样可以带来很好的调查效果,对降低调查成本、提高调查效率是非常有益的。

知识链接

一种市场调查系统

美国一家大型营销调查公司有一套适合实验室市场测试的调查系统。 该系统可以用来预测新产品推广后的情况, 提供如何改进产品、提高成功率和总体销售业绩的信息, 也可以帮助营销人员了解影响某产品的试用和重复购买决策、行为及态度因素。 其方法为:

1. 抽样。 随机抽取消费者, 填写有关问卷。

2. 请消费者观看包含新产品在内的广告片。

3. 被试者组成小组进入模拟商店, 测试他们是否受到广告片的影响而购买广告片宣传的产品。

4. 讨论他们的购买行为及原因, 同时填写覆盖同样问题的结构性问卷。 然后, 被试者回到家中使用其购买的产品。

5. 足够长的时间后, 给被试者打电话跟踪采访 (被试者事先不知情)。

采访内容有: 对自己所购产品感觉如何, 其他家庭成员反应如何, 对产品的满意程度及原因, 与其他产品的比较和以后有否购买打算等。

点滴积累 ∨

1. 药品营销心理学的研究原则包括客观性原则、发展性原则和联系性原则。

2. 药品营销心理学的研究方法包括实验法、观察法和调查法。

3. 药品营销心理学的研究方法中, 实验法分为自然实验和实验室实验。

4. 药品营销心理学的研究方法中, 观察法分为纵向观察、横断观察和随机观察。

5. 药品营销心理学的研究方法中, 调查法分为晤谈法或访问法、问卷法。

第四节 药品营销心理学研究的应用与意义

一、药品营销心理学研究的应用

研究药品市场营销活动离不开对活动参与者行为与心理规律的研究。人是复杂的,每个人都拥有自己的价值观,而且消费心理也都不相同。这就要求在药品的经营活动中,营销者要兼顾各方面的因素,不仅要了解药品消费者的心理,尽量满足绝大多数消费者的要求,同时还要了解从业人员的心理,还要把营销的方法、策略以及广告宣传等对消费者产生的影响结合起来。总之,就是研究各种和自己所经营的药品这一特殊商品有关的一切对象的心理活动,这些研究离不开药品营销心理学的理论应用,主要的目的就是了解这些市场营销活动参与者的心理活动规律,以提高市场营销的绩效。

药品营销心理学属于应用心理学的分支,是心理学在药品市场营销中的应用,但更应当被看作是药品市场营销理论的重要组成部分,是当今成功的药品营销活动必不可少的理论工具。所以,药品营销心理学的研究对于参与药品营销的各方均有着重要的意义。

(一)有助于更好地开拓市场

美国营销协会是这样定义市场营销的:市场营销是关于观念、产品和劳务的构思、定价、促销和分销的策划与实施过程,其目的是实现个人与组织的目标而进行交换。著名市场营销学教授菲利浦·科特勒(Philip Kotler)是这样说的:市场营销是个人和集体通过创造、提供出售,并同别人交换产品和价值,以获得所需所欲之物的一种社会和管理过程。也就是说,药品营销与其他产品的市场营销一样,也是一种促进交换的管理活动,而药品市场营销心理又是制约营销绩效的特别重要的因素。所以,要想成功开拓市场,尽快达成交换,交易双方心理的研究、互相了解和沟通是必不可少的。

有效沟通的前提是需了解对方的心理与行为规律及其重要影响因素。应用药品营销心理学可以指导市场营销的各个环节,在从药品的研发一直到售后服务等环节中很好地了解市场、受众的需求及影响消费者的多种因素来源和原因;也可以在药品营销活动中根据消费者的心理特点来策划经营,让消费者感知经营者的意图。比如,根据疾病的发病、流行和感染特点,提供什么样的产品(包括观念、产品、劳务),定价多少,在哪里能够买到产品,怎样进行广告宣传,怎样进行人员推销等。同时也能够很好地掌握不同人的不同反应,各种行为与心理的差异性来源于行为人不同的背景。如消费者自身的社会地位、经济状况、消费需求和购买动机,或者消费者的性别、年龄、偏好等个人因素,也可能来自于社会文化背景、政治经济发展状况等外部影响因素,这些都有助于市场的开拓和发展。

(二)有助于更好地满足消费者的需要

按照马斯洛的需求层次理论,人的需求是有层次的,需求层次是逐级推进的。人的生理需求、安全需求可以看作是功能方面的需求,而社交需求、尊重需求、自我实现的需求可看作是心理和精神方面的需求。药品营销心理学的研究试图指导药品的经营活动从产品开始设计到生产、销售各个环节都要考虑如何满足消费者的心理需求,以达到利用较低的成本而创造更高价值的目的。

人的心理特征具有相对稳定性,但同时也具有一定的可塑性。因此,在药品营销心理学的指导下,营销者可以在一定的范围内对自己和消费者的行为进行预测和调整,也可以通过改变内在、外在的环境实现对行为的调控,即尽量消除不利因素,创设有利情境,引发自己和消费者的积极行为,甚至变不可能的事情为可能。比如,可以凭着良好的交流、互动,成功地满足消费者的需要,达到双赢的结果。成功的原因在于很好地了解自己和对方的心理活动、想法,摆正自己与对方的位置,赢得消费者的信任继而作出积极反应。这正是营销心理学在营销中的特殊作用。

(三) 有助于企业改善经营管理,提高服务水平

营销心理学的研究不仅仅满足于对消费者需求的了解,更强调倾听消费者的反馈,而且还要领悟他们在购买行为中的感受。在很多情况下,了解消费者的感受,比了解其购买理由更为重要。因为,只有围绕消费者进行的营销策划,分析研究消费者心理及其变化,并据此采取有效的营销对策,才能取得较好的营销绩效。药品营销心理学的研究应用,有利于改善企业和消费者的关系,提高服务水平,继而提高消费者的满意度和忠诚度。

二、药品营销心理学研究的意义

药品营销心理学研究是药品营销市场发展和完善所必需的,对于市场开拓有着重要的影响。

营销心理学不仅要深入研究消费者的行为与心理规律,更要研究营销者、竞争者、利益相关者的行为与心理规律,只有这样,才能够真正做到"知己知彼",既了解消费者的真正需求、又清楚自己某项决策背后的心理规律、更明白竞争对手对自己决策的反应,才能够很好地搞好企业相关利益团体的配合,从而提高药品营销的科学性、针对性,大大提高成功率。

点滴积累 ╲

1. 药品营销心理学是专门研究参与药品市场营销各环节中的人的行为与心理活动规律的科学。
2. 药品营销心理学研究的应用有助于更好地开拓市场,更好地满足消费者的需要,更有助于企业改善经营管理、提高服务水平。

目标检测

一、选择题

(一) 单项选择题

1. 关于药品营销心理学研究的意义,下列说法**不正确**的是(　　　)
   - A. 了解消费者的真正需求
   - B. 知道某项决策背后的心理规律
   - C. 明白竞争对手的一些反应
   - D. 确保消费者合理安全用药
   - E. 提高药品营销的科学性、针对性

2. 药品营销心理学常用的研究方法**不包括**(　　　)

A. 实验法   B. 观察法   C. 模拟法

D. 调查法   E. 访问法

3. 要使晤谈法的谈话有效,需注意的**禁忌**是( )

A. 目的明确,问题简易   B. 讲究方式,控制进程

C. 权威指导,居高临下   D. 系统、完整、详尽地记录谈话的内容

E. 问题简易

4. 问卷法常用的方法**不包括**( )

A. 等级排列法   B. 选择法   C. 是非法

D. 排除法   E. 量表法

5. **不符合**著名市场营销学教授菲利浦·科特勒(Philip Kotler)的市场营销概念的是( )

A. 个人和集体通过借贷以获得所需所欲之物

B. 个人通过创造产品与他人交换以获得所需所欲之物

C. 个人和集体通过提供出售,并同别人交换产品和价值,以获得所需所欲之物

D. 集体通过创造产品与他人交换以获得所需所欲之物

E. 个人和集体通过提供劳务与他人交换以获得所需所欲之物

(二)多项选择题

1. 市场营销学的发展经历的阶段有( )

A. 萌芽阶段   B. 形成和巩固时期

C. 营销心理学的初创阶段   D. 分化和扩展时期

E. 协同和发展时期

2. 在整体市场营销心理学研究阶段,营销心理学的理论研究也在不断深化和成熟,与下列学科的联系日趋密切的有( )

A. 社会学   B. 人类学   C. 跨文化心理学

D. 教育心理学   E. 发展心理学

3. 在药品营销心理学的指导下,营销者通过改变内在、外在的环境实现对行为调控的措施有( )

A. 良好的交流   B. 了解价格

C. 良好的互动   D. 引发自己和消费者的积极行为

E. 加强流通

4. 要运用好观察法,需要有明确的观察目的和较详细的计划,包括选择恰当的观察策略和( )

A. 了解其心理信息   B. 确定观察内容   C. 制定观察记录表

D. 在晤谈时的行为反应   E. 较详细的计划

5. 应用药品营销心理学可以指导市场营销的环节是( )

A. 药品的研发环节   B. 药品的使用过程   C. 药品售后服务

D. 药品的保存　　　　　　E. 药品出厂流程

二、问答题

1. 简述实验法和观察法的优缺点。

2. 药品营销心理学对药品营销活动有哪些指导意义？

（丛 媛　马向芹）

第二章

ER-02章PPT

消费者的心理活动

导学情景 ∨

情景描述：

中国古代有个寓言叫"买椟还珠"，说的是郑人见楚人卖的珍珠"为木兰之柜，熏以桂椒，缀以珠玉，饰以玫瑰，辑以羽翠"，竟然买回木匣，还回珍珠。这证明了商品的外在包装对于商品的影响。试想一下，如果把一支吉林长白山野山参用旧报纸随意包装出售，恐怕谁也不会接受它的高价。对于商品来说，用包装和广告吸引消费者注意是非常重要的。

学前导语：

药品营销的心理活动包括心理过程和个性心理两个组成部分，心理过程指人的心理活动的一般的、共有的过程。本章将带领同学们学习消费者心理活动的认知过程、情感过程和意志过程。

学习目标 ∨

1. 掌握心理活动中认知、情绪、情感和意志活动的概念和特征。
2. 熟悉记忆与遗忘的规律，情绪的理论与维度。
3. 了解消费者不同的思维方式和情绪情感对药品市场营销的影响。
4. 学会各种心理现象在营销活动中的应用。
5. 具有分析消费者各种不同心理现象的能力。

第一节　消费者对商品的认知过程

认知过程是人的心理活动中最基本的心理过程，是人类接受、加工和整理各种信息的过程。消费者对商品的认知过程是消费者产生购买行为的前提，也是其他心理现象的基础。它是通过消费者自己的感觉、知觉、记忆、想象、思维和注意等心理活动来实现的，是一个对商品品质和属性的综合反应过程。

一、消费者的感知觉

（一）消费者的感觉

1. 感觉的概念　感觉是人脑对直接作用于感觉器官的客观事物个别属性的反映。客观世界中的各种事物都具有多种属性,如形状、颜色、气味、重量、温度等。这些客观事物的个别属性通过眼、耳、鼻、舌、皮肤等感觉器官,经传入神经到达大脑并引起反应。例如,对于一棵人参的认识,看上去颜色是淡黄色的,形状呈圆柱形或锤形,多须根;触摸可以感到表面有细密的皱纹;先嗅后品尝,发现味道是甘中带淡苦。

感觉是认识世界的开端,所有高级、复杂的心理活动都是在感觉的基础上产生的。一个人没有感觉,其认识、情感和意志都不可能产生。心理学家曾做过的感觉剥夺实验证明,感觉被剥夺后,人的心理活动会产生异常,使人难以忍受。而消费者正是通过感觉对某种药品产生了初步的了解,在初步印象的基础上进行综合分析,才能决定是否购买。任何营销手段只有更好地诉诸消费者的感觉才能达到预期目的。

2. 感觉的分类　按照刺激物的来源,把感觉分为外部感觉和内部感觉。

(1)外部感觉:是身体外部刺激作用于感觉器官所引起的感觉,包括视觉、听觉、嗅觉、味觉和皮肤感觉(包括触觉、温度觉和痛觉)。

(2)内部感觉:是身体内部的刺激引起的感觉,包括运动觉、平衡觉和内脏觉(包括饿、胀、渴、窒息等感觉)。

3. 感受性与感觉阈限　感觉器官对外界刺激的感受能力称为感受性,感受性是用感觉阈限来度量的。感受性与感觉阈限成反比关系。

刚刚能够引起感觉的最小刺激量叫绝对感觉阈限。绝对感受性指刚刚能觉察出最小刺激量的能力,绝对感觉阈限表示的是绝对感受性。刚刚能够引起差别感觉的刺激的最小变化量叫差别感觉阈限。对两个刺激最小差别量的感觉能力,称为差别感受性。差别感觉阈限的大小与差别感受性同样是反比关系。例如,一盒总重量为 52g 的药品,当其重量增加或减少 1g 时,能够觉察出重量的变化。如果变化少于 1g,就感觉不到差别。1g 即为差别感觉阈限。

感觉阈限与感受性不会一成不变,两者会随着某些客观条件和有机体的状态不同发生变化。由于每个人的感觉阈限不同,在营销活动中做广告宣传、调整价格、介绍商品等发出的刺激信号强度,就应适应消费者的感觉阈限。例如,某保健品通过打折的方式促销,但是降价幅度过小不会引起消费者的感觉,起不到促销目的;而某食品想通过减少重量来降低成本,但是重量的变化应在消费者的差别阈限范围内。

4. 感觉的特性　感觉的特性包括感觉的适应、对比、联觉、后像以及感觉的补偿与发展等。

(1)感觉的适应:刺激物持续作用于某一感觉器官,引起感受性发生变化的现象称为感觉的适应。有些适应现象表现为感受性的降低,有些则表现为感受性的提高。一般情况下,以嗅觉的适应现象最迅速,例如消费者进入药店一段时间后就闻不到药味即嗅觉感受性的降低;从明亮的环境到昏暗的环境,开始看不到事物,到逐渐看清楚事物,是视觉感受性的提高。在营销过程中,商品的陈列摆放、包装装潢和经营方法都要根据人的感受性特点加以经常变化,使消费者保持较强的感受性。

(2)感觉的对比:是指同一感觉器官在不同刺激的作用下,感受性发生变化的现象。感觉的对比包括同时对比和继时对比。例如,白色的物体放在黑色的背景上就会显得特别明亮,而在灰色的背景上就显得较暗,属于同时对比(图 2-1);刚刚吃过中药再吃糖,觉得糖特别甜则属于继时对比。因此在广告设计中,可采取暗中取亮、淡中显浓、动中有静等对比效应来吸引消费者。

图 2-1　感觉的对比

(3)感觉的联觉:指的是不同的感觉之间发生相互作用,从而使感受性发生变化的现象。人对颜色最容易产生联觉,例如笨重的物体采取浅色的包装会让人感觉比较轻巧,而轻巧的物体采用深色包装会让人感觉庄重。颜色也是商品包装和广告中最重要的因素之一,很容易引发人的联想和诱发人的情感,对消费行为产生重要影响。

(4)感觉后像:是指在刺激作用停止后,感觉在短时间内仍不消失的现象。后像存在于各种感觉之中,在视觉中尤为突出。后像分为正后像和负后像。后像的品质与刺激物相同,为正后像;后像的品质与刺激物相反,为负后像。例如,从注视明亮的电灯到闭上眼睛后,灯的形象并不立即消失,为正后像;从注视黑色背景上的白圆移视到白色背景上时,会出现黑色的斑点,为负后像。

知识链接

植入式广告

植入式广告又称植入式营销,是指将产品或品牌及其具有代表性的视觉符号甚至是服务内容策略性地融入电影、电视剧或是电视节目之中,通过场景的再现,让观众在不知不觉中留下对产品及品牌的印象,继而达到营销的目的。植入式广告特点十分明显:首先是具有隐蔽性,植入式广告是在节目录制中将广告信息隐藏在节目的内容中,随节目一起将广告传达给观众;其次是结合紧密性,植入式广告一般不占据特定的广告时段,与电视节目是一个整体,紧密结合且不可分割;最后,植入式广告还具有一定的强制接受性,电视观众可以采取转台、分散注意力等方式来回避电视上发布的硬广告,但却无法逃避电视节目中的植入式广告,因为它和节目融为一体,缺少了广告内容的节目将变得不完整,因此观众为了继续看电视节目只能选择接受广告信息。例如,电视剧《欢乐颂》中曾多次出现某品牌感冒药的植入式广告。

（二）消费者的知觉

1. 知觉的概念 知觉是人脑对直接作用于感觉器官的客观事物整体属性的反映。前文提到，通过各种感觉器官可以认识到人参的形状、颜色、香味及硬度等个别属性，在此基础上，再对个别属性的信息进行加工，构成对人参的整体认识，从而产生知觉。

知觉和感觉是紧密联系又有所区别的两种心理现象。感觉是对客观事物个别属性的反映，而知觉则是对客观事物整体属性的反映；感觉是以感觉器官接受外界信息为依据的，而知觉是在感觉的基础上，人脑对信息进行加工整合而形成的。因此，知觉多来自各种感觉的综合，既包括当时的感受，也包含过去的经验等。在销售活动中，知觉是消费者在感觉基础上对商品总体特征的反映。例如，消费者因某种药品的功效、价格、包装、规格等因素产生了视、听等感觉，但是这些个别属性的感觉必须经过大脑加工才能形成知觉。人的态度和需要使知觉均具有一定的倾向性，知识、经验的累积使知觉更丰富、更具理解性。

2. 知觉的种类 根据知觉反映的事物特征，可以分为空间知觉、时间知觉、运动知觉。空间知觉是人脑对事物的形状、大小、远近、方位等空间特征的知觉；时间知觉是对客观现象的顺序性和延续性的反映，即对事物运动过程的先后和长短的知觉；运动知觉是对物体空间位移和快慢的知觉。

错觉也是知觉的一种，是指在特定条件下产生的对外界事物歪曲的知觉。错觉现象十分普遍，常见的有大小错觉（图 2-2）、形状-方向错觉（图 2-3）等。在商品销售活动中，巧妙利用错觉，将有助于商品销售活动的开展。例如，一个不大的商店，由于店面的四周镶上了镜子，镜面的折射产生了增加光线的作用，使得屋内摆放的商品数量也显得增加了一倍，给人以目不暇接的感觉。

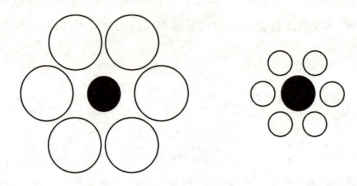

图 2-2 大小错觉

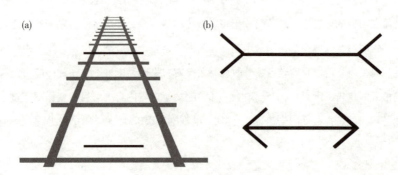

图 2-3 形状-方向错觉

3. 知觉的基本特性　包括整体性、选择性、理解性、恒常性等。

(1)知觉的整体性:是指人在知觉客观对象时,人能够根据知识、经验把它作为具有一定结构的整体去认知(图2-4)。例如,人们走进药店,不是先知觉柜台,后知觉门窗、地板……而是完整地同时反映它们。消费者在购买行为中,总是把商品价格、质量、品牌、款式、包装等个别属性综合在一起,在头脑中形成对商品的整体形象。知觉的整体性对人们在众多事物中快速识别某一事物具有重要意义。

(2)知觉的选择性:是指人有选择地把知觉对象优先从众多的信息中区分出来,并进行加工、整理的特点(图2-5)。知觉的对象和背景是可以发生变化的。影响知觉的选择性的因素有很多,知觉对象与背景的差别越大,就越能从背景中选择知觉对象。消费者总是有选择地在大量的商品信息中,优先将少数商品信息作为知觉的对象,这是消费者知觉的选择性。根据这种特点,消费者能在众多的商品中把自己所需要的商品区分出来,或者在同一种商品的众多特性中,优先注意到某种特性。在商品的营销活动中,对于商品的摆放、陈列等都应注意背景与商品的衬托,对比明显才有利于消费者进行选择。

图2-4　知觉的整体性

图2-5　知觉的选择性

(3)知觉的理解性:人在感知客观事物时,总是根据过去的知识经验来解释它、判断它,把它归入一定的系统之中,从而更深刻地知觉它的特性。人的知识和经验越丰富,对事物感知就越完整、越深刻。例如,医生对X光片的理解较常人要丰富、深刻得多。人还可以借助语言、文字功能来概括感知到的信息,因而知觉的理解性与人的语言、文字有着密切关系。理解性可以解释不同的消费者对同一商品的知觉为什么会不一样,有经验的消费者在挑选商品时,要比没经验的消费者知觉得更快、更全面。销售人员帮助消费者对商品进行理解,无疑会提高商品交易的成交量。

(4)知觉的恒常性:当知觉的条件发生变化以后,知觉映像在相当程度上仍然保持稳定性,这就是知觉的恒常性(图2-6)。知觉的恒常性主要以知识、经验、对比为基础。例如,手帕被折叠成蝴蝶形状或者花朵形状销售,人们仍能知觉其为手帕。知觉的恒常性具有十分重要的意义,能够真实地反映客观对象的自然属性、本来面目。

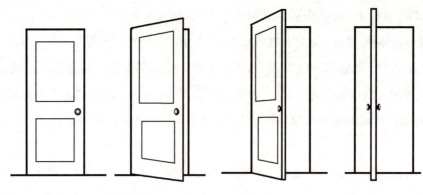

图 2-6　知觉的恒常性

（三）消费者的感知觉与营销活动

感知觉能够带动消费者作出购买商品的理性选择。例如,具有求实、求廉需求的消费者,在购买商品时注意的是商品的实际功能相对于他们需要满足的程度,而一般不会追求高价格的豪华产品。人们同时感知同一客观事物,其感知结果是不可能完全一致的,也可以这样说,人感知的事物与客观的事物是有区别的。因为个体之间的感觉阈限和感受性都有差异,凭个人的感知来判断消费者和市场就可能会出错,所以对于不同消费者的营销策略就应该因人、因事而异。

感知觉能引导消费者选择自己所需要的商品。有明确购买目的的消费者走进商店后,能快速找到出售预购商品的柜台,同时积极地选择所购买的商品,这是由于购买目标成为他们知觉目的的对象,感知十分清楚,而周围的其他商品则成为感知觉的背景,消费者对其的感知往往比较模糊。在营销活动中,合理地利用感知觉的各种特性,往往会收到较理想的效果。例如,在布置柜台时,可以将促销的药品放置在特殊背景下进行强化,引起消费者的感知注意,进而引发下一个销售环节。

二、消费者的注意与记忆

（一）注意

1. 注意的概念　注意是指人的心理活动对于一定对象的指向与集中。指向性和集中性是注意的两大特征。指向性是指人的心理活动选择了某个事物,而忽略其他事物。集中性是指心理活动在选择和方向上排除干扰保持并深入下去。例如,消费者在选购商品时,其心理活动总是集中在所购买目标上,并且能避开其他商品的诱惑,对场内的噪音、喧哗、音乐等干扰不予理睬,保持对所购商品清晰、准确的反映。注意是一种心理活动的状态,而不是一种独立的心理过程,它是在具体的认识活动中表现出来的,如注意听、注意思考等。顺利地完成一个某个心理活动,一定要有注意的参与。

2. 注意的种类　根据注意有无目的性、是否需要意志努力,把注意分为无意注意、有意注意和有意后注意。

（1）无意注意:是指没有预定目的,不需要付出意志力的注意。例如,消费者到商店去购买甲产品,结果无意之间见到了乙产品。一般来说,强度大、对比鲜明、新颖的刺激容易引起无意注意。

（2）有意注意：是指有预定目的，需要付出意志力的注意。消费者根据自己的需要对于商品进行认真地了解、反复地挑选和细致地检查就是有意注意。有意注意是在无意注意的基础上发展起来的，是人类特有的一种心理现象。对于学习和工作来说，具有较高的效率。

（3）有意后注意：是一种有目的，但无需意志努力的注意。比如，开始学习游泳时，注意力非常集中，这是有意注意；学会游泳后，可以不用注意动作要领就能够畅游自如，这时游泳就成了有意后注意。有意后注意是一种具有高度稳定性的注意，是人类从事创造性活动的必要条件。

3. 注意的功能　注意的功能包括选择功能、保持功能、监督和调节功能。

（1）选择功能：选择功能是指根据自己的需要有目的地选择有意义并与当前活动相一致的事物，避开其他事物干扰的功能。由于注意的选择功能，人的心理活动才能正确地指向和反映客观事物。在营销活动中，可以通过吸引消费者注意的方式，对消费者的选择施加一定的影响。如将儿童服用的药品外观设计为卡通图案，或者药片形状设计为星星或月亮等。

（2）保持功能：保持功能表现在它使注意较长时间集中于一定的事物，并一直保持到完成认识活动和行为目的为止。

（3）监督和调节功能：当心理活动被无关事物干扰，离开注意对象时，注意的监督和调节功能会适时地对心理活动进行调节，使其指向和集中在特定的客观事物上。

4. 消费者的注意与营销活动　一般情况下，人们不能同时感知多种事物，只有当被感知对象具有突出的特点，或者与背景有明显反差时才能引起人们的注意，使之印象清晰、深刻，记忆也保持较持久。

生活中，人们在商场、超市无目的地浏览时，经常会在无意之中不由自主地对某些消费刺激产生注意，刺激物的强度、对比度、活动性、新颖性是引起无意注意的主要原因。新产品在投入市场时，要让人知晓、了解，首先就要引起注意。消费者可能是通过广告、亲朋介绍以及自身需要引起对某种产品的购买欲望，而去有意地寻找、搜集相关信息。这时商品是在同类商品中竞争，包装或广告的目的不仅仅是为了抓住目光，而是准确地传达和强化产品信息，使产品从被知晓到被理解、信任。例如，过去上海有家梁新记牙刷店，门口的广告画着一个人拿着老虎钳子拼命拔牙刷上的毛，旁边写着"一毛不拔"四个字，这个广告一下子就引起了消费者的注意。

我们可以把注意这一心理活动应用到药品销售活动的各个环节。例如，在商业广告设计、商店橱窗商品摆放等活动中，要做好设计以引起消费者的有意注意，激发对商品的积极情绪和情感，促进购买行为。通过吸引消费者的注意力，使其注意力转移到预期的商品上，创造更多的销售机会。

品牌经典——
W+B

知识链接

注意力经济

注意力经济（the economy of attention）是指最大限度地吸引消费者的注意力，通过培养潜在的消费群体，以期获得最大的商业利益的经济模式。在这种经济状态中，最重要的资源既不是传统意义上的货币资本，也不是信息的本身，而是大众注意力。只有大众对某种产品注意，才有可能让其购买这种产品，而要吸引大众注意力的重要手段之一就是视觉上的争夺，所以注意力经济也称为"眼球经济"。

消费者的心理活动只有指向和集中在某一事物时，才能引发消费者的注意，并产生需求的可能。营销人员要想办法使产品引起消费者的注意，刺激消费者的购买欲望，达到销售目的。例如，在1905年巴拿马世界博览会上，专家对包装简陋的中国茅台酒不屑一顾。中国代表急中生智，趁展厅内客商较多时，故意将一瓶茅台酒摔破在地，顿时酒香四溢，吸引了商客的注意，当时茅台酒的高品质博得了各国客商一致好评。

（二）记忆

1. 记忆的概念 记忆是过去的经验在人脑中的反映。经验包括感知过的事物、思考过的问题、体验过的情绪和做的动作。记忆代表着一个人对过去活动、感受、经验的印象累积。这些经验都以映像的形式存储在大脑中，在一定条件下，这种映像又可以从大脑中提取出来，这个过程就是记忆。

2. 记忆的过程 记忆的过程包括识记、保持、回忆或再认三个基本过程。消费者在购物的活动中通过看、听和接触商品去识记；把识记商品过程中形成的客观事物的联系作为经验在头脑中储存，就是保持；消费者在选购某类商品时，往往在头脑中把曾使用过或者在别的商店见过的同类商品重现出来进行比较，就是回忆；当消费者看到曾经用过或广告上看到过的商品，将其认出来并感到熟悉，这就是再认。

3. 加强消费者记忆的方法

（1）重复记忆法：重复有助于记忆，记忆按照时间保持长短可以分为瞬时记忆、短时记忆和长时记忆。从瞬时记忆转变为长时记忆是反复感知的结果，要想使商业宣传变为消费者的长时记忆，只有重复地向消费者宣传，加深其感知和印象，才能得以实现。名牌商品之所以家喻户晓，重复宣传就是其方法之一。

（2）理解记忆法：理解有助于记忆，建立在理解基础上的记忆效果明显好于机械识记。在商品销售活动中，将商品与消费者所熟知的事物建立起联系，就会潜移默化地提高记忆效果。销售人员在向消费者介绍商品时，必须运用通俗易懂的方法帮助消费者加深理解。不少药品企业提出服务宗旨就是为了加深消费者对企业的记忆。

（3）目的记忆法：明确的目的有助于记忆，当条件相同时，有明确目的的有意识记忆比无目的的无意识记忆效果好得多。例如，消费者为了保养皮肤而购买护肤品，必然会搜集多方信息，对各个品牌的护肤品加以对比，从中选出目标商品。

（4）参与记忆法：参与有助于记忆，人们亲自参与某些活动，可以使记忆效果明显提高。在商品营销过程中,把消费者引入到商品的使用活动中来,会明显地调动他们的购买兴趣,加深他们对商品的记忆。如服装的试穿、家电产品的操作、食品的品尝等。

> **知识链接**
>
> 记忆的模型
>
> 　　心理学家提出了关于记忆的理论模型,工作记忆(working memory)就像计算机的内存,容量不大,但读取和写入信息的速度非常快,且"断电"就会忘记。在日常生活中,"当下"指的就是工作记忆中的信息,它就像是一个工作台,各种心理活动都在其中展开。
>
> 　　长时记忆(long-term memory)就像是计算机的硬盘,容量很大,但其中的数据如果要被CPU处理,就要从硬盘转到内存中才行。我们的那些保持了数年甚至数十年的信息,那些美好的回忆,那些深刻的知识,还有那难忘的每一天,都属于长时记忆。

4. 消费者的记忆与营销活动　记忆在一定程度上影响着消费者的购买决策,决定着消费者的购买行为。因此,在营销活动中应注意利用记忆规律,加强消费者的记忆。

(1)帮助消费者明确购买目的,促成消费者的记忆:当消费者面对众多商品难以确定购买目的时,商业经营人员应积极主动地进行宣传介绍做好消费者的参谋,帮助其明确购买目的,形成有意记忆,从而促进购买行为的产生。

(2)提高广告宣传的作用:在商业广告宣传中,应注意把新产品与消费者熟知的事物联系起来,使消费者易于理解和接受,增强记忆,提高信息传播效果。

(3)强化记忆效果:在商业经营活动中,应采取措施吸引消费者积极参与商品的促销活动,调动其积极性,以加强其对商品的记忆。

三、消费者的想象与思维

(一)想象

1. 想象的概念　想象是人脑对已有表象进行加工、改造,创造出新形象的心理过程。例如,人们听广播、看广告时,会在头脑中产生各种情景和人物的形象。表象是人脑对以前感知过的事物形象的反映,是想象的素材。

2. 想象的种类　想象按其是否有目的,可分为无意想象和有意想象。

(1)无意想象:是指没有预定目的、在某种刺激作用下不由自主产生的想象。例如,浮想联翩、触景生情等。人的梦境是无意想象的极端形式。

(2)有意想象:是根据一定的目的、自觉进行的有意识的想象。例如,青年学生立志将来要成为一名销售大师,就是有意想象。根据想象的独立性、新颖性和创造性的不同,可以把有意想象分为再造想象、创造想象和幻想。

1)再造想象:是指根据语言的描述或图表模型的示意,在头脑中形成新形象的过程。例如,我们看设计图,在脑海里浮现出的相关形象,就是再造想象。

2)创造想象:是不依据现成的描述而在头脑中独立地创造出新形象的过程。如曹雪芹创造出的"林妹妹"形象。创造形象对人类的实践活动具有重要意义。

3)幻想:是一种与生活愿望相结合并指向未来的想象。幻想分为积极和消极两种,积极的幻想符合事物的发展规律,有实现的可能,也叫理想;消极的幻想与客观规律相违背,不可能实现,叫做空想。

3. 消费者的想象与营销活动

(1)想象的预见功能:指想象可以预见购买活动的结果,指导消费者行动的方向。如消费者购买减肥药时,会伴随着减肥后的效果想象,想象到对自己有利的结果后,即可采取购买行为。营销活动中广告的设计、橱窗的布置都可以丰富消费者的想象力,达到宣传商品的目的。

(2)想象的补充知识的功能:在实际生活中,许多事物是人们不可能直接感知的。但是可以通过想象来补充这种不足。拓展了广告内容的想象使信息刺激的深度和广度不断延伸,从而提高商业广告的效果。例如,消费者听到药品广告中"活血""化瘀"等词时,通过已有的"流水""融冰"表象,在头脑中可以想象药品的作用。

(3)想象对机体生理活动调节的功能:想象能够改变人体外周部分的功能活动过程。有实验证明,当诱导一个想象力十分丰富的人想象"自己跟在电车后奔跑"时,可测到他的心跳加快。优秀的营销人员常常能够在诱导顾客的过程中,以自己的想象力去引发和丰富顾客的想象力。

(二) 思维

1. 思维的概念 思维是人脑对客观事物间接的、概括的反映。思维的主要特征是间接性和概括性。

(1)间接性:思维的间接性是指人们总是借助一定的媒介和知识经验对客观事物进行间接的认识。有些事物无法直接认识其本质,必须以其他事物为媒介,经过推理、判断来反映其本质。例如,医生是对患者的临床表现、检验和检查结果,分析、比较等思维过程,间接地得出对疾病的诊断,而不是医生直接地感知疾病。思维可以使人深入、全面、正确地认识客观事物。

(2)概括性:思维的概括性是指在大量感性材料的基础上,把同一类事物共同的特征和规律抽取出来并加以概括。主要包括两个方面:第一,思维反映的是一类事物共同的本质属性;第二,思维可以反映事物之间的内部联系和规律。例如,市场上的药品成千上万,很难全部被认识。但经过思维,可以把它们概括为消化系统药品、心血管系统药品等,每一类药品都有区分于其他类药品的共同特征。

间接性和概括性是思维的两大基本特征,这两大特征是密切相关的。人们在进行间接认识或推理时,必须运用已概括出的知识经验作为中介环节,去判断和推论没有被直接感知的事物,一般来说,概括的知识、经验越多,间接的认识水平就越高。

2. 思维的过程 思维过程分为分析与综合、分类与比较、抽象与概括。

(1)分析与综合:分析就是在头脑中将事物的整体划分为各个部分和各个特性,如将一棵树分解为根、茎、叶、花、果等。综合就是将事物的各个部分、各种属性结合起来,形成一个整体认识的过程。如将一种植物的根、茎、叶、花、果结合起来,就可以得出果树的结论。分析和综合是思维的基本过程,它们是相反而又紧密联系的两个方面。

(2)分类与比较:分类是按照事物的不同性质进行区别归类。比较是把各种事物和现象加以对比,确定它们的不同点及关系。比较是以分类为前提的,只有通过分类把事物的各个部分或特征区别开来,才能进行比较。通过比较才能确定它们之间的关系,对事物有一个准确的认识。比较是消费者购买活动中的重要环节之一。有比较才有鉴别,"货比三家"就是对于所要购买的同类药品从质量、价格及效果等方面进行比较之后,再作出购买决定。

(3)抽象与概括:抽象是抽取出同类事物的共同特征和属性的思维过程。概括就是把抽取出来的共同特征和属性结合在一起的过程。通过分析认识事物的各种属性,比较找出其共同属性,以及这些属性相互之间的关系,再把共同属性结合起来,用词语表达概念,这就是概括的过程。

知识链接

吉 芬 效 应

　　吉芬效应是指在消费品价格和消费品需求量之间存在的一种"非常规性函数关系"。 英国经济学家吉芬对爱尔兰土豆销售情况进行统计时发现, 当土豆价格上升时, 对土豆的需求不降反升; 当土豆的价格下降时, 需求也随之下降。 房价、黄金和股票也同样存在"追涨杀跌"的吉芬效应。

3. 思维的分类

(1)根据任务的性质、内容,思维可分为动作思维、形象思维、抽象思维。

1)动作思维:是通过实际操作的方式解决直观而具体问题的思维活动,也称实践思维。如修理各种设备时,边检查边分析,逐一排除故障。3岁之前的儿童只能通过动作进行思维,成人有时也要运用动作和表象进行思维,但其思维水平要远远高于儿童。

2)形象思维:是凭借事物的具体形象来解决问题的思维。它借助于鲜明、生动的表象和语言。如药品的包装设计、构思材料的选择、广告的色彩和介绍、柜台的摆放等,都是具体形象思维的过程。

3)抽象思维:是运用概念、判断、推理等基本形式来解决问题的思维。抽象思维是认识事物本质或内在联系的思维,是人类最典型、最高级以及运用最广泛的思维形式。

(2)根据解决问题的方向,思维可分为聚合思维、发散思维。

1)聚合思维:也称求同思维,是指根据已知信息,将与问题有关的信息和知识汇集或者综合起来,产生唯一逻辑的结论。例如,医生通过多方面检查对于患者的病情有了一个总体的认识,确定患者病症的过程就是聚合思维。

2)发散思维:也称求异思维,是指从一个目标或思维起点出发,沿着不同方向,顺应各个角度,提出各种设想,寻找各种途径,解决具体问题的思维方法。例如,一题多解或一物多用都是发散思维的运用。

(3)根据解决问题的方法,思维分为常规思维和创造思维。

1)常规思维:又称习惯性思维,是指利用已获得的知识和经验,依照原有模式进行回忆与重演的思维。

2)创造思维:是指重新组合已有的知识和经验,形成新的方案的思维。创造思维是人们发明、创造、想象出新概念或新事物的心理基础。

创造思维与发散思维都具有变通性、敏捷性和创造性,是良好的思维品质,对于创造性地开展市场营销活动具有积极的作用。发散思维与聚合思维是两种方向相反的思维。发散思维是创造思维的基础,而创造思维又离不开聚合思维,创造思维是发散思维和聚合思维的辩证统一。

4. 消费者的思维与营销活动

(1)思维的灵活性:灵活性是指根据事物的变化,运用已有的经验,及时地改变原来拟定的方案,体现了思维应变的特点,这种特点表现在能力上就是变通能力。营销者在商品销售活动中应该经常根据商品市场的变化,不断变换经营策略和销售方式,采取灵活多样的促销手段,才能使商品销售做得红红火火。有些商品的滞销,并不都是有质量问题,而是需要灵活变通的宣传和经营方式。

(2)思维的敏捷性:敏捷性是指在短时间内发现问题和解决问题的迅速反应的特点。营销者要想保持竞争优势,就必须时刻注意市场形势的变化,提高市场应变能力,做到随机应变、适时应对,才能在激烈的市场竞争中处于不败之地。

(3)思维的独创性:独创性是指思维活动具有新颖而独特的特点。新颖是指不墨守成规,能破旧立新;独特是指与众不同,别出心裁。营销者应努力提高市场的开拓能力。例如,某大药房打出"买产品送健康"的广告,消息一经见报,药品销量大增,取得了开拓市场的效果。

点滴积累 ∨ ···

1. 感觉是对于事物个别属性的认识,而知觉则是对于事物整体属性的认识,但是知觉不等于感觉简单相加,是一种比较复杂的心理现象。

2. 人脑的记忆容量是非常大的,但是遗忘现象会使我们忘记经历过的绝大多数事物。

3. 思维是对于事物本质属性的概括性反映,是认知过程的心理活动的高级形式。

第二节　消费者对商品的情绪情感过程

心理活动在不同环境和需要的影响下,会产生不同的内心变化和外部反映,并表现出不同的情绪和情感色彩。消费者的购买和消费活动是充满情感体验的活动过程。

一、消费者的情绪与情感

(一)情绪与情感的概念

情绪和情感是人对客观事物是否满足自身需要而产生的态度体验。当客观事物符合个体的需要和愿望时,就能够引起积极的、肯定的情绪和情感;当客观事物不能满足个体的需要和愿望时,则会产生消极的、否定的情绪和情感。例如,某品牌药品质量好,信誉高,在实际使用中能够满足消费者对疾病康复的需要,消费者就会对其产生喜悦和满意的积极情绪。

(二)情绪和情感的区别与联系

1. 情绪与情感所赖以产生的需要不同　情绪多产生于生理性需要,情绪的表现多与生理需要相关联,所以情绪是人和动物所共有的。而情感则是与人的社会性需要相联系的体验,所以情感是较高级的心理现象,如亲情、友情、爱情等,都是人类所特有的。

2. 情绪与情感在稳定性上的不同　情绪具有情境性和短暂性,随着情境的变化而变化。情感则具有深刻性和稳定性。例如,孩子过分淘气会使母亲生气,这种情境下产生的情绪具有暂时性,但母爱的情感则是长久的。情感常被用于进行人的个性和道德品质评价的重要方面。

3. 情绪与情感在表达强度上不同　情绪具有冲动性和明显的外部表现,如高兴时的手舞足蹈,郁闷时的垂头丧气,愤怒时的暴跳如雷等。而情感则是一种内心体验,深沉而且持久,不会轻易流露。

情绪和情感的关系密不可分。一方面,情绪受情感的影响和制约;另一方面,情感又在情绪中得到表现。在实际情况中,情绪和情感往往交织在一起,很难完全分开。一般认为,情绪是情感的外在表现,情感是情绪的本质内容。积极的情绪会对消费者的行为产生积极的作用,加快消费行为的速度,克服购买行为中可能出现的各种困难。消极的情绪会对消费行为起消极的作用。如果消极情绪来源于商品,消费者会拒绝购买这种商品;如果消极情绪来源于购物场所,消费者会尽快离开该场所;如果消极情绪来源于销售人员,消费者会尽量躲避销售人员,以避免发生矛盾和冲突。

(三)情绪、情感的外在表现

当人们发生各种情绪和情感体验时,人体会有明显的表情变化。表情在人类社会活动中具有重要意义,它具有信息传递和社会交际功能,同时也是判断人的内心体验的标准之一。其主要表现在面部表情、姿态表情和言语表情3个方面。

1. 面部表情　面部表情是指通过眼部肌肉、颜面肌肉和口部肌肉的变化来表现各种情绪状态。愉快和不愉快是两种最基本的面部表情,愉快时面肌横伸,面孔较短;不愉快时面肌纵伸,面孔较长。眉也是表现面部表情的主要部位,展眉表示欢欣;皱眉表示愁苦;扬眉表示得意;竖眉表示愤怒;低眉表示慈悲。嘴部也参与表情动作,哭与笑是面部表情最明显的表现。

2. 姿态表情　姿态表情是指借助全身姿态和四肢活动来表达情绪和情感。以手脚变化为主要形式,其中以手的动作变化最为重要,又称为身段表情。例如,高兴时手舞足蹈;愤怒时暴跳如雷;恐惧时不寒而栗;悔恨时捶胸顿足;惊慌时手足失措。

3. 言语表情　言语是人类特有的交际工具,用来表达思想和感情。言语表情与面部表情和姿态表情一起成为辅助交际的有力工具。在情绪和情感发生时,人的言语音调、节奏、强度和速度等方面的表现都会发生变化。例如,人在高兴时,语调高,速度快;悲哀时,音调低沉,言语缓慢,声音断断续续。此外,不同的语气还可表现出疑惑、烦闷、生气、惊讶等不同的情感状态。

一般认为,在进行口头沟通时,人们接受的信息中有38%来自于语调表情,55%来自于面部表情,7%来自于语词本身。表情在人际交往和沟通中具有极其重要的作用,是人际交往和沟通的重要渠道和方式。一名合格的营销人员既要善于用表情表达,还要善于识别消费者表情,根据表情推测消费者的情绪变化,以指导营销策略的实施。

(四) 情绪、情感的功能

1. 适应功能　情绪和情感是有机体适应生存和发展的一种方式。例如遇到危险时的呼救,是求生存的手段。通过情绪和情感来适应社会,在成人的交流中很重要。例如通过愉快来表示处境良好,通过痛苦表示处境困难,通过微笑表示友好。营销工作中可以通过察言观色了解对方的情绪和需要,以采取适当的方式或对策。

2. 动机功能　情绪和情感是动机的源泉之一。情绪和情感可以激励个体活动,提高其活动效率。适度的情绪兴奋可以使身心处于活动的最佳状态,起到提高活动效率的作用。优秀的营销人员应当能够充分调动消费者的积极情绪,以微笑的服务、良好的接待,使消费者保持良好的情绪,消费者的心情愉快,有助于营销活动的成功。

3. 组织功能　积极情绪具有协调功能,消极情绪则具有破坏功能。积极乐观的情绪状态,容易使人们注意事物美好的一面,行为变得接纳、开放;相反,消极、悲观的情绪状态,容易使人们感到失望、放弃,有时甚至会产生攻击性行为。

4. 信号功能　情绪和情感在人际交往之间具有传递信息、沟通思想的功能。这种功能是借助于表情来实现的。通过观察人与人交流时表情的变化,即可读懂其所要表达的内容。这些也是营销人员应当掌握的基本功之一。

(五) 情绪和情感的分类

人的情绪和情感的表现形式多种多样,可以从不同的角度进行分类。我国古代有喜、怒、忧、思、悲、恐、惊的七情说。美国心理学家普拉切克提出了 8 种基本情绪:悲痛、恐惧、惊奇、接受、狂喜、狂怒、警惕、憎恨。

1. 情绪的基本形式　情绪的基本形式分快乐、愤怒、悲哀和恐惧 4 种。

(1)快乐:是人们在盼望的目的达到后,或某种需求得到满足时产生的情绪体验。由于需求得到满足,心里的急迫感和紧张感解除,于是产生快乐。例如,得到了一件自己喜爱的东西、获得意外的惊喜、疾病的康复等都会产生快乐的体验。快乐的程度分为满意、愉快、欢乐、狂喜等,快乐的程度取决于需要满足的程度。

(2)愤怒:是由于目的和愿望不能实现,并且一再受到挫折,内心逐渐积累负性情绪而暴发产生的一种情绪体验。愤怒是一种不良情绪,会破坏人的心理和生理平衡,使血压增高、心跳加快、内分泌失调等进而诱发疾病。愤怒时人的紧张会增加,有时不能自我控制甚至出现攻击行为。愤怒的程度可分为不满、生气、愤怒、暴怒等。

(3)悲哀:是指所热爱事物的丧失,或希望破灭时的情绪体验。如亲人故去、仕途失意、高考失败等都属于这种情况。悲哀的强度取决于个人所失去事物的价值。悲哀的程度可分为遗憾、失望、难过、悲伤、哀痛等。

(4)恐惧:是企图摆脱和逃避某种危险情景而又无力应付时产生的情绪体验。恐惧的产生不仅由于危险情景的存在,还与个人排除危险的能力和应付危险的方式有关。人在恐惧时会出现脸色苍白、反应迟钝、浑身发抖等现象。"心惊肉跳"就是形容人在恐惧时的精神状态。恐惧的程度可分为害怕、惧怕、惊恐和昏厥等。

2. 情绪状态 按照情绪发生的速度、强度和持续时间的长短,把情绪划分为心境、激情和应激。

(1)心境:心境是一种微弱的、具有弥散性和持久性的情绪状态,也就是心情。"人逢喜事精神爽"是指一件高兴的事会让人们长时间处在愉快的心境状态下,走在路上也觉得神清气爽;但工作受挫,会让人长时间忧心忡忡,无精打采。"感时花溅泪,恨别鸟惊心"也指的是心境。

(2)激情:激情是一种猛烈的、迅速暴发而短暂的情绪状态。人们在生活中的狂喜、暴怒、恐惧、绝望等都是激情的表现,是由对人具有重大意义的强烈刺激所引起的。其主要特点是暴发性和冲动性。与心境相比,激情在强度上更大,但维持的时间一般较短。积极的激情能激励人们克服艰险,成为正确行动的动力;消极的激情会使人分析能力和自我控制能力降低,进而行为失控,做出不理智行为。

(3)应激:应激是指在出乎意料高度紧张的情况下所引起的高度情绪紧张状态。例如,突然遇到水灾、火灾、地震等自然灾害时,人就会出现应激状态。人在应激状态下会出现两种不同的表现,急中生智或手足无措。

3. 情感的分类 社会性情感起因于社会文化因素,为人类所独有。社会性情感调节着人们的社会行为,人们也称之为高级情感。它包括道德感、理智感和美感。

(1)道德感:是人们用社会公认的道德标准评价自己和他人的言行举止时所产生的情感体验。例如,对文明经商、礼貌待客、诚信经营的商家产生赞赏和接纳的积极情感,对敲诈行为产生不满或是憎恨。道德感直接体现了客观事物与人的道德需要之间的关系。

(2)理智感:是人们在智力活动中,认识和评价事物时所产生的情感体验。例如,人们在探索未知事物时表现出的兴趣、好奇心和求知欲,科研中的惊讶、怀疑、困惑和对真理的确信,问题得到解决时的幸福感,有新发现时的喜悦感等,都是人们在探索和求知过程中产生的理智感。消费者的理智感是在认识商品的过程中形成的,认识越深刻,理智感越强。例如,消费者对新型的、科技含量较高的商品会产生犹豫和好奇感,这种情感会促使其不断地深入探究,直至了解清楚。

(3)美感:是人们根据一定的审美标准,对客观事物进行评价时所产生的心理体验。凡是符合人们审美标准的自然现象、社会现象及各种艺术品等,都能引起美的情感体验。美感能够由自然引起,如自然山水的秀丽之美;也可以由人的仪态引起,如人的容貌、言谈、举止和修养;还可以由人的品德、个性引起,如善良、纯朴的性格,率直、坚强的品性等。由于人们的审美需要、审美标准与审美能力不同,对同一事物可以产生不同的美感。例如,有的人喜欢花好月圆,有的人却以丑木、怪石为美。美感受社会生活条件限制,不同民族、不同阶层的人对美的评价标准不尽相同,对美的体验也自然不同。美感同时制约着人们的消费行为,在商品挑选、购买决策的过程中,消费者的审美观是决定购买行为的重要因素之一。

二、消费者的情绪、情感与营销活动

情绪、情感是唤起人类心理活动和行为的动机,是人类选择行为的重要因素。消费者的消费需求是一个复杂的心理过程,其消费动机直接受情感因素的影响。在消费过程中,消费者的情绪与情感反应,直接影响消费者的购买动机。

（一）消费者的情绪、情感的特点

人的情绪具有两极性，即愉快与不愉快。情绪与情感对于消费行为的作用也分积极和消极两个方面。

积极的情绪体验会对消费行为产生积极的作用，推动消费行为进行的速度，愉快的情绪还会使消费者克服购买行为中出现的各种困难。消极的情绪体验只能对消费行为起消极的作用。如果这种情绪来源于商品，消费者会拒绝购买这种商品；如果不愉快的情绪来源于购物场所，消费者会尽快离开这个购物场所；如果不愉快的情绪来源于销售人员，有的顾客会尽量躲避这种令他讨厌的营业员，还有的顾客可能会激发不良情绪而同营业员发生矛盾和冲突。

（二）情绪、情感对营销活动的影响

消费者在购物场所中会表现出一些情绪反应，而消费者在长期的购物过程中又会形成一些稳定的情感体验，这些情感体验以及相应的态度必然会带到每一次购物行为中去。营销人员应花大力气在消费者心目中树立商业企业的良好形象，使消费者能够长久地对该企业抱有良好的情感。

情绪、情感的表现形式多种多样，如激情出现的时候可以对消费者的行为造成巨大的影响，甚至可以改变消费者的理智状态。消费者在购物场所受到强烈刺激而发怒的时候就有可能出现情绪难以控制。消费者在抢购风潮中也会出现类似激情状态的情绪。生产商和销售商要尽可能地避免对消费者的强烈不良刺激，削弱消费者的对抗情绪，引导消费者产生积极的激情，愉快地进行购买活动，争取营销活动的成功。

心境的好坏对消费行为具有很重要的影响。良好的心境能使消费者发挥主动性和积极性，容易引起对商品的美好想象，易导致购买行为。而不良的心境则会使消费者心灰意懒，抑制购买欲望，阻碍购买行为产生。为了使消费者的正性情绪效用在购买活动中得到充分发挥，营销者一定要避免消费者在购物过程中产生紧张、焦虑、自卑、愤怒等负性情绪，有效激发消费者的积极情绪，达到最佳的经营效果。

（三）影响消费者情绪、情感变化的因素

1. 商品本身的影响　当商品本身各方面属性，如质量、功能、适用性以及商品的外观、造型、规格、色彩、风格、包装等能符合消费者的实际需要时，自然会引起消费者的满意和喜欢，产生积极的情感；反之，则产生不满意的消极情感。

在现实的购买活动中，消费者情感的性质和程度往往会随着消费者需要的变化、兴趣的转移以及对商品的逐步了解而发生变化。当消费者发现某种商品的外观不错，愉快的情绪油然而生，当进一步了解到其内在质量有问题时，可能便会产生失望的情绪。

2. 购物环境的影响　消费者的购买活动是在一定的环境中进行的，客观的变化会对消费者情感的产生和发展带来影响。从消费者的购买活动来看，影响消费者情绪和情感的具体环境是指购物、休闲、娱乐环境等。

消费者的情绪与情感变化受购物环境的影响。当消费者步入宽敞明亮、色彩柔和、环境幽雅、清洁的购物环境时，会感觉愉快、舒畅。如果再配有自动扶梯等现代化设施，还会产生一种轻松美好的情绪体验。购物环境中适宜的温度是非常必要的；装饰布置的色彩同样要讲究协调与整体一致，以

期引起消费者积极的心理活动;购物场所中适宜的背景音乐可以促进消费者的精挑细选,联想起更多的商品;购物场所的环境布置如商品的陈列、柜台的货架摆放也要注意美观、新颖、设计合理,引起消费者愉快的情感。销售人员热情周到和礼貌待人的服务,更能使消费者产生满意的情绪,取得意想不到的购物效果。反之,昏暗、狭窄、脏乱的环境以及营业人员冷淡、粗暴的服务,则会给消费者带来压抑、厌烦、失望和厌恶的消极情绪,不利于消费者进行消费行为。

3. 消费者需求水平的影响 消费者的需求水平对于情绪以及情感有直接的激发作用,并且被激发起来的情绪、情感会反过来使需求动机更加强烈,两者共同推动消费者的购买活动。一般来说,消费者的兴趣越浓、需求水平越高、购买动机越强烈、购买目标越明确,其情绪的兴奋度就越高,购买动机转变为购买行为的可能性就越大。

根据情绪、情感对消费心理的影响原理,企业可以通过情感包装、情感促销、情感广告、情感设计、情感服务等情感营销策略,与消费者进行心理沟通,激发消费者的购买欲望,使企业产品赢得信赖,从而取得竞争优势。在营销策略中,企业通过洞察消费者的内心世界,提炼出品牌可能的感情取向,与消费者之间形成独特的竞争优势。

猴子的心理学实验——情绪的作用

知识链接

情感销售主张

情感销售主张,即 ESP,是将广告重点定位于情感,引导公众产生美好的消费情感体验,借助亲和力,强化广告效果。 随着商品质量不断提高,技术、品质、价格、服务等方面再不可能取得绝对的优势,这样的情况下,情感营销所倡导的差异化经营是大势所趋。 情感营销专家维伦兹认为:"情感是成功的市场营销的唯一、真正的基础,是价值、顾客忠诚和利润的秘诀"。 情感营销是把消费者个人情感差异和需求作为企业品牌营销战略的营销核心,通过借助情感包装、情感促销、情感口碑、情感设计等策略来实现企业的经营目标。 从消费者的情感需要出发,唤起和激起消费者的情感需求,引起消费者心灵上的共鸣,寓情感于营销之中,让有情的营销赢得无情的竞争

点滴积累

1. 情绪和情感是人对外界事物是否满足自身需要而产生的态度体验,情绪和情感既有区别也有联系。
2. 情绪和情感的变化会直接影响到营销活动能否顺利进行。

第三节 消费者对商品的意志过程

一、消费者的意志概述

意志是人有意识、有计划、有目的地调节和支配自己行为的心理过程,是人的意识能动性的集中

表现,是人类所特有的心理现象。意志过程在人类主动改造现实的活动中表现出来,对行为有坚持、制止和改变等方面的控制调节作用。意,是心理活动的一种状态。志,是对目的方向的坚信、坚持。意志活动不同于人生来具有的本能活动,也不同于不被意识控制的不随意运动,是属于受意识调节的高级心理活动。人类的生活、学习和劳动都是有目的的随意行动,是属于人类所特有的意志活动。

意志包括感性意志与理性意志两个分类。感性意志是人用以承受感性刺激的意志,反映了人在实践活动中对于感性刺激的克制能力,例如体力劳动需要克服机体在肌肉疼痛、呼吸困难、神经紧张等方面的困难与障碍。理性意志是人用以承受理性刺激的意志,例如脑力劳动需要克服大脑皮层在精神压力、情绪波动等理性方面的困难与障碍。

消费者的意志活动就是指消费者自觉地确定购买目的并主动支配、调节购买行动,克服各种困难,实现预定目标的心理过程。只有通过有目的的、自觉地支配和调节行动,努力排除各种干扰因素的影响,才能使预定购买目标得以实现。如果说消费者对商品的认识和情感活动是由外部刺激向内在意识的转化,那么,意志活动则是内在意识向外部行动的转化。只有实现这一转化,消费者的心理活动才能支配其购买行为。

案例分析

案例

一批养胃药品眼看就会积压下来,众人皆无良方。 店长灵机一动,计上心来。 他先进了一批廉价的雨伞,然后推出"每盒药品试用价 5 元,买两盒送一把雨伞"的促销活动。 结果,药品热销一空且获得一定利润(雨伞在当地零售价长期稳定在 10 元,其批发价仅 4 元,一盒药品成本为 1.5 元)。

分析

(1)商品销售的对象是各式各样的人,他们购买或者不购买某种商品,都是由某种心理活动支配着。 营销者要使消费者乐于购买某种产品,那就要迎合他们的某种消费心理或者激起某种心理活动,投其所需,才能引起购买行为。

(2)这则故事的店长正是抓住了人们购物希望便宜的心理。 买两盒养胃药品只花 10 元就可获得一把价值 10 元的雨伞,等于不花钱买了两盒药品,这是多么划算的事,其热销就不难理解了。

二、消费者意志过程的特征

一是有目的的心理活动;二是有克服困难的心理活动。

(一)有明确的购买目的

消费者的意志行为都是在有目的、有意识的行动中表现出来的。有的消费者省吃俭用来攒钱就是为了购买盼望已久的消费品;有的消费者为了满足收藏的爱好,而把大部分工资用于购买收藏品等。这些购买行为都是预先有明确的购买目的,并有计划地根据购买目的去支配和调节自身的购买行动,以实现购买目的。

（二）克服困难的过程

消费者意志行为的目的的确定和实现,是会遇到各种困难的。而克服困难的过程就是消费者的意志行动过程。例如,在挑选商品时,同时面对几种自己都喜爱的商品,或遇到价格较高的商品,但经济条件又不允许,或自己对商品的内在质量难以判断,就会导致购买信心不足。这时必须考虑要么重新选择和物色购买目标,要么克服经济上的困难,去实现自己的购买目的。或者当消费者选择到满意的大件商品,又遇到商店不提供送货上门的服务时,就要考虑自己解决运输问题。总之,消费者的意志过程总是与克服困难相联系的。

三、消费者意志过程的阶段

消费者的购买行为的意志过程比较复杂,包括做出购买决定、执行购买决定和体验执行效果等相互联系的三个阶段。

（一）做出购买决定阶段

做出购买决定包括确定购买目的、取舍购买动机、选择购买方式和制定购买计划等四个方面。任何消费行为都是由需要和动机引起的。但在同一时间内,消费者可能有多种需要,就会同时产生多种购买动机。对于大多数消费者来说,不可能在同一时间内满足所有需要,因此就会发生购买动机的冲突。意志活动首先就要解决这种冲突,根据需要的程度和轻重缓急,确定出最主要的购买动机。同类的商品会有质量、档次、价格等方面的差异,消费者选择和确定购买对象的过程,就是把市场上现有的商品与自己的需要进行比较的过程。这些都需要在意志活动的参与下进行。

（二）执行购买决定阶段

执行决定是消费者意志过程的完成阶段,它是根据既定的购买目的购买商品,把主观上的东西变为现实购买行动的过程。在执行过程中,仍然有可能遇到种种困难和障碍。所以,执行购买决定是真正表现意志的中心环节,它不仅要求消费者克服自身的困难,还要排除外部的障碍,为实现购买目的,付出一定的意志努力。

在现实生活中,意志品质对消费者的购买方式具有重要作用。例如,在做出购买决定阶段,消费者有时会发生激烈的思想冲突,主要表现在当消费者购买那些不同于传统观点、习惯,或者具有强烈时代感的商品时,常要承担很大的风险。能否冲破传统观念的束缚和社会舆论的压力,常常取决于消费者的勇气和意志,这与消费者自己的意志品质有直接关系。又如,具有意志品质果断性的消费者,往往能抓住时机,及时做出购买决策;而缺乏果断性的消费者则优柔寡断,缺乏主见,常坐失良机。

▶▶ **课堂活动**

以你最近一次比较大的消费活动为例, 分析购买商品的心理活动过程。 研究一下这种心理活动过程对药品营销人员的启示。

（三）体验执行效果阶段

在完成购买行为后,消费者的意志过程并未结束,通过对商品的使用,消费者还要体验执行购买决定的效果,如商品的性能是否良好、使用是否方便、使用效果与预期是否接近等。

　　总之,消费者对商品的意志过程,可以在有目的的购买活动中明显地体现出来。在有目的的购买行为中,消费者的购买行为是为了满足自己的需要。因此消费者总是在经过思考之后提出明确的购买目标,然后有意识、有计划地去支配自己的购买行为。消费者的这种意志活动与目的性的联系,集中地体现了人的心理活动的自觉能动性。在意志行动过程中,消费者要排除的干扰和克服的困难是多种多样的,既有内在原因造成的,也有外部因素影响的结果。营销人员需要尽可能地协助消费者克服意志过程中出现的困难,从而达到购买目的。

点滴积累 ╲┄┄

　　1. 意志过程在人类主动改造现实的活动中表现出来,对行为有坚持、制止和改变等方面的控制调节作用。

　　2. 消费者的购买行为的意志过程比较复杂,包括做出购买决定、执行购买决定和体验执行效果等相互联系的三个阶段。

目标检测

一、选择题

（一）单项选择题

1. 没有预定目的、不需要付出意志力的注意属于（　　）

　　A. 无意注意　　　　　　　　B. 有意后注意　　　　　　　　C. 有意注意

　　D. 有意识注意　　　　　　　E. 无意后注意

2. 刚刚能引起感觉的最小刺激量称（　　）

　　A. 感受性　　　　　　　　　B. 绝对感受性　　　　　　　　C. 绝对感受阈限

　　D. 差别感受阈限　　　　　　E. 差别感受性

3. 心境的主要特征是（　　）

　　A. 激动性　　　　　　　　　B. 消极性　　　　　　　　　　C. 暴发性

　　D. 弥散性　　　　　　　　　E. 突发性

4. 在短时间内发现问题和解决问题的迅速反应的特点是指（　　）

　　A. 思维的灵活性　　　　　　B. 思维的敏捷性　　　　　　　C. 思维的独创性

　　D. 思维的发散性　　　　　　E. 思维的严谨性

5. 近代研究认为,人的基本情绪**不包括**（　　）

　　A. 快乐　　　　　　　　　　B. 愤怒　　　　　　　　　　　C. 嫉妒

　　D. 恐惧　　　　　　　　　　E. 悲哀

6. 注意的功能**不包括**（　　）

　　A. 注意的选择功能　　　　　B. 注意的保持功能　　　　　　C. 注意的监督功能

　　D. 注意的转移功能　　　　　E. 注意的分配

（二）多项选择题

1. 想象在营销活动中的功能有（ ）

　　A. 想象的预见功能　　　　　　　B. 想象的补充功能

　　C. 想象对生理活动的调节功能　　D. 想象的创新功能

　　E. 想象的选择功能

2. 情绪与情感的区别有（ ）

　　A. 情感与人的生理需要有关　　　B. 表达强度上的不同

　　C. 情感比情绪更深刻　　　　　　D. 稳定性上的不同

　　E. 情绪不具有情境性

3. 思维的基本过程包括（ ）

　　A. 抽象　　　　　　　B. 分析　　　　　　　C. 综合

　　D. 概括　　　　　　　E. 分类

4. 社会性情感按其内容可以分为（ ）

　　A. 美感　　　　　　　B. 心境　　　　　　　C. 理智感

　　D. 道德感　　　　　　E. 激情

5. 情绪、情感的功能有（ ）

　　A. 适应功能　　　　　B. 动机功能　　　　　C. 组织功能

　　D. 调节功能　　　　　E. 意志功能

6. 有意想象一般可以分为（ ）

　　A. 幻想　　　　　　　B. 再造想象　　　　　C. 幻觉

　　D. 创造想象　　　　　E. 以上都是

7. 知觉的基本特性有（ ）

　　A. 知觉的整体性　　　B. 知觉的选择性　　　C. 知觉的理解性

　　D. 知觉的恒常性　　　E. 知觉的补偿性

8. 营销者一定要避免消费者在购物过程中产生负性情绪包括（ ）

　　A. 愤怒　　　　　　　B. 紧张　　　　　　　C. 散漫

　　D. 自卑　　　　　　　E. 抑郁

二、问答题

1. 如何运用注意品质的特点来吸引消费者的注意？

2. 思维的基本特征是什么？

3. 情绪、情感对消费者消费行为的影响有哪些？

4. 消费者意志活动的特点是什么？

三、实例分析

南方黑芝麻糊有一则非常经典的广告，情节是一位身穿旧式服装的小孩站在自己家门口玩耍，听到小巷深处传来一声吆喝："黑芝麻糊哟……"。小孩立即向母亲要了钱,飞快地朝吆喝声传来的地方跑去,买回一碗又香又甜的黑芝麻糊,美美地喝起来。几十年后这个小孩已经变成了中年人,当他每次看到南方黑芝麻糊时,他都会回忆起自己孩提时代的美好。这则广告曾经被评为年度最佳广告,使得南方黑芝麻糊在短时间内打开了市场,一举成为名牌产品。试分析,这则广告调动了消费者哪些心理现象,从而达到了营销目的?

（周立超）

第三章

消费者的个性与消费方式

ER-03 PPT

导学情景 ∨

情景描述：

2003 年，从广东省开始蔓延的"非典型性肺炎"的消息传遍全国各地，具有消炎和预防作用的板蓝根、抗病毒口服液、食盐、醋等商品价格在全国暴涨，引发抢购潮。在这场由恐慌造成的抢购潮中，有人囤积了大量的板蓝根，有人则能够冷静思考没有加入抢购人群中。

学前导语：

在营销活动中，不同消费者在购物过程中的表现不一样。有的消费者购物时很容易受到他人的影响，有的则倾向于购买时尚、创新的产品。这些不同的决定和消费行为均取决于消费者的个性不同。所以，熟知消费者的这些不同个性，能较好地预测其消费动机和购买行为，也可以根据消费者的这些个性，对其消费行为加以影响和引导，这对于我们提高市场营销效益和增进顾客满意度具有十分重要的意义。

学习目标 ∨

1. 掌握个性、自我观念及生活方式的概念。
2. 熟悉消费者的个性心理特征，自我观念和生活方式在药品营销中的应用。
3. 了解气质类型学说、性格分类方法、智力测验方法、产品象征性的体现形式以及生活方式的分析方法。

第一节　概述

一、个性概念和特征

（一）个性的概念

个性，即人格，是指一个人整体的精神面貌，即具有一定倾向性、稳定性的心理特征的总和。消费者的个性心理特征是指表现于消费者个体身上最稳定、最核心的心理特征，它主要包括能力、气质和性格三个方面。作为个体必备的心理特征，它们贯穿于营销心理活动的全过程，制约着消费者的各种心理活动。

（二）个性的特征

在我们学习消费者个性的过程中，以下关于个性的三个基本特征是我们必须要知道的：

1. 个性反映个体差异　个性是个体心理特征的总和,由气质、性格和能力这三个方面组成的。每个人的个性都是这些不同的特质以不同方式组成的,没有任何两个个体的个性是完全一致的。有些人在某一些特质上相似,但在其他特质上会有所区别。比如有些人的个性中具有非常高的冒险倾向,就比较可能去购买一些全新的商品,而另外一些比较保守的人在面对全新商品的时候就会犹豫。个性把我们每个人与他人区别出来,成为与众不同的个体。这些独特的个性反映了人与人之间的个体差异,也能够帮助营销人员对人群进行分类,使其在策划营销行为的时候,可以根据某类个性的特点进行针对性的策划。

2. 个性有一定的稳定性与延续性　每一个人的独特个性都有其稳定性和延续性。我们常说"三岁看老",指的便是如此,成年后比较有冒险倾向的人往往在幼年时期也会表现出大胆探索周围环境的倾向,而较为保守的人也往往拥有一个相对稳定的童年。当营销人员要解释或者预测某一类人群的消费行为时,这两个要点必须要注意。

当营销人员无法通过改变消费者的个性来成功营销时,他们可以转而找到最能影响目标消费群体的核心特质进行针对性的营销活动。

虽然消费者的个性是相对稳定的,但他们的消费行为往往因为不同的心理、社会、环境和情境因素而有所变化,特殊的需要、态度、群体压力等因素都有可能影响他们某一次具体的消费行为。个性只是影响消费行为的因素之一。

3. 个性在一定条件下能够被改变　个性是在成长过程中在原生家庭和社会环境的交互影响下形成的,有一定的稳定性与延续性,但它并非一成不变的。在个性形成的过程中,外界的信息与个人与生俱来的气质长期相互影响演变,并最终形成相对稳定的个性,但在这之后外界的影响并非被屏蔽,在一定条件下,这种影响与演变仍然在持续进行。一些重大生活事件,比如结婚、生育、离婚、就业、失业等,常常会促使个体的个性发生不同程度的改变。因此,在营销的过程中,营销者经常会通过各种手段对目标人群的个性进行影响,增加销售额甚至创造需求达到成功营销的目的。

二、个性心理特征

个性是具有一定的倾向性、稳定性的心理特征的总和,这些心理特征包括气质、性格和能力三个方面。

(一) 气质

1. 概念　气质是心理活动表现在强度、速度、稳定性和灵活性等方面的动力特征。这一概念与我们平时所说的"脾气""秉性"和"性情"相似。

这种心理活动的动力特征,主要包括以下几方面:一是心理活动的强度,如情绪的强弱、意志努力的程度;二是心理活动的速度,如知觉、思维、语言的速度;三是心理活动的稳定性,如注意、情绪的稳定性;四是心理活动的指向性,即心理活动是倾向于外部事物,从外界获得新印象,或指向个人的内心世界。

气质总是以同样的方式表现在各种心理活动中,人们气质的不同主要源于心理活动的动力特征上的差异。例如,日常生活中我们可以看到,有的人总是活泼好动、反应灵敏,有的人安静沉稳、反应迟缓;有的人不管做什么事情总显得十分急躁,而有的人做事总那么不紧不慢。

气质具有明显的先天性,较多地受生物性因素制约。所以婴儿一出生,就表现出一种较为明显而稳定的个人气质特征。气质与其他的心理特征相比较,更具有稳定性,正所谓"江山易改,本性难移"即指气质的稳定性特点。但是,在社会环境和教育的影响下,在一定程度上会发生某些变化,只不过气质的这种改变相比其他的心理特征要困难、缓慢得多。

2. **气质的分类** 现代心理学认为,气质是高级神经活动类型的表现。高级神经活动具有兴奋和抑制两个基本过程,具有三种基本的特征:强度、平衡性、灵活性。三种特性不同的组合就形成了四种典型的高级神经活动类型,表现在人的行为方式上就是气质。比如,神经活动的兴奋或抑制过程强、平衡、灵活,这种神经活动类型就称为"活泼型",它所对应的气质类型就是"多血质"。高级神经活动的类型与气质类型的关系见表3-1。

表3-1 神经活动过程的基本特征、高级神经活动的类型与气质类型的关系

神经活动过程的基本特征				
强度	平衡性	灵活性	神经活动类型	气质类型
强	不平衡		兴奋型	胆汁质
强	平衡	灵活	活泼型	多血质
强	平衡	不灵活	安静型	黏液质
弱			抑制型	抑郁质

不同气质类型的人有各自的行为方式。

(1)胆汁质:胆汁质的人一般能忍受强的刺激,能坚持长时间的工作而不知疲倦,显得精力旺盛,行为外向,直爽热情,情绪易于冲动,但是心境变化剧烈,脾气暴躁,难以自我控制。

(2)多血质:多血质的人活泼好动,言语行为敏捷,反应机智灵敏,行为外向,容易适应环境的变化,善交际,容易接受新事物,但注意力易分散,兴趣多变,情绪不稳定。

(3)黏液质:黏液质的人沉静稳重,举止平和,忍耐性强,行为内向,不喜欢表现自己,但比较拘谨,循规蹈矩,缺乏创新精神。

(4)抑郁质:抑郁质的人敏感多疑,内心体验深刻,行为极端内向,胆小孤僻,郁郁寡欢,不善交际,做事认真,观察细致,但动作缓慢,防御反应明显。

以上气质类型的划分只是粗略的,事实上,生活中绝对属于某种气质类型的人并不多见,大多数人是以某种气质为主,兼具其他气质的混合类型。

知识链接

气质及其测试

四种气质类型最初来源于古希腊名医希波克拉底的体液学说。希波克拉底认为体液即是人体性质的物质基础。他在"四根说"发展为"四液说"的基础上,进一步加以系统化。希波克拉底认为人体

中有四种性质不同的液体，它们来自于不同的器官。其中，黏液生于脑，是水根，有冷的性质；黄胆汁生于肝，是气根，有热的性质；黑胆汁生于胃，是土根，有渐温的性质；血液出于心脏，是火根，有干燥的性质。人的体质不同，是由于四种体液的不同比例所致。

罗马帝国时期著名的生物学家和心理学家盖伦从体液说出发，创立了气质学说，他认为气质是物质（或汁液）的不同性质的组合。

在此基础上，气质说继续发展，成为经典的四种气质。

英国心理学家艾森克以内外倾和情绪的稳定性两个维度，把人分成四种类型：稳定内倾型、稳定外倾型、不稳定内倾型和不稳定外倾型。稳定内倾型表现为温和、镇定、安宁、善于克制自己，相当于黏液质；稳定外倾型表现为活泼、悠闲、开朗、富于反应，相当于多血质；不稳定内倾型表现为严峻、慈爱、文静、易焦虑，相当于抑郁质；不稳定外倾型表现为冲动、好斗、易激动等，相当于胆汁质。基于此理论，他编制了艾森克人格量表（EPQ），能够对人的气质类型进行区分。

3. 气质的意义　气质是人格赖以形成的条件之一，它体现了人格的生物学内涵。气质仅使人的行为带有某种动力的特征，就此而言无所谓好坏，因此就一个人活动的社会价值和成就来说，气质无好坏之分。气质类型并不能决定一个人的成就高低，也不决定一个人的智力发展水平，但是气质会影响一个人的性格形成和对环境的适应，从而影响到一个人的健康。任何气质都有积极和消极两方面。

艾森克人格
问卷简介

案例分析

案例

某大型零售企业发现，当不同的消费者来商店退还商品，营业员不予退换时，有这样几种表现：①耐心诉说，尽自己最大努力，慢慢解释退还原因，直到解决；②垂头丧气，自认倒霉地离开；③灵活变通，申诉、求情；④据理力争，绝不退缩地与营业员争论，通知媒体曝光，或向有关部门投诉。请问：以上四种表现分别是哪一种气质类型的行为方式？对营销活动有什么启示？

分析

以上四种分别是黏液质、抑郁质、多血质、胆汁质消费者的表现。在营销活动中，营销人员要准确了解消费者的气质特点，有针对性地制定营销策略。

4. 消费者气质上的差异　气质不同的消费者在购买过程中会显现出不同的特点。气质类型主要影响消费者购买商品前的决策速度、购买时的行为特点和情绪的反应强度、购买后消费商品的体验等。多血质和胆汁质的人往往表现主动，积极提问、探询，能够积极与销售人员或周围的消费者交流。而黏液质和抑郁质的消费者会表现得较被动，会花费很多时间在比较、犹豫上面，很难迅速作出决定。以下介绍几种不同气质类型的消费者的特点。

（1）以黏液质和抑郁质居多的习惯型：主要特点是注意力稳定，体验深刻，习惯因素强，购买迅速,较少挑选和比较,不太容易接受变化。常常表现为某一品牌的依赖者。

(2)以黏液质居多的理智型:主要特点为冷静、慎重,选择仔细,比较细致,善于控制情绪,考虑周全,较少受外界因素影响。

(3)以抑制型和多血质居多的经济型:主要特点为重视价格,对价格变化比较敏感,多数人倾向于价格低廉,但经济条件许可时也会倾向高价和崇尚品牌。

(4)以胆汁质居多的冲动型:主要特点为情绪容易激动,心境变化剧烈,追求新奇,容易接受新产品,较多考虑产品的外观和个人的兴趣。营销的广告以及宣传策略对这一类型的消费者影响特别大,尤其目前现代化的生活方式带来的现代化的销售方式,更容易被这类消费者接受。比如,网上购物、电视直销、电话订购和邮购方式。

(5)以多血质居多的想象型:主要特点为活泼好动,注意力容易转移,兴趣变化多端,情绪易受干扰,想象力和联想丰富,审美意识较强,容易受到色彩、造型及命名等外在因素的影响。

(6)各种气质类型均有的不定型:此类消费者往往缺少购买经验,或者是面对从未购买过的产品,没有相关的知识,没有固定的品牌和偏好,一般属于顺便或者奉命购买。

营销人员要准确地了解自己和消费者的气质特点,在实际工作中扬长避短,不断改善和发展出良好的销售特质,有针对性地制定营销策略。

(二) 性格

1. 性格是人们对待客观事物稳定的态度和习惯化的行为方式,是人个性中最主要、最核心的心理特征。

(1)性格表现在一个人对现实的态度和行为方式中:所谓态度是一个人对人、对物或者思想观念的一种反应倾向,是后天习得的。态度决定着行为方式,而人习惯化的行为方式,又体现了他对现实的态度。

(2)性格是一个人比较稳定的心理特征:它不是一朝一夕形成的,而是在社会生活实践中逐渐形成的,一经形成就比较稳定,并在一个人的行动中留下痕迹。性格也不是一成不变,它也是可塑的。

(3)性格是人格中具有核心意义的心理特征:性格有明显的社会道德评价意义,直接反映一个人的道德风貌,换言之,性格具有好坏之分。如有人性格表现为自私、狭隘,有人善良、宽容。个体之间的差异主要表现为性格的差异。

由于性格的不同,消费者在消费态度和行为上的表现也会有千差万别。比如,在消费观念上有节俭和奢华之分;在消费倾向上有求新和守旧之分;在对商品的认知和选择上有全面准确和片面错误之分;在购买行动上也会出现坚定、明确、积极主动,还是盲目、动摇、消极被动的差别。

2. **性格与气质的关系** 性格和气质是相互渗透和相互制约的。

从气质对性格的影响来看:第一,气质会影响个人性格的形成;第二,气质可以按照自己的动力方式,渲染性格特征,使性格具有独特的色彩;第三,气质还会影响性格形成或改变的速度。

再从性格对气质的影响来看:性格在一定程度上可以掩盖或改变气质,使它适应于实践的要求。

在实际生活中人们常常把它们混淆起来。实际上,两者是有区别的。性格主要在社会实践中形成,是后天的,可能因为生活中的突发事件和重大挫折而改变,可塑性较大,在社会评价上有好坏之分;而气质是由神经活动类型特点所决定的,更多带有先天性,稳定性更强,可塑性小,甚至一生不变,在社会评价上无好坏之分。

性格与气质
的概念区分

(三) 能力

1. 能力的概念　能力是指顺利、有效地完成某项活动所必需的心理特征。它有两层含义:其一,指已经表现出来的实际能力,通过已掌握了的知识、技能等形式表现出来。例如,一门流利的外语,能熟练地操作电脑、开车等。其二,指潜在能力,即尚未表现出来的但通过学习、训练后可发展起来的能力。

人的能力是在活动中发展起来并在活动中得到体现的,所以,能力与活动紧密相连,相辅相成。比如,消费者的购买能力要在具体的消费行为中才能体现出来。另外,从事任何活动都必须有一定的能力作为基础。营销人员书写海报,流畅的语言、书法功底以及对色彩的把握都是必不可少的能力。

要完成某种复杂的活动,是需要几项能力相结合的。多种能力的有机结合称为才能,才能的高度发展称为天才。天才并非天生,它是良好的天赋经过后天的艰苦努力逐渐发展起来的。

2. 能力的分类　根据作用方式的不同,能力可分为一般能力和特殊能力。

(1)一般能力:指个体顺利完成各种活动所必须具备的最基本的心理条件,通常指"智力"。例如,消费者在购买活动中必须具备的基本能力包括观察力、记忆力、注意力以及抽象概括能力、想象力、创造力等。这些基本能力的高低会直接影响消费方式和效果。

知识链接

智 力 测 验

智力测验是测量人智力的一种普遍方法,1905 年由法国心理学家比奈和西蒙首创,后经多国心理学家根据本国的实际情况加以修订。我国现在常用的是韦氏智力测验量表,它是美国心理学家韦克斯勒于 1955 年主持编制的系列智力测验量表,于 1981 年由湖南医科大学龚耀先教授等主持修订。

智力的高低以智商 IQ 来表示,智商(IQ)=智龄(MA)/实际年龄(CA)×100(智龄是指在智力测验量表上与某一智力标准水平相当的年龄,如一个 8 岁儿童能完成 8 岁年龄组的测验项目,他的智龄就是 8 岁)。

正常人的 IQ 在 90~109 之间,110~119 是中上水平,120~139 是优秀水平,140 以上是非常优秀水平,而 80~89 是中下水平,70~79 是临界状态水平,69 以下是智力缺陷。智商极高(IQ 在 130 分以上)和智商极低的人(IQ 在 70 分以下)均为少数,智力中等或接近中等(IQ 在 80~120 之间)者约占全部人口的 80%。智力超过常态者,我们称之为智力超常;智力低于常态者,我们称之为智力低常。

---

(2)特殊能力:指从事某种专业活动或某种特殊领域的活动所表现出来的能力。在购买活动中这一部分能力是指消费者购买某些专业性较强的商品所具有的特殊能力,通常表现为以专业知识为基础的消费技能,如选择药品时应具有的医学知识等。

智力测验的
发展

对于消费者来说,对自身权益的保护能力也是应该具备的一种特殊能力,尤其是目前我国的市场环境还不尽成熟和完备,法制不健全,市场秩序不规范,企业的自律性不够高,消费者为维护自身权益,就应当提高法律意识和自我保护能力。

消费者在购买活动中,两种能力共同发挥作用。

3. 能力发展的个体差异

(1)能力发展水平的差异:能力发展水平有高低的差异,但是,就全人类来说,能力的个体差异呈正态分布,即两头小,中间大。

(2)能力类型的差异:不同人在不同类型的能力方面所表现出来的差异也很大。有的人擅长想象,有的人擅长记忆,有的人对声音敏感,有的人对色彩敏感。

(3)能力表现早晚的差异:有的人能力发展较早,很小的时候就显露出非凡的才能,如曹植7岁能作诗,王勃10岁能作赋,人们把这种儿童叫"神童"。而另一种叫"大器晚成",即能力的充分发展在较晚的年龄才表现出来,如达尔文年轻时曾被认为是智力低下。

4. 消费者能力上的差异 消费者由于自身所具有的能力差异,必然会在自己的购买行为、购买动机和商品的选择上表现出不同的特点。比如,能力较强的消费者会表现出更多的独立性、自主性,在购买过程中显得自信和坚定,而且很少受到外界的蛊惑和干扰。能力比较缺乏、有关知识相对不足的消费者往往在作出购买决策时犹豫不决,容易受到干扰。所以他们需要专业人员的帮助和指导,而此时他们也比较乐于听取销售人员的介绍和宣传。药品消费者的消费能力有高有低,这种差异会直接体现在购买行为上。

(1)充分自信型:这类消费者对要购买的药品有深入的了解,而且收集了大量的有关信息,有丰富的消费经验。这种消费者或者长时间关注这种药品,有浓厚的兴趣和更多的信任,或者本身就是医药行家,对药品功效很内行。他们主动性很强,在购买时靠自己的能力对商品的价格、功能、质量等方面进行综合评价分析,对服务人员的推荐介绍比较冷漠,购买时显得冷静而自信。接待这一类型的顾客,营销人员要尊重他们自己的意见,或者提供一些技术性的专业资料,不必过多介绍和评论,遇到比自己高明者,应虚心请教。这类顾客只需满足他们的要求,就会使他们满意而归。

(2)比较自信型:比较前一类消费者来说,这一类消费者虽然消费能力稍弱一些,但人数比例却要多一些。比较自信型的消费者对药品有一定的消费经验,但真正鉴定时没有太大的把握。他们会听取服务人员或促销人员对商品的介绍、宣传和推荐,但并不完全听从,而是用自己的能力进行分析判断。接待此类顾客,营销人员需要多照顾一些,在服务中补充他们欠缺的部分知识,采用协商的态度帮助其挑选药品,服务得体。

(3)缺乏自信型:这种类型的消费者只具备少量有关药品的知识和信息,对药品的了解程度不深,而且消费经验较少,主要靠别人介绍或广告等宣传途径获得有关信息。这种消费者购物准备少,动机不明确,缺乏自信,不敢自主采取购买行为,易受购物场所各种因素影响,所以非常愿意而且容易接受服务人员的推荐和介绍,也愿意参照其他人的购买行为来作出判断。接待此类顾客,营销人员需要多照顾,耐心细致地介绍药品知识,帮助参谋挑选药品,服务得体。

(4)毫无主张型:这类消费者无明确购买目标,对自己所要购买的药品毫无认识,没有经验,在购买时不得要领,犹豫不决,希望营业员多作介绍,详细解释。他们容易受广告、其他消费者和营销员的影响,买后容易产生"后悔"心理,其消费行为带有很大的盲目性,常会作出错误的决策。针对这些顾客,营销员要不怕麻烦,仔细了解顾客的需求,根据其实际需求实事求是地介绍药品。

以上几种类型都是相对而言的,每个人可能在某一方面或某类药品的消费时表现出充分的信心,而对另一类药品的购买却表现为缺乏自信,这都因人而异。

▶▶ 课堂活动

请同学们思考一下,如何从购买行为上辨别不同购买能力的消费者?

三、个性与消费者行为

(一)消费者外部特征判别与消费心理

我们在与消费者打交道的时候,要学会"察言观色"。消费者的外部特征既指其整体形象,也包括局部特征。它有助于我们在一定程度上判别隐藏在特征背后的消费者的个体心理。

1. **相貌**　人的相貌不仅具有生物性,也具有表现情感的功能。而表情本身又是个体心理的反映,因此,它可以显示出一种神韵、风采。这就为我们理解消费者提供了一种线索,透过一个人的相貌我们能够获得消费者诸如职业、修养、情绪、感觉、需要急迫程度以及成交可能性等方面的信息。药品营销工作面对的对象是求医问药的消费者,其中不乏一些患有各种各样疾病的患者,有些疾病患者会有一些特殊面容,比如风湿性心脏病患者的"二尖瓣面容"、贫血患者一般面色苍白,还有肾病性浮肿面容、面神经麻痹面容、长期应用肾上腺皮质激素出现的满月面容等。作为营销人员,了解这些基本知识,有助于在营销活动中更贴心地为消费者服务。

2. **体形**　体形和肤色同人的相貌一样,不仅具有审美的价值,也能反映出个体的心理特点。如"心宽体胖",这就是经验性地说明体形和心理特点之间的关系。法国心理学家克雷奇默尔在《体形与性格》一书中将人的体形分为瘦弱型、肥胖型、健壮型三种,它都和人的性情有关。瘦弱型的人内向,乖戾;肥胖型的人达观、饶舌;健壮型的人则死板、坚毅。美国心理学家谢尔顿在进一步探讨体形、心理和内在生理机制关系时指出,肥胖型的人内脏器官发达,所以体形圆浑,为人随和,行动迟缓,贪图享受;健壮型的人骨骼、肌肉发达,所以一般精力充沛,冲动好斗,喜欢冒险;瘦弱型的人属于神经系统和皮肤发达者,因此表现为多思多虑,个性内向,行动谨慎。

3. **发型和服饰**　发型和服饰都是现代社会人们表现自我的重要手段,是对相貌和体形进行加工、掩饰、衬托的最普通、最常见的方法,有时服饰还表达出个人的职业特点。一个人是不修边幅还是注重仪表,是善于打扮还是不善修饰,和他的心理特征与心理倾向直接相关。一个人平时的穿戴是写在人体外部的心理符号。

4. **肢体语言**　肢体语言是指通过身体姿态的变化表现出来的一种带有特定含义的信息,它包括体姿与手势。手势帮助人们强调所要表达的意思,体姿则更能够反映人的真实情感。紧抱双臂或紧叠双足往往是心理紧张的反映;身体不断变换姿势表示不耐烦;握紧拳头或脚的大拇指猛然跷起反映心中的愤怒等。从一个人的走姿上也能初步判定他的性格特点,如发出巨声者一般心胸坦荡,碎步急走之人容易慌张和大惊小怪,脚步轻快者往往心无城府;挺胸阔步说明自信,稳步缓行则是从容等。心理学家在告诉人们不要被表情、手势、体姿的假象所迷惑时,提出了四条原则。第一,离面部越远发生的动作越真实;第二,越不自觉的动作越真实;第三,越不明确的动作越真实;第四,越不自然的动作越真实。这四条原则可以帮助我们更准确地认知消费者的心理。

5. 语调声音的变化 消费者说话时语调的变化也能反映出他此时的心理。一般来讲,快速激昂的语调体现了人热烈、急躁、恼怒的情绪,而低沉缓慢的语调则表现人畏惧、悲哀的情绪。同一语句由于说话人在音强、音速、音调上的差别往往表达出不同的情感。例如,当顾客要求营业员展示商品时说"对不起,请把商品拿给我看看"。如果是语调平缓,语气较轻,则表明顾客是真心抱歉,麻烦营业员为他拿东西;但如果营业员行动迟缓或不愿意接待顾客,那么顾客提高声调,重复上述语句,则表示他已不耐烦,"对不起"纯属客套,甚至带有讥讽的含义,表达了不愉快的情绪。

(二) 根据消费态度与购买方式方式确定消费者个性

消费者不同的性格特点体现在各自的消费活动中,从而形成千差万别的消费行为,主要表现在消费态度和购买方式上的差异。

1. 消费态度上的差异

(1)节俭型:这一类型的消费者勤俭节约,追求实用,选择商品的标准是"物美价廉",不很在意商品的外形包装,不追求消费时尚,不喜欢高档昂贵的商品。

(2)保守型:这类消费者比较严谨,习惯传统的消费方式,不太接受新产品,喜欢购买传统的或曾有过使用经验的产品。

(3)顺应型:这类消费者属于大众型消费,选购商品时有很大的随意性,选择商品的标准多样易变,容易受外界因素的影响。

2. 购买方式上的差异

(1)情绪型购买:这类消费者在购买商品的决定上往往带有一定的偶然性,容易受流行的影响,轻易地改变自己的观念和行为,购物时的心境、购物环境、偶发的事件以及销售人员的态度和介绍等因素,均能够对其购买行为造成影响。这类消费者往往容易被药品广告中情感、描述、色彩等因素打动。

(2)理智型购买:这种类型的消费者思维较理性,决策稳重,办事严谨周密,事先对产品了解较详细。这类消费者在选购时比较理智,对销售人员的解释说明会慎重思考,有时显得比较挑剔。

(3)意志型购买:这类消费者在选购商品时目的明确,讲求实效,考虑周到,不过多追求时尚,积极主动,决策果断,很少征询他人意见,且能够忍耐,不会受一时环境的影响而改变决定。这一类药品消费者往往会选择药效、功能符合自己需要的产品,宁缺毋滥,很少有偶然作决定的情况发生。

在现实的消费活动中,由于客观环境的影响,消费者的性格很少以原来面貌表现出来,在不同的场合购买不同的商品时表现出来的性格类型不尽相同。因此,营销人员要通过认真观察,深入交谈或调查分析来认识消费者的性格特征,同时有针对性地对待不同性格特征的消费者,提高服务质量。

▶ **课堂活动**

请同学们思考一下，有哪些信息可以帮助我们判断消费者的个性进而因人制宜进行销售？

点滴积累 ∨

1. **个性**　是具有一定的倾向性、稳定性的心理特征的总和。包括能力、气质和性格三个方面。
2. **气质类型**　胆汁质、多血质、黏液质、抑郁质。
3. **性格**　人们对待客观事物稳定的态度和习惯化的行为方式。
4. **能力**　指顺利、有效地完成某项活动所必需的心理特征。可分为一般能力和特殊能力两类。

第二节　消费者的自我观念

案例分析

案例：

某药店中，销售人员在对一位年轻女性推销一款阿胶糕："这款阿胶糕最适合您这样气血不足的女性了。"年轻女性脸色一变，不悦道："我身体好得很呢！"转身离去。

分析：

此情景中的销售人员仅仅从药品的功能角度去推销产品，忽视了产品与消费者自我观念之间的关系。销售人员虽然从年轻女性的外表上看出她"气血不足"，服用阿胶糕来养血是对症的，但是忽略了她对自我身体状况的认识是"健康"，对于销售人员"气血不足"的评价十分反感，销售行为出现了反效果。

气质、性格和能力是消费者个性的综合体现，在此基础上，消费者会对自己产生各种印象，即自我观念。这些自我观念与个性密切相关，而个人往往倾向于购买与其自我观念对应的产品和服务。也就是说，消费者通过他们的购买选择来描画他们的形象。作为营销人员，我们需要对自我观念的构成以及如何利用甚至转换消费者的自我观念有所了解。

一、自我观念的内容

消费者的自我观念即消费者对自己产生的各种印象。

消费者的自我观念具有多面性。因为同一个消费个体在不同场合、面对不同的对象，往往有着不同的行为。同一个人，作为孩子在父母面前可能是略带稚气的，作为下属在上司面前可能是勤奋能干的，作为上司在下属面前可能是严肃的，作为父母在孩子面前是温柔慈爱的等。营销人员可以利用这种自我观念的多面性，针对不同情境下产生的"自我"进行营销活动。

（一）自我观念的定义

自我观念是指个人的主体自我对客体自我的整体看法和感觉,是个人在其生活环境中对人、对己、对事物交感互动时获得的综合体验。

消费者的购买行为并不是由商品所具有的实际功能价值所唯一决定的,在同质化程度日益增强的市场环境下,消费者在进行购买决策时更多依赖于产品与自我观念之间的关联程度,而不是产品的功能性、物理特征。人们通过消费行为来满足自己的需要、对产品的效果进行体验和评价,而自我观念在这些过程中发挥了重要的作用。消费者的自我观念不同,其表现在购买行为上的特点也不同。

在消费者心理和行为研究领域,一般认为自我观念由四部分组成。

1. 真实自我　指一个人完全客观的、真实的自我本质。

2. 理想自我　指人们希望自己成为的、目前尚未达到的另一种状态。

3. 自我印象　指消费者本人对自己的看法、认识和评价。

4. 镜中的自我　指消费者从他人关于自己的看法和评价中认识的自我。

这四个方面并不完全独立,如自我印象实际上包含有理想的自我、镜中的自我和真实的自我等内容。同时,这四个方面的自我在性质上不会完全相同,甚至会出现矛盾或完全对立的性质。而不同自我之间的区别,给"真实自我"带来了一个改变的机会,这个机会往往就是营销者在设计和改进产品时的参考。

（二）自我观念对消费行为的影响

在现实生活中,人们的自我观念和自己的消费行为往往是统一的,特别是自我印象在消费行为中起着重要的作用。自我观念可以通过消费行为的不同特点而体现出来。人们常常希望别人对自己有一个良好的印象,而自己也常常通过吃、穿、用和谈吐、情绪、行为等向别人表达良好的自我观念。我们每个人所拥有的东西和所喜爱的活动,反映了我们希望表达的自己的某些追求和情感。消费者常常通过购买商品和消费行为来表达这种自我观念。消费者一旦形成了某种自我观念,就会在这种自我观念支配之下产生一定的购买行为和消费行为。

案例分析

案例

一位姑娘自我感觉年轻漂亮（自我观念中对外表的看法良好）,就会在经济条件许可的情况下,按照理想的自我去购买适合自己的时髦服装,把自己打扮得更加俏丽多姿。我们也常常听到一些老年消费者说:"这样的服装（指款式新颖的、颜色较鲜的时髦服装）不适合我们穿,我们年纪大了、老了,穿上它,别人会说闲话,至少会说我们是老来俏。"

分析

这都是自我观念的表现。当女性购买新的服装之后,镜中的自我就可能表现出来——自己穿上这种服装之后,别人会怎样看待自己、谈论自己呢? 别人会赞美吗? 或许有人还会说三道四呢等。镜中的自我与自我印象相一致,则消费行为会被促进;相差太远,则这种消费行为就会抑制。

1. 自我观念影响着人们对商品价格的认知和接受程度。如，一般收入不太高的消费者，或者具有勤俭节约传统的消费者，都希望购买到价格合适又适用的商品，并希望少花钱多办事。因此，他们对商品的价格特别敏感，可能在同类商品中专门选购价格较低者。社会政治、经济地位较高的消费者可能专门选购较为昂贵的商品。由此可见，在消费者的自我观念中，商品价格与个人的社会政治、经济地位、社会角色、个人愿望、情感、理想和追求等有密切的联系。购买不同价格、不同档次的商品与消费者不同的自我观念是统一的、一致的。

2. 自我观念也会影响到消费者对商品种类和购买地点的选择。比如有些消费者对乐器可能知之甚少，却偏要买一架价格昂贵的钢琴摆在家里；有些消费者与字画、文宝、古董本来沾不上边，却愿花大价钱购而藏之，除了保值之外，主要是为了表现自己有艺术修养和志趣高雅等；还有一些消费者专门到大商场、高级商店购物，认为到小店、地摊等不体面的地方购物有失身份，甚至外出乘车也认牌子。这就是把商品价格等与个人的社会地位和身份进行比拟，希望通过所购商品来显示自己的社会地位。

3. 自我观念还会影响消费者对广告的接受程度。按照自我观念的鲜明性和独立性程度，可以把消费者分为两类，一类属于自我观念鲜明，独立性强的消费者；一类是自我观念较模糊，依赖性较强的消费者。前一类消费者很少受广告宣传和社会潮流的影响，自我的独立性强，往往按照自己的标准进行购物和消费，很少顾及别人如何评价，也不追求如何迎合别人的心理。后一类消费者由于自我的独立性差，往往随大流，易受广告宣传和社会流行观念的左右。

（三）自我的改变

有时候消费者希望能够把自己变成一个不同的甚至"升级版"的自己。服装、配饰、化妆品、保健品等多种消费都让消费者获得了这个机会来改变自己的外表，进而改变他们在他人眼中的"自我"。

在药品营销行业中，保健品、减肥类产品等经常利用人们这种改变自我的需求进行营销。比如减肥产品的电视广告常常选择年轻、身材纤细、面容姣好的女性作为形象代言人，让目标消费者产生"只要使用了这种产品，我就能成为那样美丽的女性"的印象，达到营销的目的。而保健品电视广告则常常选择年纪较大但面色红润、身手矫健的形象来让目标消费者产生"只要使用了这种产品，我也能击败衰老"的印象，同样能产生很好的营销效果。这些都是迎合了目标消费者"变得更美""变得更加健康"的需要。

二、自我观念与产品的象征性

（一）产品的象征性

所谓象征性，是指客体的物质属性与所体现出的精神属性有一定的相关性、相似性。产品的象征性，即一个产品或品牌对于消费者来说它所代表或表达的自我意义。

这种象征性可以分为有形的和无形的。有形的特征主要表现在品牌或者产品的外观，是消费者可真实感受到的、体验到的功能性特征。而无形的特征更多指的是品牌为消费者带来的如社会地位的体现、稳定关系群的体现或者是品牌背后所代表的文化。

对于营销人员来说，针对目标消费人群的需求来设计产品的象征性对于营销效果来说意义非凡。产品应该通过适当的象征性表现手法来体现出对多样化文化、政治、语言、传统的尊重和融合，并使产品的功能属性得到加强,使产品的文化价值得到充分的体现,以契合目标消费人群的自我观念。

(二)自我观念与产品象征性之间的关系

消费者并不仅仅是为了功能利益,他们至少同样多地甚至完全地也为了象征意义而购买产品和品牌。而作为象征的产品,只有当它可以被用来强化消费者的自我观念时,即满足消费者对自我提升、角色定位、群体成员身份或自我认同的需求时,消费者才会购买和使用。

正是由于象征消费行为是由自我相关的需求和目标所激发的,消费者在产品和品牌中所寻求的象征意义,就必须是与自我相关的(而不是物质的、功能的或体验的),即所谓的"自我意义"(self-meanings)。自我意义指的是人们用来定义自我的特征、规范和标准。例如,当"大学生"这一特定身份被个体内化为他或她的一种自我概念时,由社会和文化所规定的规范和标准,如学业优秀、理智主义、自信等就是一组自我意义。当这些自我意义成功注入产品或品牌时,就构成了该产品或品牌的象征性形象。

(三)自我观念在药品营销中的应用

1. 品牌定位　任何品牌的产品在上市之前都需要进行产品的定位,以准确地确定目标消费人群并进行针对性的营销活动。定位的主要方法就是为产品设计一个象征性的形象,使之在品牌形象与消费者的自我观念中建立心理链接,并通过信息传递不断强化这一心理现象。如某女性健康产品,在准确的市场定位、根据市场定位进行象征性包装、结合多种营销方式将广告词深入人心后,较好满足了妇科常见病患者的便利性和安全性需求,从女性洗液市场中脱颖而出。

2. 传递自我观念符号　品牌定位后,在营销过程中对定位的象征和拟人化宣传可以帮助消费者从感性层面得到共鸣,认为使用该产品便可以向他人传递新的自我观念。如近年大热的某宫廷题材电视剧中大量提及了某品牌阿胶,就是强化了产品的定位形象,让观众认为"这种阿胶是专门供这些养尊处优、高贵优雅、容貌秀美的后宫嫔妃食用的",进而感到"如果我也食用这种阿胶,也会像个嫔妃般优雅高贵",从而产生购买行为以期实现从真实自我到理想自我的转变。

▶▶ **课堂活动**

请同学们思考一下,你们常用的医药商品都使用了怎样的象征形象? 与怎样的自我观念相对应? 请试着举一个例子分析一下。

点滴积累 ⅴ

1. 自我观念　真实自我、理想自我、自我印象、镜中的自我。

2. 产品的象征性　一个产品或品牌对于消费者来说它所代表或表达的自我意义。

第三节　消费者的生活方式

每个人都有自己认同和向往的生活方式。有的人喜欢自由奔放和无拘无束,有的人喜欢豪华与尊贵,有的人喜欢挑战和冒险,有的人喜欢恬淡与安逸……无论哪种生活方式,都是人们个性化生活历程中的一种宝贵体验。

每个人都会根据自己所选择的生活方式进行生活,衍生而出与生活方式相应的消费行为。研究消费者的生活方式并进行影响和利用,是药品营销人员的必备技能。

一、生活方式概述

（一）生活方式的概念

生活方式是人们展现出的关于自身活动、兴趣和看法的模式。

"生活方式"这个词,不同的人有不同的理解方式,它也可以称为"生活状态",甚至是"生活偏好""生活习惯"等。人们的生活可以分为物质生活和精神生活两个方面。物质生活是基础,也是人们存在于社会中的一个最根本的生活条件,虽然物质生活对于每个人来说都有自己不同的层次,但只有在物质生活达到一定的水平后,才有可能提升到另外一个生活层面,即精神生活。随着人们生活水平的提高,消费者关注精神享受的因素也越来越多,当然,精神生活包括了情感生活、文化生活等各个领域,这也是人们生活的意义所在。

（二）生活方式营销

现代人由于生活环境的影响,物质生活相比上一代人有了极大提高,但是在精神生活方面显得更加空虚和苍白,对新的精神生活的要求越来越高。这就给了市场营销的影响力介入的空间。

对于市场营销来说,在这个产品同质化很高的时代,各类药品、保健品、医学美容产品等商品大都能找到相同或相似功能的同类产品。如何让自己的产品在这些同类产品中脱颖而出?仅靠产品的象征性与目标消费者的自我概念相一致也许可以完成某一产品的销售目标,却很难将成功扩展到同品牌或公司的所有产品。因此,创造一个让消费者接受的概念,并在这个概念的挖掘上引起消费者的注意和共鸣,才能够尽可能深入地影响到目标消费者的精神层面,以达成营销目标,这就是生活方式营销。

案例分析

案例

近些年影响非常大的"养生",就是一种生活方式。这种生活方式在中国市场首先受到许多在经济上负担渐轻,开始注重延长寿命和提高生存质量的老年人的追捧,现在已经扩展到有一定经济实力的中青年群体当中,带动了中药类补益药和保健品的市场。现在几乎所有的日常调养类产品都会把自己的产品或品牌象征性形象与"养生"概念挂钩,自然就给人带来"自然的""健康的"和"绿色环保"等印象。

分析

"养生"概念,就是一种典型的生活方式营销,其中包含中医阴阳平衡五行协调的概念,倡导极简和顺应自然的生活。

二、生活方式的商业价值与营销

（一）生活方式的商业价值

生活方式是每个人在生活中都不可避免的一个东西,当然很多人并没有在意自己的生活方式,但是无论一个人是怎么生活的,都会有自己的生活原则和处理事情的方式,应该说这些生活中的原则的总和就是一种生活方式,因此生活方式在推广中的运用是十分广泛的。比如化妆品行业中,可以诉求"美丽是一种生活状态";在保健品中,可以诉求"健康是一种生活态度";而在商场促销中,可以诉求"消费是一种生活方式";在房产行业中也可以诉求"简约是一种生活原则"。因此,可以说任何行业的品牌或产品都可以从生活方式着手进行诉求,即使是一些比较强调功能性的理性化的行业比如生活用具等也可以从舒适或者色彩以及布局等方面去进行一些生活方式的擦边球营销。

在这种营销理念中,表现在促销和广告的形式上,往往是以感性的表现手法进行心理诉求。具体来说,生活方式营销要让大家认识到,销售的过程其实就是把生活方式这种抽象的概念告知消费者,并且让他们接受的一个过程。这种模式首先是确立一个和自己所要推广的品牌或者产品相挂钩的生活状态的具体概念,然后在品牌或产品的推广过程中始终贯穿这样的概念,并且在诉求点上分为两个点,一是诉求过去的生活方式是消费者不应该接受的生活方式,二是新的生活方式将会给消费者从心理和情感方面甚至是物质方面带来怎样的感觉和品味,从而使消费者感觉到生活就应该是这样,只有这样才会有生活品位,在接受了这种方式的同时也接受了这种品牌或产品。

健康产业的生活方式营销

(二)生活方式营销的运用

生活方式营销虽然已经被广泛地使用,并且也造就了一些经典案例,但是这种情感营销如果一旦出现了问题,那么它带给品牌或产品的负面影响将远远大于理性营销,那么应该如何把握好这样的双刃剑,扬长避短地使其为自己的品牌或产品的销售服务呢? 在营销过程中又应该怎样来控制,同时应该注意哪些问题呢?

首先,生活方式的概念必须把握准确。既然生活方式营销的引入前提就是人们对自己的精神生活感到空虚,对自己的生活状态感到不满,那么就应该找到一种真正符合自己的目标消费群体定位的能够准确吸引人的生活概念,只有这样才能够使广告形式在和消费者最初的接触中,引起他们的兴趣和注意。如经济增长使人们对"温饱"的要求进一步上升了,于是"健康"的概念进入了大家的生活,而结合 WHO 在 1989 年对"健康"的定义"健康不仅是没有疾病,而且包括躯体健康、心理健康、社会适应良好和道德健康",人们也开始在身体健康、心理健康、社会能力和道德等方面选择自己的生活方式了。

其次,对这个概念进行详尽的诉求和解释。在概念确立以后,就必须在广告中从各个角度去进行独到的诉求和进行详尽的解释,因为既然这个概念是营销前提中提出来的概念,一般来说都是新的,或者是消费者不太熟知的,所以在使消费者注意了这个概念之后,就必须使消费者有条件去了解这个概念,并且在此过程中,使他在观看了营销和广告的诉求后确实发现自己应该摈弃以前的生活状态而接受营销推广的生活方式,并且在重点推广阶段可以进行促销,表现在广告中可以适当地对品牌和产品进行相关的优惠,使消费者产生一种可以很轻松地就拥有这种生活状态的想法,从而增加销售的可能性。如健康的生活方式包括合理膳食、适量运动、平衡心理以及常见病防治,近年来健康方面的宣传也主要围绕这几点进行,强调通过践行健康的生活方式,就能够达到身体健康、延年益寿的效果。

再次，和消费者的沟通是一个最关键的环节。生活方式的营销是从精神层面进行的一种营销方式，所以其诉求往往是以感性为表现手段，而现代人最需要的就是真心的沟通，因此，即使营销者通过再多的广告轰炸，想要使消费者接受这种生活方式，倒不如在实际的过程中通过面对面的沟通使消费者从心理上产生更贴心的感觉。如药膳的生活方式营销就是抓住了身体健康与药、食两方面的关系，将自己的产品与健康的生活方式联系起来，从"为消费者健康着想"的角度进行宣传，将健康与消费者的一日三餐结合起来，逐渐渗透。

最后，切忌空洞无物。在诉求过程中，虽然生活方式本身就是一个抽象的概念，但正因为如此，要让消费者真正地体会到这种生活方式所带来的利益和好处，就必须在广告（文案、画面、促销）中进行实在的诉求，使消费者切实感觉到这种生活方式给自己的生活带来的良好的变化。如目前的药膳食疗产业在宣传上常采取免费宣传的策略，经常在网络和纸质媒体上宣传应季的药膳、调理的汤方等信息，让消费者能够切实地在日常生活中执行，而消费者一旦感受到好处，就能够彻底接受这种生活方式。

（三）生活方式的测量

要使用生活方式营销，首先要对目标消费者的生活方式进行测量。本书在此介绍运用得最为广泛的生活方式的测量方法之一：生活方式的测量（AIO）法（表 3-2）。

1. AIO 法简介　AIO 指的是对活动（activities）、兴趣（interests）和观点（opinions）三个维度的测量，用于测试消费者的个性、兴趣、态度、信仰、价值观、购买动机等，通过理性的、具体的、行为的心理学变量，获得对消费者的总体看法。AIO 清单由大量的陈述句组成，被调查者可以表达对这些陈述句同意或不同意的程度。具体说来，问卷要测量的内容包括以下几类。

（1）活动：指具体可见的行动，这些活动是可从行为表态上得知的，例如看电视、购物。但这些活动的原因却是无法直接观察测量的。

（2）兴趣：指人们对于某项事物或主题产生的兴奋程度，能引起一个人特殊且持续性的注意。

（3）观点：指一个人对外界环境的刺激所产生的问题，以及所给予的口头上或文字上的响应，用以描述一个人对刺激的解释与评估。

（4）一些基本的特征，如生命周期、收入、教育和居住地等。

表 3-2　生活方式 AIO 的测量因素

活动（A）	兴趣（I）	观点（O）	人口统计变量
工作	家庭	自我	年龄
习惯	住所	社会舆论	性别
爱好	工作	政治	收入
社交	社交	业务	职业
娱乐活动	娱乐	经济	家庭人口
运动	时髦	教育	居住环境
采购	食物	产品	地理位置
社团	媒介	未来	城市大小
度假	成就	文化	家庭生命周期

举例说明,三个方面的问题可以设计如下:

○　我经常听流行音乐(活动)。

○　我对最新的时尚趋势很感兴趣(兴趣)。

○　中老年人不适合参加过多的登山运动(观点)。

2. AIO 细分法的使用步骤

其他生活方式
测量法:VALS、
VALS2、LOV

(1)确定哪一种生活方式产生了对某种产品的需求。

(2)找出具有某种生活方式且正使用这种产品的消费者后,区分出谁是重度、中度和轻度的使用者。

(3)在辨认出重度使用者后,考虑如何将自己的品牌与他们建立联系。

(四) 生活方式营销所带来的影响

1. 生活方式营销可以使企业在复杂的社会环境中将自身定位与社会变迁紧密结合起来,避免了纯粹经济行为所可能带来的负面效应。

生活方式营销要求企业研究社会变迁及其对社会心理产生的影响,将社会环境与企业的发展战略紧密结合起来,用一种综合的视角来审视企业的外部环境。企业的生产经营活动只是更大范围内的社会活动的一个组成部分,时刻受到其他社会活动的制约。企业只有主动地将经营管理行为与社会环境有机结合,才能更好地应对挑战、把握机遇。同时,社会环境不是静止不动的,企业要将社会变迁与自身发展联系,了解社会变迁的趋势。但是企业的改变不应以牺牲自我的一致形象为代价,顾客的忠诚度是更为重要的目标,变化的目的不在变化本身,而在于通过变化更好地满足顾客的需求。

2. 生活方式营销关注的重点不再仅是企业的产品,更是企业的定位和顾客。这样,企业才可以更好地处理组织、顾客和社会的利益关系。

传统营销方式往往从企业自身的角度出发,将商品推销列为最重要的营销目的。这是一种生产导向型的思维方式,一切商业实践都是从企业出发,强调企业在商业交易过程中的主导地位。但在买方市场的条件下,这种由内向外的营销视角可能会忽视了顾客的需求,导致顾客满意度降低。而生活方式营销则将顾客的需求与企业的关系列为了营销战略的思考起点,将满足顾客需求列为重要的营销目标,考察顾客心理。只有将顾客放在营销战略的首位才能使企业和顾客建立一种和谐的利益关系,提高公司的社会形象、提高顾客的忠诚度,最终为企业创造巨大的效益。

3. 生活方式营销的本质是一种意义的建构,最先进入者将获得巨大的市场优势,后来者只能通过新定位展开竞争。竞争的本质将不再是企业间单纯的商业竞争,而是不同生活方式之间的竞争。这意味着竞争领域将出现多元化的趋势。不同的企业对自身的定位不同,市场细分的目标顾客也有所差异,不同的顾客群体会有不同的生活方式。例如,BS 和 KK 是两个竞争的可乐品牌,而他们在近年的营销中就通过生活方式营销进行了市场细分。年轻人更喜欢自由而充满挑战性的生活,所以 BS 的营销定位选择了青春、动感的形象宣传;而 KK 则始终强调"经典"的永恒地位。两种品牌可口之间的竞争,不再是单纯的口感的竞争,甚至不再是两家公司的较量,而是分别以 BS 可乐和 KK 可乐为代表的两种生活方式的竞争,即"年轻人追求的酷"和"大众对经典的偏爱"。竞争的最后是一个正和博弈,可乐市场不断扩大,竞争的各方达到的是双赢甚至多赢的局面。

生活方式营销是从情感营销中分离出来的,或者说是在此营销方式中细化的一种方式,而它同文化营销又有着密切的关系,因此,并不能真正地把它归类到哪种营销方式中去,当然在实施过程中这似乎也没有必要,但是它的确是一种以感性的表现形式从精神生活的层面去深度触动消费者的一种方式。在最近几年的发展过程中,生活方式营销已经成为一种行之有效的方法,并且适用于很多行业,在以后的发展过程中,生活方式将会以更快的速度发展,并且在发展过程中不断地衍生出新兴的营销手段。

点滴积累 ∨

1. 生活方式　人们展现出的关于自身活动、兴趣和看法的模式。
2. 生活方式营销　就是以消费者所追求的生活方式为诉求,通过将公司的产品或品牌演化成某一种生活方式的象征甚至是一种身份、地位的识别标志,而达到吸引消费者、建立起稳定的消费群体的目的。强调以感性的表现手法进行心理诉求。
3. AIO：活动（activities）、兴趣（interests）和观点（opinions）。

目标检测

一、选择题

（一）单项选择题

1. 气质是心理活动表现在_____、_____、_____和_____等方面的动力特征。

　　A. 强度、速度、稳定性、控制性　　　　　　B. 强度、速度、稳定性、灵活性

　　C. 强度、速度、控制性、灵活性　　　　　　D. 强度、控制性、稳定性、灵活性

　　E. 以上皆非

2. 根据消费者气质类型对购买行为进行分类,理智型消费者的购买行为有哪些特点（　　　）

　　A. 以黏液质和抑郁质居多　　　　　　　　B. 以黏液质居多

　　C. 以抑制型和多血质居多　　　　　　　　D. 以胆汁质居多

　　E. 以多血质居多

3. 生活方式是人们展现出的关于自身（　　　）的模式。

　　A. 活动、兴趣和人品　　　　　　　　　　B. 人品、兴趣和看法

　　C. 活动、人品和看法　　　　　　　　　　D. 活动、兴趣和看法

　　E. 以上皆非

（二）多项选择题

1. 以下哪些能力属于消费者的特殊能力（　　　）

　　A. 记忆力　　　　　　　　B. 诊断能力　　　　　　　　C. 智力

　　D. 药材鉴别力　　　　　　E. 化学成分分析能力

2. 自我观念由以下哪四个部分组成( )

    A. 真实自我   B. 理想自我   C. 自我印象

    D. 镜中自我   E. 超越自我

3. AIO 法所测量的内容包括以下哪些内容( )

    A. 个性   B. 兴趣   C. 智力

    D. 价值观   E. 购买动机

二、问答题

1. 个性的基本特征包括哪些？

2. 自我观念对消费行为的影响有哪些？

3. 生活方式营销是什么？

4. 生活方式营销只能用在感性化的行业中吗？

（李倩雯）

第四章

与消费心理相关的社会影响因素

ER-04章PPT

导学情景 ∨ ⋯⋯⋯⋯⋯⋯⋯⋯⋯⋯⋯⋯⋯⋯⋯⋯⋯⋯⋯⋯⋯⋯⋯⋯⋯⋯⋯⋯⋯⋯⋯⋯⋯⋯⋯

情景描述：

儿童感冒药 XKK 适用于 1~12 岁儿童，包装采用半袋分隔技术，方便不同年龄层儿童准确把握用量，草莓口味也化解了父母对孩子抵制用药的担心。XKK 在药品营销中明确地将受众人群定位于全国的年轻父母乃至准父母，这部分人在网络上花费的时间多，也更容易接受新事物，同时又不失对传统节日和春晚的关注。2010 年岁末，XKK 把握营销契机，联手某视频网络策划实施节日温暖营销——"XKK 送祝福　温暖过大年"。基于春节这个全体中国人聚焦的特殊时段，借助春晚对 XKK 品牌进行集中展示，通过挑选适合家庭用户口味的内容和广告形式，定制家与温暖的主题，让明星和普通民众共同表达自己的新年祝福，传播温情与关怀，对目标受众实施精准化营销。并通过网络留言和评论等形式与网友直接进行沟通互动，在业内完成了三个第一：第一次让 XKK 与春晚产生关联，提升了它的品牌高度；第一次在药品行业推广的无声期投放药品广告，并取得独特影响力；药品行业第一次成功尝试与视频媒体针对大事件直播进行全方位、定制化合作。

学前导语：

以上营销案例说明从药品营销企业的角度考虑，如果想在市场上取得成功，打入市场时需要先考目标人群，满足不同群体消费者的心理需求是最重要的。

学习目标 ∨ ⋯⋯⋯⋯⋯⋯⋯⋯⋯⋯⋯⋯⋯⋯⋯⋯⋯⋯⋯⋯⋯⋯⋯⋯⋯⋯⋯⋯⋯⋯⋯⋯⋯⋯⋯

1. 掌握社会文化的概念和特征；社会认知和社会角色的概念；社会群体的概念和特征；家庭生命周期对药品消费的影响。

2. 理解社会文化对消费心理的影响；社会认知与消费习俗对消费心理的影响；药品消费者群体的心理；社会阶层对消费心理的影响。

3. 了解亚文化对消费心理的影响；社会角色的类型；社会参照群体对消费者心理与行为的影响。

4. 学会观察消费活动中的不同角色对消费活动的影响；不同年龄、性别消费者群体的消费心理；不同年龄、性别消费者群体的消费心理。

第一节　社会文化因素对消费者心理的影响

一、社会文化因素与消费者心理

每一个药品消费者都身处一定的社会环境中,其消费理念和方式也会受到相应的影响。主要的社会影响因素有文化、政治、经济、角色、群体、阶层、家庭等。

(一)社会文化的概念与特征

文化是一种社会现象,是人们在社会实践中形成的;同时又是一种历史现象,是社会历史的积淀物。文化是人们在社会实践过程中所创造的成果总和,文化的含义有广义与狭义之分。广义的文化是指人类所创造的物质财富与精神财富的总和;狭义的文化是指人类精神活动所创造的成果,如哲学、宗教、科学、艺术、风俗习惯、道德、科学技术等。

文化对购买决策行为有广泛的影响,因为它渗透在人们的日常生活中,决定着人们的衣、食、住、行。文化不仅对人们如何购买和使用产品有影响,而且还影响到产品的开发、促销、分销和定价。例如,中国人对中草药功效的熟悉与信服使含有中药成分的牙膏在市场上受到欢迎。

社会文化是与基层广大群众生产和生活实际紧密相连,由基层群众创造,具有地域、民族或群体特征,并对社会群体施加广泛影响的各种文化现象和文化活动的总称。社会文化包括人们在社会发展过程中形成并经世代流传下来的风俗习惯、价值观念、行为规范、态度体系、生活方式、伦理道德观念、信仰等。

社会文化的特征有:

1. 传承性　人类具有传承和学习本民族或本群体文化的倾向,由于不断地学习和传承,民族或群体文化得以延续,并且形成了独特的民族或群体个性。在中华民族文化的传承过程中,保留了很多民族文化瑰宝,比如中医药、古诗、陶瓷、京剧、民族工艺品等。

2. 共有性　社会文化是社会成员在生产劳动和生活活动中共同创造的,因此它为全体成员所共有,并对该社会中的每一个成员产生直接或者间接的影响,使其在生活方式、消费习俗、消费观念、偏好禁忌等方面表现某些共同的特性。

3. 差异性　社会文化是由特定社会群体在社会实践中所创造的,不同国家、民族、种族、地域、宗教、社会机构或企业甚至不同家庭,都可能形成不同的风俗习惯、生活方式、伦理道德、价值标准、宗教信仰等,这些方面的不同构成了不同文化的差异。

4. 变迁性　文化不是固定不变的,而是时刻处于变化之中的。当社会环境发生变化时,比如技术创新、人口变动、资源短缺、文化移入等,人们的爱好、生活方式、价值观念会随其发生改变,从而形成新的社会文化。比如某电视台的养生节目热播之后,人们的日常保健意识增强,一些具有保健功能的中药材、简易按摩法受到消费者的欢迎。

5. 无形性　社会文化是无形的,对其成员的影响是在潜移默化、自然而然中完成的。因此人们根据一定文化所采取的行为通常被看作是理所当然的。比如在中国红色象征吉祥、喜庆,在重大节日,人们会不约而同地选用红色的商品来进行装饰。

(二)社会文化对消费者心理的影响

各个国家由于政治制度、经济体制、经济发展水平、地理条件、民族等差异,形成了各自独特的社会文化,而特定的社会文化直接或间接地影响该社会的每个成员,使其在价值观念、生活方式、风俗习惯等方面具有该社会文化的特色。社会文化对消费者心理的影响表现在以下三个方面:

1. 社会文化对个人的影响　社会文化给人们提供了看待事物、解决问题的基本观点、标准和方法,并使人们建立起是非标准和行为习惯。比如中国文化尊崇谦逊含蓄、重礼仪,中国人比较内敛、含蓄、柔和,而西方人个性张扬、热情、外露;在穿着服装时,中国人讲究仪表的修饰,而西方人崇尚显露优美的人体体态。

2. 社会文化对群体的影响　社会是由许多不同群体构成的,每一个群体有其独特的亚文化。同一群体中的成员有着共同的信念、价值观、生活习俗和禁忌。社会文化通过各种途径如道德标准、制度规则、组织纪律、群体规范等规定约束着群体成员的社会行为。

3. 社会文化对消费活动的影响　社会文化影响和制约着人们的消费观念、消费习俗、需求欲望及特点、购买行为和生活方式。比如中国人历来重视勤俭,宁愿省吃俭用攒钱购买昂贵的商品,也不愿意负债消费。

(三)亚文化与消费者心理

1. 亚文化概述　亚文化是指某一文化群体所属次级群体的成员共有的,区别于其他次级群体成员的信念、价值观和生活习惯。亚文化是一个相对的概念,是总体文化的次属文化。亚文化既拥有与主体文化共通的核心价值观,又具有自己独特的价值观。亚文化对人们心理与行为产生的影响更为具体和直接,因此营销人员可以根据各个亚文化群体所具有的不同需求和消费行为特点有效地进行市场细分,正确地选择目标市场,准确地进行市场定位,从而针对特定的消费群体制定营销策略。

2. 亚文化分类

(1)民族亚文化:大多数国家都不是由单一民族构成的,各民族在长期的生存和繁衍过程中形成了各自独特、稳定的亚文化,如不同的宗教信仰、生活习俗与消费习惯等。这些民族亚文化对不同民族的消费者有着巨大的影响。

(2)地域亚文化:由于不同气候和地理条件的影响,人们会形成不同的消费习俗和消费特点,在需要、兴趣、爱好等方面表现出明显的差异。比如我国北方地区冬天气候寒冷干燥,对电热毯、羽绒服、加湿器等商品的需求量比较大;四川地区气候潮湿,当地人喜欢吃辣椒,可以祛湿散寒,故辣椒的需求量也较大。

(3)宗教亚文化:不同宗教有不同的文化倾向、习俗和禁忌,影响教徒的价值观念、生活方式和消费习惯,从而形成宗教亚文化消费者群。宗教因素对于消费者行为具有深远影响,同时对企业市场营销活动具有重要意义。企业应考虑不同宗教信仰对消费方式的影响,在产品设计和营销中注意特定宗教信徒的消费禁忌。

(4)性别亚文化:由于性别不同,男女消费者在消费兴趣偏好、审美标准、购买方式、购买习惯等方面都有很大不同,由此形成了相应的男性亚文化群和女性亚文化群。比如女性消费者较敏感、细致、追求美感;男性消费者较理性、注重商品的性能与实用性。

(5)职业亚文化:专业性较强的职业一般会有一些专门的训练、职业术语、职业道德、职业习惯等,因此不同职业的消费者在装束、言谈举止、生活方式以及消费习惯上有很大区别。比如医生爱干净,政界男士喜欢穿西装。

(6)年龄亚文化:按年龄段可将消费者分为儿童、少年、青年、中年、老年五个群体,每个年龄段的消费者构成一个亚文化群。不同年龄的人有着不同的价值观念和消费习惯。比如青年消费者追求时尚、个性、敢于尝试新产品,而中年消费者比较理性、注重传统和商品的品质。

案例分析

案例

越来越多的国产中成药产品开始考虑走出去战略,然而,海外注册只是开发海外市场的第一步,最关键的是如何在当地推广好这些传统中成药产品。某制药集团以 XZK 为代表的系列中成药产品则大胆尝试,采取了区别定位的营销策略,避开处方类降脂产品,充分挖掘 XZK 天然产品温和调脂及预防的功效。同时,一改传统中成药进入国际市场"行不更名,坐不改姓"的惯例,对 XZK 的商品名和包装进行重新设计,聘用专职海外业务推广人员,并建立了专业英文网站,这使得 XZK 的国际推广路径更契合国际市场的习惯和需求。XZK 远销欧洲、东南亚等多个地区,累积出口金额 1000 多万美元。其在新加坡的销售额以每年 25% 的幅度递增,连续多年获得当地最大的三家连锁药店 Guardian、Unity、Watson 最受欢迎及最畅销药品奖。在新加坡、马来西亚等地,XZK 已经覆盖 70% 的药品零售终端。在新加坡所有红曲类的产品中 XZK 的市场占有率为 85%。值得一提的是,该制药集团从进入国际市场的第一天起,不以低价换市场,没打算以价格作为竞争的主要手段,走的是产品差异化策略,盯住主流市场,以国际化水准为标杆的现代营销之路。

分析

XZK 用国际理念去包装和推广品牌,主动参与到当地主流市场竞争当中,成功地为中成药向海外市场渗透打开了更为广阔的空间,取得了国际化跨文化营销之路的成功。

二、社会角色与消费心理

(一)社会角色的含义

社会角色是指与人们的某种社会地位、身份相一致的一整套权利、义务的规范与行为模式,它是人们对具有特定身份的人的行为期望,它构成社会群体或组织的基础。社会角色是因社会地位而确定的,一个人先获得地位,后扮演角色,也就是按人们对该地位的期望要求行事,亦即扮演在该地位上应该扮演的角色。

(二)社会角色的类型及消费心理

从不同的角度可以将社会角色划分为以下不同类型:

1. 根据人们获得角色的途径不同,可以将社会角色划分为先赋性角色与成就性角色。先赋角色,指人们与生俱来或在其成长过程中自然而然获得的角色。一个人从一出生就被赋予了种族、民族、家庭出身、性别等角色,其消费心理由所赋予的角色影响,顺应其文化及环境的自然影响。比如,藏族消费者倾向于使用藏药等。成就性角色是指主要通过个人活动与努力而获得的社会角色,比如医生、教师、律师、艺术家、法官等。成就性角色的消费心理也会受到自身工作、环境、社会地位等影响,比如教师的衣着消费、化妆品消费等都会受到角色的约束。

2. 根据人们承担社会角色时心理状态的不同,可以将社会角色划分为自觉的角色与不自觉的角色。自觉的角色是指人们在承担某种角色时,明确意识到自己正担负着一定的权利、义务,意识到周围的人都是自己所扮演角色的观众,因而努力用自己的行动去感染周围的观众。比如某人在父母面前,清楚自己的角色是儿子;在孩子面前,清楚自己的角色是父亲。不自觉的角色是指人们在承担某一角色时,并没有意识到自己正在充当这一角色,而只是按习惯性行为去做。比如参加实习的大学生没有意识到角色已由学生转换为员工,在工作时缺乏责任心和主动性,达不到企业的要求。

3. 根据社会角色规范化程度的不同,可以将社会角色划分为规定性角色与开放性角色。规定性角色是指有比较严格和明确规定的角色,即对此种角色的权利与义务、应当做什么、不应当做什么都有明确规定,比如警察、法官、党员等。开放性角色是指那些没有严格、明确规定的社会角色。这类角色的承担者可以根据自己对角色的理解和社会对角色的期望而从事活动,如朋友、亲戚等,没有人规定其一定要如何去做。

4. 根据社会角色追求目标的不同,可以将社会角色划分为功利性角色与表现性角色。功利性角色是指那些以追求效益和实际利益为目标的社会角色。这种角色行为的价值就在于实际利益的获得,比如商人、企业家、经理等。表现性角色是指不是以获得经济上的效益或报酬为目的,而是以表现社会制度与秩序、社会行为规范、价值观念、思想道德等为目的的社会角色,比如法官、警察、学者等。

(三) 消费活动中的角色

在消费活动中,群体成员承担着不同的角色,主要有倡导者、影响者、决策者、购买者、使用者。

1. **倡导者**　是指首先想到并提出要购买某种商品或接受服务的群体成员。他们一般性情活泼,信息灵敏,易于接受新的事物,在传递产品信息上有着不可低估的作用。

2. **影响者**　是指对最终形成购买决策有直接或间接影响的群体成员。一般来说,如果影响者对倡导者提出的购买建议持赞成态度,那么就容易促成决策者作出购买决定。能够影响他人消费心理者一般都是在他人心目中有一定分量和被尊重的人,比如学者、专家、名人等。

3. **决策者**　是指在群体中握有决定权,能作出最终购买决定的群体成员。决策者在群体购买中具有举足轻重的作用,药品营销企业应使产品特性和促销方法尽量符合那些真正具有决策力或影响力的顾客的需求。

4. **购买者**　是指具体实施购买行为的群体成员。一般而言,决策者决定买什么及所买产品的品牌等,至于到什么地方买、在什么时间买,往往取决于购买者。对于商家或企业而言,重视购买者有直接的意义。

5. **使用者**　是指产品购回后具体使用的群体成员。他们是产品消费的证明人,能反馈产品效能的各种信息,对企业的声誉和产品的重复购买有着重要影响。对于使用后倍感满意的产品,使用者会大加赞赏,有利于扩大产品的知名度;对于使用后不满意的产品,使用者也会作反向宣传,影响产品的再购买。所以,企业要通过加强销售服务,特别是售后服务,力求使使用者满意。

(四) 社会角色对消费心理的影响

每个人在社会中都承担着各种各样的角色,比如某人在家庭中是父亲、丈夫,同时又是自己父母的儿子,在工作中是医生,这些角色都会在某种程度上影响他的消费心理及购买行为。

1. 社会角色对消费偏好的影响　社会角色是社会对个人职能的划分,它指出了个人在社会中的地位和在社会关系中的位置,代表了每个人的身份。处于不同地位的消费者往往追求一些能够代表地位标志的消费品,形成了不同的消费偏好。比如成功的企业家选择高档住宅、名牌车、出入高档餐厅等作为身份地位的象征。

2. 社会角色的多样化使购买行为存在差异　每个人都在一定的组织、团体和家庭中扮演一定的角色。绝大多数人在现实生活中同时扮演多种角色,每种角色都会不同程度地影响其消费行为,在购买商品的类别、品种、质量、价格等方面均有差异。比如某位教师在选购礼品时,作为晚辈给长辈买保健品,作为父亲给孩子买学习用品,作为丈夫给妻子买护肤品,作为同事给其他教师买办公用品。

三、社会认知与消费习俗对消费心理的影响

(一) 社会认知

1. 概念　社会认知,又称社会知觉,是个人对他人的心理状态、行为动机和意向作出推测与判断的过程。

2. 社会认知的基本对象

(1)对他人表情的认知:人的表情有面部表情、身段表情、言语表情,能够客观地反映出人们的内心态度、情绪、动机等。在社会生活中,认知者可以通过他人的表情来判断其心理。

(2)对他人性格的认知:认知者在较短时期内可以认识到他人性格的某些方面,但是要真正且全面地认知他人性格,必须要经过长期的观察。

(3)对人际关系的认知:包括对自己与他人关系的认知和对他人与他人之间的认知。在社会生活中,认知者可根据他人经常表达的意见、表露的态度和情绪来推测人与人彼此之间的关系。在对人际关系认知过程中,认知者的情感成分常常参与其中。

(4)对行为原因的认知:包括对自己行为原因的认知和对他人行为原因的认知。

3. 社会认知方式　认知方式,也称认知风格或认知模式,是指个体在认知过程中所经常采用的、习惯化的方式和风格。它是一种比较稳定的心理特征,个体之间存在很大的差异。认知方式的类型较多,比较典型的有以下几种。

(1)场依存型和场独立型:场依存型的人倾向于依赖外在参照物或以外部环境线索为指导来判断客观事物,他们的态度和自我认知易受周围环境或背景(尤其是权威人士)的影响,往往不能独立

作出判断。该类型人的社会敏感性强,爱好社交活动。场独立型的人倾向于凭借内部感知线索(如经验、价值观)判断客观事物,不易受周围因素的影响和干扰,能够对事物作出独立判断。该类型人的社会敏感性差,不善于社交,关心抽象的概念和理论,喜欢独处。

(2)冲动型和沉思型:冲动型的人反应冲动、草率,缺乏全面细致的思考。沉思型的人较谨慎、能够仔细思考,认知速度较慢。

(3)整体型和分析型:整体型的人倾向于领会情境的整体,重视情境的全部,对部分之间的区分较模糊或者不区分部分,倾向于将信息组织成整体。分析型的人把情境看作是部分的集合,常常集中注意于一两个部分而无视其他方面,可能曲解或夸张部分,倾向于把信息组织成轮廓清晰的概念集。

(4)言语型和形象型:言语型的人倾向于以词的形式思维。形象型的人倾向于以视觉的表象思维。

(二) 消费习俗

消费习俗是指一个地区或民族的人们在长期的消费活动中沿袭而成的一种独具特色的消费习惯,主要包括人们的信仰、饮食、婚丧、节日、服饰及娱乐消遣等物质与精神产品的消费习惯。消费习俗是一种无形的社会习惯,在潜移默化中使人们自觉或不自觉地遵守,并以此规范自己的消费行为。

消费习俗一般是人民在长期的消费活动中,经历若干年逐渐形成和发展起来的,而且在特定的社会环境下形成,经过人们的传承,进入了生活的各个方面,有一定的社会性和地域性,与当地的生活传统保持一致,从而长期影响着人们的消费行为。比如,广东人爱喝汤,四川人爱吃火锅。当然也会随着社会的发展而变迁。比如,随着国际交往的增多,许多西方国家的节日(感恩节、圣诞节等)开始在中国盛行,中国食物也在国外流行。

消费习俗对消费心理的影响如下:

1. **促使消费心理具有相对稳定性**　人们在消费习俗的长期影响下,容易产生习惯性购买心理,因而会重复购买符合消费习俗的商品,形成稳定的消费心理。比如,临近春节,人们会购买春联、鞭炮、新衣服、食物等年货。

2. **强化消费者的消费偏好**　在特定地域消费习俗的长期影响下,人们会对符合地方风俗的商品产生偏好。这种偏好会直接影响消费者对商品的选择,并不断得以强化。比如临近元宵节,北方人购买元宵,南方人则购买汤圆。

3. **影响消费心理的变化速度**　消费习俗使人们的消费心理具有相对的稳定性,因此当新商品或新消费方式与消费习俗发生冲突时,消费心理会受到消费习俗的制约,很难发生变化,从而阻碍新商品或新消费方式的推广。反之,如果新商品或新消费方式与消费习俗相顺应,就会加速消费心理的变化,使其迅速被消费者所接受。消费习俗对消费者心理与消费行为有极大的影响,药品营销人员在销售药品时需了解和尊重不同国家、地区、民族消费者的消费习俗,以便自己的药品能满足不同消费者的需要。

点滴积累 V

1. 社会文化包括人们在社会发展过程中形成并经世代流传下来的风俗习惯、价值观念、行为规范、态度体系、生活方式、伦理道德观念、信仰等。

2. 社会角色是因社会地位而确定的，一个人先获得地位，后扮演角色。

3. 在消费活动中，群体成员承担着不同的角色，主要有倡导者、影响者、决策者、购买者、使用者。

4. 社会认知的对象包括对他人表情的认知、对他人性格的认知、对人际关系的认知、对行为原因的认知。

5. 消费习俗能促使消费心理具有相对稳定性，强化消费者的消费偏好，影响消费心理的变化速度。

第二节　社会群体因素对消费者心理的影响

一、社会群体与消费心理的关系

（一）群体概述

群体是指人们为了一定的共同目的，以一定方式结合在一起，彼此之间存在相互影响，心理上存在共同感并具有情感联系的两人或更多的人组成的集体。群体是人类存在的基本形式，人们总是通过一定的群体来参加社会活动。同时，群体也是个体实现理想抱负、发挥聪明才智的舞台。

1. 群体的特点　群体成员在心理上彼此意识到对方，存在一定的相互作用与影响。群体成员之间相互依赖，经常进行多种形式的互动与交流。群体成员往往具有一定的共同目标或心理需求。长期存在的群体往往还发展起了自己特定的亚文化，有自己的价值观、态度倾向与行为方式。

群体是组织化的人群，具有一定的结构和规范，成员间相互协作、密切配合。这种结构和规范是群体在自身的活动过程中自然形成的，它要求每个成员必须遵守，否则将受到谴责。群体内的每一个成员都在群体中占据一定的位置，并承担着一定的角色，有一定的权利和义务。

为什么人们
要加入群体

2. 群体与人群的区别　群体是有思想活动的，有相互的心理交流过程，因共同目的和情感联系结合在一起的人群。人群属于偶然聚合的不同个体，心理上没什么联系，没有共同目标和隶属感，没有一定的结构和社会角色分化。例如，在路口等绿灯过街的人群、电影院里的观众和公园里的游人，都属于这种非群体性的人群聚合体。

（二）药品消费者群体的心理

1. 药品消费者群体概述　药品消费者群体是指由为满足其防病、治病、强身健体等生活需求而购买药品或接受相关服务的个人或家庭所组成的群体。

2. 药品消费者群体的心理特征　药品消费者市场人数众多，范围广泛，消费者的心理由于受到各种因素的影响而千变万化，但从总体上分析还是存在着一定的趋向性和规律性。药品消费者群体的心理特征主要表现在以下几个方面。

（1）感染性消费心理："感染"是群体性的影响，即群体中一部分成员的消费心理或消费行为激起另一部分成员产生同样的反应。由于对医药产品知识的缺乏，部分消费者在购买心理上受广告、医生建议、亲朋好友的推荐和其他外部因素的影响，会产生一种相互感染、相互影响的消费心理现象。药品营销者可以通过成功而有效的市场营销活动，引导和感染消费者的消费心理，使其潜在的消费需求变为现实的消费需求，潜在的购买欲望变为现实的购买行为。

（2）从众性消费心理：研究表明，很多人都有从众心理。部分药品消费者在购买药品前往往会进行调查询问，了解其他使用者用药情况以验证疗效如何。其他使用者对药品的疗效和品质所持态度会直接影响该消费者的购买决定和购买行为。

（3）参照性消费心理：参照群体是个体在购买或者消费决定中的参照框架，其作用是促使个体形成一般的或者特殊的消费态度、消费心理或特殊的消费行为导向。如追求时髦、追赶消费新潮的"偶像经济"等消费现象，就是参照群体对消费心理影响的典型表现。由于消费者对参照群体有效仿的愿望，因此，参照性消费群体也会影响到消费者对某些事物的看法或对某些产品的态度，并促使消费者的行为趋于某种一致化，从而影响消费者对某些产品和品牌的选择。

（4）多样性消费心理：消费者的消费心理各有特点，并有不同的类型，如追求经济实惠药品的消费心理、追求名牌药品的消费心理、追求药品时尚和新颖的消费心理等。同时，因各药品消费者所患疾病的种类、收入水平、文化程度、年龄、职业、性格、生活习惯等不同，对各类药品甚至是对同种药品的需求和关注程度存在差异，这就决定了消费者的消费心理呈多样性与复杂性。因而，要求药品销售必须符合消费者的心理特点和变化，药品营销方式要灵活多样，药品的品种供应要齐全。

（5）发展性消费心理：随着社会经济的发展和人们生活水平的不断提高，消费者对医药产品和医药市场服务的需求也在不断地发展和变化。医药市场总的发展趋势也是由低级向高级、由简单向复杂、由被动消费向主动消费过渡，许多潜在的消费需求正不断地变成现实的购买行为。例如，消费者对营养滋补品和防衰老药品的需求增加，这就要求新医药产品的研发与消费者市场需求的发展相适应。

二、社会参照群体对消费者心理与行为的影响

（一）参照群体的概念和类型

1. 参照群体的概念　参照群体是指对个体的行为、态度、价值观等有直接影响的群体，即个体可能尚未加入该群体，却以某个群体的标准和规范为参照。例如，希望自己属于白领群体、时尚一族的消费者，消费倾向就会参照白领的标准。

2. 参照群体的类型可分为以下三种。

（1）准则群体：这种群体是人们所希望或愿意参加的，它的准则和标准是人们同意和赞赏的。

（2）比较群体：这种群体是人们不怎么希望或并不愿意加入的。人们只不过把它作为评价自己身份与行为的依据。比如，在消费者的行为中，一些消费者总是模仿某一群体中的人的地位和购买

行为,但他自己并不想成为其中的一员。

（3）否定群体:这种群体是人们所反对的一种群体,对这种群体的某些方面,人们是不赞同或厌恶的。对那些与否定群体典型特征有关的商品,一般消费者通常是不会购买的。

（二）参照群体对消费心理与行为的影响

参照群体通过目标、标准、规范、生活方式等影响消费者,促使其购买心理与行为改变,向参照群体靠拢。

1. 规范性影响　当消费者渴望加入某一群体时,他会按照该群体的规范来约束自己的行为,以获得赞赏或避免受罚。

2. 信息性影响　消费者会接触到一些参照群体成员的行为、观念和意见,把这些信息作为参考依据,从而影响自己的消费行为。一般来说,参照群体成员的专业性越强,药品消费者受到的影响就越大。

3. 价值观影响　当消费者认同某一群体的价值观,并且完全接受该群体的规范时,即使没有外在的赞赏或惩罚,他也会自觉按照该群体的价值观和其他习惯、规范来行事。

（三）参照群体影响消费者的因素

影响消费者的主要参照群体有家庭成员、同学、同事、社区邻居、亲戚朋友、社会团体和名人专家等。在不同的条件与环境下,参照群体对消费者心理的影响程度存在很大差别。参照群体对消费者的影响程度取决于以下因素:

1. 个性特征　一般情况下,自信心强、善于独立思考、分析判断能力强的消费者受参照群体的影响较小;缺乏主见、依赖性强、选择商品时犹豫不决的消费者容易受参照群体的影响。

2. 自我形象　当某个参照群体与消费者的自我形象相符合时,消费者会对该群体产生认同感,从而以参照群体为榜样,模仿群体成员的行为;反之,如果某个参照群体与消费者的自我形象相悖时,消费者会对该群体持否定态度,甚至回避该群体。

3. 购买商品的类型　面对不同的商品,消费者受到参照群体的影响程度不同。比如对于生活必需品,消费者受参照群体的影响小,而对于奢侈品,消费者会以参照群体为参考;产品或品牌被别人认知的程度越高,参照群体的影响力越大。

三、社会阶层对消费者心理与行为的影响

社会阶层是指某一社会中根据社会地位或受尊重程度的不同而划分的社会等级。国外的消费心理研究表明,个人的消费支出与经济收入水准之间并无显著的关系,但与社会阶层关系很大。因此,市场营销者了解社会阶层如何影响消费行为,是十分重要的。

（一）我国现阶段社会阶层的划分

1. 划分依据　社会阶层划分中首要和必备的变量是职业,经济收入和受教育程度是社会阶层划分的常用指标。此外,宗教信仰、政治地位等也会影响到社会阶层的划分。

2. 我国现阶段社会阶层的划分　常见划分层次有:普通工人阶层、农民阶层、知识分子阶层、公务人员阶层、公有企事业管理者阶层、非公企事业主阶层、个体户阶层等七个阶层。

（二）社会阶层对消费心理与行为的影响

在社会生活中，每个消费者都归属于一定的社会阶层，他们的消费心理、消费行为、消费方式必然要受到所属社会阶层的制约与影响，同一社会阶层的消费者在消费心理与行为上会有许多相似之处，而不同社会阶层的消费者则表现出明显的差异，这种心理差异会直接影响到消费者的消费行为选择，具体表现如下。

1. 对消费支出模式的影响　不同阶层消费者的消费支出差别非常明显。例如，许多消费者将拥有某类商品作为身份和地位的象征。某些阶层的消费者的消费支出行为在某种意义上带有"补偿"性质。一方面，由于自身缺乏自信和对未来并不乐观，他们十分看重眼前的消费；另一方面，教育水平偏低使他们容易产生冲动性的购买行为，也要购买象征高阶层的商品，以此获得暂时的心理满足。

2. 对休闲方式的影响　一个人所接受或偏爱的休闲方式通常是同一社会阶层或邻近社会阶层的其他个体从事的某类休闲方式，采用新的休闲方式往往也受到同一社会阶层或较高社会阶层成员的影响。

3. 对消费信息接收和处理的影响　随着社会阶层的变化，消费者所获得消费信息的渠道会随之扩大。有些阶层的消费者在购买过程中可能更多地依赖亲友提供的消费信息，有些阶层的消费者则比较多地从媒体上获取信息。不仅如此，特定媒体和信息对不同阶层消费者的吸引力和影响力也有很大的不同。电视媒体对越高层的消费者影响越小，印刷媒体则正好相反。

4. 对购物方式的影响　研究表明，消费者所处的社会阶层与某商店的社会阶层定位相差得越远，他光顾该商店的可能性就越小。当然，尽管同一阶层的消费者在价值观念、生活方式以及消费习惯等方面都表现出基本的相似性，但因各个消费者在经济收入、兴趣偏好和文化程度上存在具体差别，因而在消费活动中也会表现出一定程度的差异。就药品营销者而言，区分同一阶层消费者的差异，可以使企业的市场细分更加细致有效，从而使营销策略更有针对性。

图4-2

社会阶层的不同消费流行类型

四、家庭对消费者心理与行为的影响

家庭是指以婚姻、血缘和有继承关系的成员为基础组成的一种社会生活组织或基本的社会单位。家庭对个人的消费心理和消费行为有着决定性影响，家庭消费是群体消费的最基本的类型。从药品消费者市场看，家庭消费主要是为了满足家庭成员防病、治病、强身健体等生活需要而购买药品和接受服务，家庭与药品消费活动有着广泛和密切的关系。

家庭结构最通行的分类方法是按家庭的代际层次和与亲属的关系把家庭分为：①核心家庭，即由父母和未婚子女所组成的家庭；②主干家庭，即由父母和一对已婚子女，比如由父、母、子、媳所组成的家庭；③联合家庭，即由父母和两对或两对以上已婚子女所组成的家庭，或者是兄弟姐妹婚后不分家的家庭；④其他家庭（以上三种类型以外的家庭）。分类的方法不同，家庭模式的含义也不相同。

（一）家庭生命周期与药品消费

家庭生命周期是指家庭从建立到最后消亡的全过程。在家庭的每一个生命周期里,由于人口组成、年龄、经济收入等因素的变化,消费模式也会相应地产生变化。

1. 家庭新建时期(或称产生时期)的药品消费 该时期是家庭组建的起始阶段。从新家庭的组建到生育第一个孩子,一般要经过 2~5 年的时间。

这一时期,由于年轻夫妻身体状况较好,一般对药品消费信息不太关注,对药品的需要不具备预见性和预期性。此阶段突发性的购买较为常见。因此,药品营销可通过开展大量的广告宣传使消费者经常性地、被动地接受药品广告信息,以熟悉药品品牌。广告信息简短有力且不断重复,只强调少数几个重要卖点,突出视觉符号与视觉形象,这样通过经常地和不断地重复代表某种医药产品的符号,购买者就能从众多的同类医药产品中快速地作出购买选择。

2. 家庭发展中期的药品消费 家庭发展中期是指由尚未入学的孩子和青年夫妇组成的家庭时期。

这一时期,对药品营销有利的是儿童药品市场,出于年轻父母对独生子女的爱护,加上现在人们经济条件的普遍改善,因此只要药品效果好、作用快、副作用小、易于小孩服用,价格再高年轻父母都可以考虑。

3. 家庭发展后期的药品消费 家庭发展后期是指子女开始入学接受正规教育的家庭发展时期。

这一时期,对药品营销有利的是学生保健品市场,学生市场具有潜力。和许多学生用品一样,药品的购买者和使用者是分离的,使用者是正在求学的学生,而购买者是他们的家长,如何打动家长为产品诉求的主要方向。有益于孩子身心健康的医药产品,必然大受家长欢迎。

4. 家庭空巢时期的药品消费 空巢时期是指子女已走上工作岗位或者已组建了家庭,与父母分开居住,家庭又恢复了夫妻两人生活,但年龄已步入中老年的家庭发展阶段。

这一时期对药品营销来说是最具吸引力的时期。年龄的增长、各种疾病的产生和存在、追求生活质量和保健意识的增强,使消费者愿意在这方面投资。当然具体到企业和产品,还是要深入研究消费者的心理、爱好、观念等,制定有效的营销策略。

5. 家庭衰亡期(又称鳏寡期)的药品消费 家庭衰亡期是指丧偶,仅剩单身老人独居的家庭时期。

老年人是全世界最大的保健品消费群体。老年人免疫力逐渐降低,器官日趋老化,随着年龄增长,综合体质下降,患病率高,病情复杂,这些都会导致老年人对医疗服务及药品需求量加大。药品营销企业应开展针对老年人的周到方便的服务,如开展电话订购、送药上门等医疗服务,开设老年药品专柜、老年药品便利店等。

（二）家庭成员对消费心理的影响

家庭是基本的购买和消费单位,许多商品都是直接供家庭购买和消费的。家庭成员之间在消费心理和消费行为上会相互影响,不同家庭成员之间还存在着消费角色的合作与分工。

1. 家庭成员在家庭消费方面的主要功能 家庭消费是家庭的基本功能之一,也是家庭赖以生存和发展的基本前提条件。作为家庭重要组成部分的家庭消费理念则体现了一个家庭特定的消费指导思想、消费目标追求、消费价值取向、消费审美情趣和消费道德观念,它引导家庭中的各个成员树立起特定的消费观、消费心理和消费行为习惯,引导家庭成员理性而合理地进行消费,最终提高家庭整体的消费水平。

家庭消费理念不仅是现阶段家庭成员共同创造的,也是祖先几代人在漫长的治家和消费实践中逐渐形成和积累起来的,家庭消费理念集中体现了一个家庭所特有的消费观念、消费方式、消费行为,反映出一种共同的家庭消费心理和消费追求,以及家庭内部各成员之间的凝聚力和一体感。家庭成员在消费过程中所产生的价值观念、价值取向、审美心理等都会逐一渗透到家庭消费活动中。

2. 家庭成员在家庭消费中的角色分工 每位家庭成员在消费者过程中都承担着不同的角色,即倡导者、影响者、决策者、购买者、使用者。在消费者个人购买过程中,这些角色可能由一个人承担,比如母亲或父亲。但是在家庭消费活动中,不同的家庭成员会承担不同的角色,可能出现一个成员承担多个角色或多个成员承担一个角色的情况,比如母亲一人担任照顾全家的责任。

3. 家庭购买决策 由于家庭成员在家庭中的地位不同,对购买决策的影响也不同。直接或间接由两个或两个以上的家庭成员作出购买决策的过程是家庭购买决策。家庭购买决策可分为以下几种类型:丈夫主导型、妻子主导型、民主型或自主型。

▶▶ 课堂活动

以你家最近一次比较大的消费行为为例,分析每位家庭成员在其中扮演了什么样的购买角色? 据此总结一下影响家庭消费决策的因素有哪些?

五、不同年龄、性别与消费心理

从发展心理学、社会心理学的角度来看,不同年龄、不同性别的消费者由于生理、审美、生活方式、价值观、社会角色、社会活动等方面存在差异,必然会产生不同的消费心理,这种不同的消费心理必然会对药品的购买行为产生影响。

(一)少年儿童群体的消费心理

少年儿童群体一般是由父母作出消费决策,虽然少年儿童很少自己买药品,但可以对他们父母买什么药品产生一定的影响。药品营销应从儿童的心理做文章,从父母对子女关爱和呵护的心理出发,以安全、舒适、强身健体的需要和满足为出发点,力求在药品的包装、味道、色泽等方面能满足消费者的心理需要。

利用各种形式的广告对其消费心理和消费行为施加影响。药品新颖的外观设计和精致的包装都可能会给青少年带来极大的满足,许多广告词已成为少年群体日常流行的词语,对他们的消费心理和消费行为产生很大的影响。

(二)青年群体的消费心理

青年是指由少年向中年过渡的时期,一般指 16 ~ 35 岁之间的人群。青年时期是人的生命力处于高峰的时期,也是全面发展的时期。

青年群体的消费心理特征:重时尚、赶潮流,喜欢新颖、奇特、有创意的商品;注重商品的科技成分以及商品的个性化、形象化。青年人有敏锐的观察力、强烈的好奇心,对新产品、新技术、新品牌的接受能力强,商家在市场上投放新的商品,会引起青年消费者的极大兴趣,他们往往是这些商品的试用者和推广者。

要想满足青年消费者群体的需求,必须采取有针对性的营销策略。在药品消费趋向品牌化、个性化的市场形势下,如果想让青年消费者群体成为市场上的领先者,就必须真正从理念上强化品牌与消费者的关系。首先,在营销策略上要重视知识营销,提供专业化的服务,以满足青年消费者在更高层次上的需求;其次,药品应体现人文化,青年消费者群体在选择药品时往往更加注重无形价值,即人文底蕴及文化内涵,药品的文化是打动青年消费者群体的有力手段;再次,在药品宣传时,广告的艺术性和渲染力往往成为青年消费者对目标商品取舍的重要因素,因此,应研究如何宣传产品的文化背景,从而最终打动知识型的青年药品消费者。

(三) 中年群体的消费心理

中年是指由青年向老年的过渡时期,年龄一般在35~55岁之间。中年消费者群体在家庭消费中起着重要的作用,是商品购买的决策者和主要实施者。这是一个庞大的市场,也是消费市场的主力军。

中年群体的消费心理特征:注重商品的品质、功能,注重传统,较为理性。中年人是家庭的顶梁柱,是家庭经济的主要负担者,作为趋于成熟的消费者,出于经济条件的考虑,鉴于丰富购买经历和社会经验,中年人在消费决策方面,在消费购物时更加理性,量入为出,谨慎决策,反复思考,节俭心理较强,对商品的品质、效用、价格更为重视。他们很多时候固执于自己既定的看法,没有求新的意念,理性购买多于冲动性购买,很少感情用事,计划性强,容易建立对商品品牌的忠诚度,是市场调查和商家有计划地生产和销售的稳定市场。

针对中年消费者群体的药品消费策略就是强化药品的品质,突出药品的使用功能。中年消费者群体具备丰富的购物经验,注重商品的实用和实际功能,不尚浮华,讲究实惠,因此,针对他们的特点,药品营销重点应突出商品的实际效用和产品质量。中年消费者因其社会地位和社会角色的特点,要求商品有合理的性价比,价格经济实惠。药品营销活动应针对他们的心理需求,采取平价销售、优惠、折扣等策略,如平价药房往往能使其感到物超所值。

另外,随着生活条件的改善,中年消费者十分重视销售服务和售后服务,对关系到家人生命健康安全的商品尤为如此,他们会反复地比较分析,慎重地作出决策。他们倾向于选择既能治病强身又能使心理得到满足的药品,尤其是保健品和OTC药品。所以药品营销在重视产品效能的同时,还要为消费者提供优质的销售服务,让消费者买得放心,用得放心。

(四) 老年群体的消费心理

老年消费者是指55岁以上的消费者,占我国目前人口约1亿。进入21世纪以来,我国人口老龄化步伐加快。人口的这种发展趋势将会对药品市场的营销产生深远的影响,应当重视开发老年人医疗产品,制订为老年人服务的药品销售战略计划。

老年群体的消费心理特征:老年消费者随着自身生理功能的衰退,其消费内容主要集中在饮食、医疗保健等方面,用于穿的和用的消费逐步减少。为了延年益寿,老年人的饮食结构要求科学、合理,对保健品的需求增大。老年消费者因长年的消费实践,经验丰富,形成了固定的生活习惯和消费习惯,他们会忠诚于旧的品牌、钟情于老字号并倍感亲切,注重产品的质量和功能,对新的产品品牌不会主动接受,容易忘记。因此对于药品营销来说,吸引新顾客比保持老顾客要花更多的成本。其次,他们追求方便舒适,要求提供优质的服务。老年消费者因为生理原因和身体原因,其对商品的适应能力下降,所以,他们对商品的舒适程度十分在意,不追求豪华,不追求新材质,由于老年人喜欢群体性交往,常以社区为单位组织在一起活动,也有因为爱好而聚拢在一起的。他们喜欢共同交流生活琐事,包括各自的用药习惯并互相推荐。

要做好老年群体的药品市场,就必须研究老年群体的心理需求特征。方便老年使用的产品对老年人来说尤为重要。例如,安全便捷的药品包装,药品包装要易开启和安全;颗粒剂药品袋内要附赠药勺,液体药品要提供取药液用的量杯;药品说明书和小手册的文字通过分段或加框等形式便于老年人阅读,主要信息充分强调,并辅以特别的图案标志予以提示等;营销人员应注意到老年人行动不便的身体特点,为老年人提供送药上门服务或购药过程中休息的场所和条件,简便的购买手续等,真正做到想老人所想,急老人所急。

老年消费者对新科技和新信息接收慢,缺乏了解,营销人员要对他们耐心解释,循循善诱,使他们能理解和接受科技含量高的药品。老年消费者要求得到尊重、善待,对服务质量尤其是服务态度十分敏感,营销人员应从情感的角度出发,倾注关怀,给他们以尊重和礼遇,满足老人的情感和心理需求,采取多种途径的产品利益说明,将产品的机制、疗效、疗程、注意禁忌以及药品营销对患者的优惠等传达给老年消费者,使老人加深对药品的认知,产生购买欲望。如可通过在社区建立能与居民互动的组织或俱乐部等,不定期地与老年消费者展开面对面的医疗服务和药品信息传递。

(五) 女性群体的消费心理

我国女性消费者不仅数量大,而且在购买活动中起着特别重要的作用。她们不仅对自己所需的消费品进行购买决策,而且还在家庭中承担着多种角色,因此,她们也是绝大多数儿童用品、老人用品、男性用品、家庭用品的主要购买者。研究资料表明,对家庭消费品的购买,女性占54%以上,是一个潜力极大的消费群体。

1. 女性群体的消费心理特征

(1)注重商品的外观,追求时尚与美感:这是女性消费者普遍存在的一种心理现象。女性感情丰富、细腻,注重情感及表达,较为注重外在的美、形式的美,注意个人形象。现代女性与人交往的机会多,关注流行和时尚,跟进消费潮流,既重视自然美,也重视社会美,还希望通过消费行为获得修饰美。

(2)购买行为带有情感性和冲动性:女性购买行为一个非常显著的特点就是她们的购买心理和购买决策受直观感觉和情感影响很大。色彩鲜明的商品、广告和包装精致的外观设计容易引起女性的好感,激起她们强烈的购买欲望,使她们产生冲动性的和诱发性的购买行为。如在商品销售时,能带给人亲情体验的包装设计往往能与女性产生情感的共鸣,其促销效果比直接的正面宣传更有效。

(3)讲求商品的实际效用和具体利益:由于女性消费者在家庭中的作用及从事家务劳动的经验,她们对商品关注的角度与男性大不相同。她们对家庭的衣食住行考虑得比男性多,购买频繁,市场信息掌握得多。对于日常生活用品、小商品的购买,女性有较多的发言权和决定权。购买商品时她们会反复询问、多方比较,对商品的实际效用和具体利益表现出更大的关切和更强烈的要求。

(4)较强的自尊心和自我意识:女性消费者对外界事物反应敏感,容易受环境气氛的影响,也容易被他人的议论所左右。她们希望别人对自己的购买行为作出好的评价,也喜欢以自己的购买标准去评价他人的购买行为。同时女性消费者注重商品的连带性和群体效应,不愿接触负面的信息。随着女性经济地位和社会地位的提高,女性消费者的购买心理渐趋向个性化,独立意识加强,要求商品富有特色,能与其个人的性格、职业、品位相联系。

2. 针对女性群体的药品营销策略

(1)根据女性消费者注重感官、直觉的特点,加强药品形象设计,改进药品的包装、造型,以满足女性审美的需要。同时在药品广告宣传和实际营销过程中,应对女性消费者给予更多的人性关怀,利用情感因素,满足她们求新、求美、求个性、求品味的消费心理。如 AL 公司在推广 NCL 品牌时,采用了非常人性化的推广策略。在 NCL 品牌推广的广告中,AL 公司巧妙地运用了跳水明星父女两人的形象,父女情深的广告创意赋予了一个可信可亲的形象,极富感染力和亲和力,将广告创意寓于平凡之中,挖掘出人心深处能够引起人类共鸣的东西,赢得了广大消费者尤其是女性消费者的信任和喜爱。

(2)提供方便、快捷的服务:随着大众文化水平的提高、保健意识的增强,女性对于疾病的预防、身体的健康与保健逐渐重视起来,由注重药品价格转向注重药品的便利性、品牌的满意度、产品的公共声誉和科技成分等。所以,药品营销者应加强女性补钙、补充维生素、增强免疫功能、防病强身、改善生活质量的保健产品的售后服务,为女性消费者提供方便,包括送货上门、用药指导,会大大促进营销活动的开展。

(3)优化购药环境,提高服务艺术:随着消费能力的提高,消费者对消费环境的重视已经到了很高的程度。药品营销行业之间的竞争也日趋激烈。努力向消费者展示和提供温馨的消费环境和硬件设施的营销理念,在一定程度上会对消费者形成消费吸引和消费刺激,尤其是对女性消费者。

案例分析

案例

"难言之隐,一洗了之",这恐怕是中国最早流行的广告语之一,它就是女性洗液产品 JEY 的广告语。随着 JEY 的上市,这句广告语仿佛是施了魔咒一般,随其产品火遍中国大地,家喻户晓,成就了 JEY 至今仍难以动摇的洗液市场霸主地位。

当然 JEY 的成功并不单单靠这句广告语,JEY 于 1989 年上市时,市场上已有甲硝唑片、制霉菌素栓、洗必泰栓、妇炎平胶囊,甚至碳酸氢钠、高锰酸钾溶液(俗称 PP 粉)等产品,但并无领导品牌和产品,经过精心研制,组方合理、效果突出的 JEY,集上述竞争产品的性能于一身(可同时对真菌、滴虫、细菌性阴道炎起效),而且符合广大妇女的卫生习惯,还有,纺锤形和扁圆形的包装看起来更像日化用品,价格适中,易被大众所接受。

分析

JEY 针对女性消费者的形象、生动、贴切的广告语,浩大的宣传声势以及其过硬的产品质量,最终促使 JEY 产品品牌营销成功。

点滴积累 ∨

1. 群体是人类存在的基本形式，人们总是通过一定的群体来参加社会活动。

2. 药品消费者群体的心理特征有感染性、从众性、参照性、多样性、发展性。

3. 消费者以参照群体的标准和规范为参照，以此作为个体的行动指南或努力达成的目标，参照群体由此起到榜样、示范性作用。

4. 家庭对个人的消费心理和消费行为有着决定性影响，家庭消费是群体消费的最基本的类型。

目标检测

一、选择题

（一）单项选择题

1. 根据追求目标的不同,可将社会角色划分为(　　)

    A. 先赋角色与自致角色　　　　　　　B. 自觉的角色与不自觉的角色

    C. 规定性角色与开放性角色　　　　　D. 功利性角色与表现性角色

    E. 物质性角色与精神性角色

2. 群体中一部分成员的消费心理或消费行为激起另一部分成员产生同样反应的是(　　)

    A. 感染性消费心理　　　　　　　　　B. 从众性消费心理

    C. 参照性消费心理　　　　　　　　　D. 发展性消费心理

    E. 多样性消费心理

3. 社会阶层划分中的首要和必备的变量是(　　)

    A. 经济收入　　　　　　　　　　　　B. 职业

    C. 受教育程度　　　　　　　　　　　D. 宗教信仰

    E. 心理素质

4. 家庭购买决策由家庭成员独立作出,其家庭购买决策类型属于(　　)

    A. 丈夫主导型　　　　　　　　　　　B. 妻子主导型

    C. 自主型　　　　　　　　　　　　　D. 民主型

    E. 孩子主导型

5. 在家庭药品消费中,具体实施购买行为的家庭成员是指(　　)

    A. 家庭购买的倡导者　　　　　　　　B. 家庭购买的影响者

    C. 家庭购买的决策者　　　　　　　　D. 家庭购买的执行者

    E. 家庭购买的使用者

（二）多项选择题

1. 消费习俗对消费心理的影响有(　　)

A. 强制性规定了消费者的行为 　　　B. 促使消费心理具有相对稳定性

C. 强化了消费者的消费偏好 　　　　D. 影响消费心理的变化速度

E. 对消费者有榜样、示范作用

2. 人们在消费活动中的角色有(　　　)

A. 倡导者 　　　　B. 影响者 　　　　C. 决策者

D. 购买者 　　　　E. 使用者

3. 群体与人群的区别主要体现在(　　　)

A. 群体是组织化的人群

B. 群体成员在心理上存在共同感并具有情感联系

C. 群体成员之间具有一定的共同目标或需求

D. 在成员人数上群体多于人群

E. 在成员人数上群体少于人群

4. 药品消费者群体的心理特征主要表现为(　　　)

A. 感染性消费心理 　　　　B. 从众性消费心理

C. 参照性消费心理 　　　　D. 多样性消费心理

E. 发展性消费心理

5. 下列属于老年群体消费心理特征的有(　　　)

A. 需求结构发生变化 　　　　B. 品牌忠诚度高

C. 追求方便舒适 　　　　D. 群体性突出

E. 注重商品的科技成分,购买行为较为理性

二、问答题

1. 简述社会文化对消费者心理和行为的影响。

2. 研究群体心理对药品市场营销有何意义?

3. 如何理解家庭是社会消费的细胞? 通过对家庭购买决策的角色和购买行为的分析,论证如何采取有效的药品营销心理策略。

4. 论述如何针对不同年龄段的消费心理成功地进行药品营销。

三、实例分析

小李每天上下班都要经过一家药店,突然有一天看到在药店外面摆放着一个真人大小的人形广告立板。小李好奇地走近一看,看到了上面的产品名"KRP";再仔细一看,看到了广告语"过敏一粒就舒坦"。短短几秒钟的时间,"KRP"的品牌和功能就能印进了小李的脑海里,而且印象相当深刻。

口干咽痒的白领小林光顾药店,想买一盒咽喉含片结束几天来的痛苦,在药店里浏览了几个来回,曾选择了几个产品,但都是看不到两秒钟就放弃了。最后他的眼光停留在了 YLS 产品的包装上,是方形的,很像烟盒,拿在手里不大不小,轻轻一按就打开了开口,小林拿着觉得很有意思,马上选择了购买。

问题：

1. 分析上述两种药品针对顾客心理采取的主要营销策略。

2. 分析在药品和保健品营销中采取此种心理营销策略的重要意义。

（李洪华）

第五章

药品营销活动对消费者购买心理的影响

PPT PR-05 PPT

导学情景 ⌵

情景描述

　　一天下午，一位医生刚诊疗完最后一个患者，一名医药代表来到医生面前推荐一种治疗心血管疾病的新药。 医生客气地问医药代表："你的药在医保目录里吗？"，"在了。"医药代表说。 医生又问"你的药有什么优势？"，医药代表赶紧说"这款药差价大，值得推广。"医生很不悦，对医药代表说："哦，那以后再说吧！"这样的情景似乎在很多医院出现过，沟通效果不好的原因主要是医药代表对自己的职责不明确，对医生的心理把握不够。 因为在医生的心里，患者是第一位的，药品的疗效才是最重要的。 对于有关药品企业来说，学术推广不足而采取这种直接登门拜访的沟通方式也欠妥。 药品作为一种特殊的商品，各类医药企业究竟该如何依据不同医药消费者的心理做好营销活动呢？ 了解药品营销活动对消费者购买心理的影响成为一项非常重要的任务。

学前导语

　　本章侧重从购买活动过程、市场选择策略、服务营销来探讨对消费者购买心理的影响。

　　广义来说，营销就是沟通，沟通就是营销。 狭义上，营销沟通应落实到消费者身上，落实到消费者的购买决策过程，基于消费者购买决策心理来实施。

　　目标市场选择策略是企业的战略性活动，企业提前将市场选择策略对消费者购买心理的影响考虑在内，才能降低决策风险，提升经营效益。

　　相对于其他商品而言，药品营销更应"青睐"服务营销，体现高尚的道德和一流的服务，掌握服务营销对消费者购买心理的影响就掌握了提升营销效率的重要规律。

学习目标 ⌵

1. 掌握医药商品人员渠道信息传播者包含的对象，并了解其在营销沟通中发挥的作用。

2. 掌握消费者的购买后评价的三种理论，并了解这些理论对药品营销活动的影响。

3. 能够依据医药消费者医药消费的立场和态度，在营销沟通中采取针对性策略。

4. 能够依据医药消费者从众心理的独特性在营销沟通中采取针对性策略。

5. 掌握三种市场选择策略简要特点，并了解该策略对消费者购买心理的影响。

6. 掌握服务营销组合新 3P 的内容，尤其医药、保健品等健康类产品对应 3P 的内涵，并了解其对医药消费者购买心理的具体影响。

7. 能够应用服务营销组合的理论及其对消费者的心理作用，做出恰当高效的服务营销行为，如制作出与消费者心理需求相适应的药店手绘 POP。

消费者购买商品，一定是在消费需求的基础上产生购买的愿望或动机，在购买动机下，采取购买行动。但是，消费者为满足需要而采取购买行动之前，必然会经过一系列的心理活动，然后才能做出购买决策，并付诸行动。了解和掌握了消费者在购买商品时的心理过程，正确制定出相应的营销策略，才能够有效地针对消费者每一阶段的心理过程展开促销攻势，便于有针对性地强化和影响消费者的需求欲望和购买动机。

营销活动中的营销沟通、市场选择策略、服务营销等均会对消费者购买心理产生影响，同时这些活动的策略也要参照消费者购买心理的特点和规律来制订。

第一节　营销沟通策略对消费者购买心理的影响

消费者购买商品的活动过程一般包含三个阶段：第一阶段主要是对商品的感知、注意和思维过程；第二阶段，产生购买动机和开展购买评价；第三阶段，主动接受信息，实施购买行动。

对商品的感知过程，也就是消费者对商品的认识过程，是通过五官感觉而产生对商品的印象，由形成对某一特定商品的个别属性的反映，直至在感觉的基础上，把商品的个别属性有机地联系起来，形成对商品的整体概念，进入了对商品的知觉阶段。在感知的基础上，消费者在一定时间内对感知的商品产生一定的意向，这便是引起注意的过程，也是购买商品的活动过程中的第一阶段。

不同的人用不同的方法接触到同一事物得到的结论是不一样的。同样，同一个人在不同的时间用不同的方式接触同一事物，结论自然也不同。人们很容易将注意力集中于自己所关注的事物而忽略和放弃其他大量的信息。当信息与本人的期望联系在一起时，就容易被察觉和注意。比如，某药店的广告牌若标明"省市医保结算"，就非常容易被寻找"医保结算"方式的消费者注意。这是因为人们无法在同一时间里去注意所有的信息，只能有选择地感知那些与自己关系较密切的事物。由此才可能产生购买商品活动过程中的第二阶段，也就是产生购买动机和开展购买评价，决策购买。

接下来，从信息的输入渠道入手，抓住消费者的信息来源由感知觉产生这一重要渠道，通过对消费者的信息获得渠道，比如视觉、味觉等施加一定的影响，使消费者对产品增加了解和亲近的机会，完成对营销商品产生肯定的态度，积极搜罗有关信息，增强购买的欲望，并采取购买行动，从而完成购买商品的活动过程中的第三阶段，也就是实施购买行动阶段。

一、信息渠道的影响

（一）传播信息的渠道

医药商品营销活动传播信息的渠道包括人员渠道(医生、药师、医药商品营业员、家人及朋友等)和非人员沟通渠道(广告媒体、公关事件等)。人员渠道多采用推式策略,非人员沟通渠道属于拉式策略。由于受接受者经验、背景、兴趣或爱好等个人因素的影响,医药消费者在信息渠道选择上具有更强的倾向性,如医药消费者更相信医药专家传播的医药信息,医药企业的公关事件对医药消费者往往具有更强的吸引作用。

（二）人员渠道信息传播者在医药消费者心理中的地位及影响

医药商品人员渠道信息传播者包括医生、执业药师、药店店员、患过相同病情的亲友、患者等。

当医药消费者需要治疗常见病的非处方药时,如治疗一般感冒、咳嗽的药,一般由消费者自己决策,不确定型消费者则大多听从驻店执业药师和药店店员的建议。而当遇到较为疑难的疾病时,医药消费者往往主动寻求医生、执业药师、药店店员、家人、患过相同病症的亲友等有关药品消费决策影响者的建议。医药消费者购买产品时,按照信任程度排序一般为医生、执业药师、药店店员、家人、患过相同病症的亲友。

▶ **课堂活动**

在药店管理实践中有的药店根据药店营业员推荐药品的多少考核药店营业员，导致顾客一到药店就有店员"跟踪服务"乃至药店营业员间相互"抢单"，请分析这种行为对医药消费者有何影响。 采取何种措施能够减少甚至避免这种现象?

（三）信息传播过程中,医药消费者的心理活动规律

1. 信息的选择性接触　信息的选择性主要源于信息受众的心理和信息受众对信息符号的偏好。

信息的接触就是受众对信息的注意。医药消费者的注意力是医药商品传播竞争的关键。施拉姆公式的"信息选择的或然率公式"表明,医药信息被人们注意和选择的可能性(即或然率)与它能够提供给人们的报偿(价值)程度成正比,与人们获得它的代价(所谓"费力")程度成反比。

美国传播学者施拉姆在20世纪50年代就影响受众对大众传播节目选择的决定性因素提出了一个公式。该公式为:选择的或然率=报偿的保证/费力的程度。公式中"报偿的保证"指传播内容满足选择者需要的程度。而"费力的程度"则指得到这则内容和使用传播途径的难易状况。这就是信息选择的或然率公式。

人们选择不同的传播途径,是根据传播媒介及传播的信息等因素进行的。人们选择最能充分满足需要的途径,而在其他条件完全相同的情况下,他们则选择能够最方便而迅速满足其需要的途径。人们选择信息时如此,选择使用媒介途径时也是如此。受众之所以选择这个媒介(或信息)而不选

择其他,从公式中即可比较得出。

施拉姆的公式至今仍有较强的应用性,如电视节目内容的编排和广告的投放等方面都可参考受众可以得到的"报偿的保证"(即满足程度),以及"费力的程度"(即内容的易得性)。满足程度越高,而费力程度越低,则或然率就越大,受众就越容易选择这种媒介或信息。

接受者有一种倾向,即选择性接触,指只要环境允许,他们就会选择自己喜欢的信息进行接触,而对那些自己不太关心的东西很少留意。选择性接触机制包括选择性注意、选择性理解和选择性记忆三个层次。这个机制的存在,说明受众对某些媒介或内容具有回避倾向,而被回避的媒介和内容是很难产生效果的。这种选择性接触在大众传播中表现得更为突出。拉扎斯菲尔德等人提出的"选择性接触假说"认为:受众在接触大众传播的信息时,更愿意选择那些与自己已有的立场和态度一致或接近的内容加以接触,而对与此对立或冲突的内容有一种回避的倾向。医药消费者医药消费的立场和态度主要包括以下三点。

(1)有病才吃药,特别重视疗效:人们只有在生病后,才会产生购买药品的欲望,这个诱因是唯一根本的,没有这个诱因就不会有购买欲望。医药消费者服药后希望看到明显效果,对病情是否好转非常细腻敏感,如服用一段时间没有明显变化,消费者就以为药品不管用、没效果。

(2)医药消费具有非常急迫、十分安全的特别要求:医药消费者在处于非健康状态尤其是疾病状态时,内心对健康的渴望是十分强烈的,其对医疗用品的需求是急切的,他们希望及时地、不加犹豫地实施医药消费。药品是特殊的消费品,不能像其他商品那样随意挑选、随意品尝服用,吃错了药可能严重损害身体健康,甚至危及生命。医药消费者十分重视药品的安全,在药品的品种和数量选择上都很慎重。

(3)医药消费带有福利性,能报销更好:医药消费过程中比较多地存在着药品的付款者和最终消费者分离的事实。随着医疗制度改革的深入,越来越多的人能够享受到医疗保险或者合作医疗带来的实惠。医药消费者最终消费药品,买单却主要由政府来完成。药品是否属于医保报销范畴成为医药消费者选择药品的一大影响因素。

简而言之,"管用的药、起效快的药、放心药、良心药、医保用药"等信息属性已经成为医药消费者医药信息选择的标杆。难怪众多医药企业的药品广告中大多将"快、管用"作为主要诉求。医药消费者会注意接收此方面诉求的医药信息,并加以使用检验。名副其实的药品更容易获得顾客的信赖,某些医药企业大肆宣传其药品"放心药、良心药"等,但实际却被曝光使用"毒胶囊",会引起消费者的反感。

医药消费者对信息内容的选择性接触还表现为,如果自己或家人因某种疾病原因产生新的医药需求,他会主动寻求相关信息,对其他疾病的信息则几乎不关注。只有利益相关人处在非健康状态,才会对那些未来可能出现的医药需求信息给予一定关注。

符号是信息的外在形式或物质载体,是信息表达和传播中不可缺少的一种基本要素。符号包括语言符号(自然语言、人工语言)、非语言符号(动作性符号、音响符号、图像符号、目视符号)。人们在接触信息时往往会形成自己的风格,只对一种或几种符号组合的信息特别感兴趣。医药消费者对患者如何战胜病魔的故事十分感兴趣,因为已经被治愈的患者向他们传递了药品有效和安全的信息。讲述真实患者的成功用药经历已经成为许多医药销售人员打动医药消费者的重要卖点。

2. **从众心理**　从众心理指个人受到外界人群行为的影响,而在自己的知觉、判断、认识上表现出符合公众舆论或多数人的行为方式。从众心理也是医药消费者个体普遍存在的心理现象。

从众心理的形成,从根源上分析来自以下两方面。

一是来源于自身心理的需要。米德的"主我与客我"理论认为,人们在处理外界接触到的信息时,会分析和推测别人是如何考虑的、别人对这个问题会采取什么态度等,只有与他人联系上才能形成个人自己的态度,考虑自己应该怎么做。米德的"主我与客我"理论可以解释一些消费者在没有压力状态下的从众心理,即人们本来就有一种从众心理倾向。

二是外界环境的影响与压力,包括以下几个方面。

(1)群体压力:群体压力即个人在表明自己的观点时首先要对周围的意见环境进行观察,当发现自己属于"多数"或"优势"意见时便倾向于积极大胆地表明自己的观点,当发觉自己属于"少数"或"劣势"意见时就会转向沉默或附和。消费者购买商品虽然属于个人行为,但在使用商品时必然要考虑周围的消费群体对该商品的看法。

(2)信息压力:信息压力指的是一般人在通常情况下会认为多数人提供的信息,其正确性概率要大于少数人。在营销中,当多数人都说某件商品好,其他人可能也会不自觉地赞同这种观点。营销传播中,营销者常常利用人们的这一从众心理,通过营造"意见环境"达到传播效果。如在许多传媒上同时做广告或进行宣传报道(产生"共鸣效果"),持续不断地进行广告宣传和报道(产生"累积效果"),广告宣传和报道覆盖的范围空前广泛(产生"遍布效果")。

(3)集合行为影响:集合行为影响指的是在某种刺激条件下发生的非常态社会集合现象。在这种现象中,作为个体的信息接收者会采取与多数人相同的行动。例如物价上涨的流言引起的抢购风潮等。

绝大部分医药消费者不具备医疗和医药产品方面的专业知识,一般无法对药品的品种、数量和方式进行自主决策,其决策主要依靠医生开处方、执业药师的建议、药店店员推荐和同病情病友的经验。因而其在医药商品的判断、认识上更加附和于医生、执业药师、病友等公众。医药消费的从众心理表现为凡是知名专家推荐的药品、

从众心理在药品营销中的拓展应用

凡是别人用了有效果的药物,就积极试用,而且不少人钟情于新药、特效药、秘方药。这种心理在一定程度上能让消费者少走弯路,但同时药物的药效因人而异、因病而异,有的也会延误病情。因而,消费者应更多地听从道德高尚、医术精湛的医师或专业执业药师的建议而不可盲目从众。

二、购买评价与选择的影响

医药消费者的购买评价与选择阶段是营销沟通的关键阶段。医药消费者因疾病产生需要后的购买过程一般包括收集信息、购买时的比较评价、实际购买、购买后评价四个阶段。医药营销人员应

把握购买过程不同阶段的特点向医药消费者有效传递信息。

（一）收集信息

当医药消费者进行经常性购买时,其需求能很快得到满足,收集信息就没有必要。但如果是因突发性需要而购买药品时,由于医药消费者没有经验也不具备相应的专业知识,不能独立做出用药的决策。这时医药消费者大部分会通过咨询医生、专业药师收集信息,也有一部分消费者通过医药类报刊、网络收集信息。收集的信息一般有用药方向、药品功效、药品品牌、价格等资料。医药消费信息来源有四类:人员来源(家庭、朋友、推销员、邻居、同事等)、商业来源(医院、诊所、零售药店零售商、药品包装、说明书等)、大众来源(广告宣传、科普教育、药品展览、义诊服务等)、经验来源(以前用药经验、已有的健康卫生知识等)。每一种信息来源因病情和药品种类不同,在影响医药消费者购买决定时的作用也不同。一般而言,商业和大众来源的信息起宣传和告知的作用,个体和经验来源的信息发挥权衡和抉择的作用。医生在医药消费者用药方面有绝对的权威和指挥权,零售药店和广告宣传对 OTC 市场影响较大。医药企业要根据药品种类并结合医药消费者的行为特点,灵活选择各种信息来源组合,向医药消费者有效传递信息。

（二）购买时的比较评价

医药消费者需对已经获得的药品信息进行比较、评价、判断和选择后,才能做出购买什么(品牌)、购买多少(数量)的决定。比较评价是一个复杂的过程,在 OTC 药品市场上,除医药消费者本身因素如病情、经济条件、文化认同等,影响判断选择的因素还有以下几个方面。

1. 药品方面　药品方面影响医药消费者判断和选择的内容有药品质量、品牌形象、适应证、药品疗效、价格、毒副作用、广告宣传等;对药品选择主要看其是否能快速解除痛苦,是否疗效可靠、副作用小等。

2. 服务方面　药品零售网点的数量、所处位置、零售药店的形象、服务项目、知名度、药品陈列、售卖场所广告(POP)、店员的服务态度和质量等都会影响医药消费者对药品的需要。

3. 政策制度方面　主要指医药消费者在医院看病时除由医生影响用药的品种和数量外,国家或地区的医药保险目录也直接影响(限制)医药消费者用药的品种和数量。

（三）实际购买

医药消费者经过上述几方面的权衡比较后,才能最后做出购买决定并发生购买行为。购买决定的确定和购买行为的最后发生,除医药消费者自己的判断选择外,还受其他因素的影响。

1. 他人态度　医药消费者行为受很多因素影响,他人的影响是绝不能忽视的。这些人包括家庭成员、直接相关群体、医生、药品零售人员等。如果他们的否定态度愈强烈,且与该医药消费者的关系愈密切,那么医药消费者的购买意向就愈低或直接取消购买决定和购买行为。与该医药消费者关系密切人员的一句"那个药店的药品价格比较高"能够抵消医药零售企业很多的努力。

2. 风险因素　风险因素也称未知因素,是指医药消费者的预期与实际之间可能存在的差异。医药消费者仅有购买意向并不能导致实际购买,购买行为是购买意向与未知因素相互作用的结果。

这些风险因素是医药消费者在购买前竭力想得到证实或解决的,如财务风险、功能风险、生理风险、社会风险、服务风险等。市场营销人员应该了解那些有可能使医药消费者改变购买决定与行为的因素,并提供降低风险的资料和进行购买帮助的尝试。

(四) 购买后评价

医药消费者费了这么大周折做决策(但花费时间一般不长)总得有个结果,药效评价就是对决策最好的总结。医药消费者的购买后评价有三种理论。

1. 预期满意理论　即认为医药消费者对产品的满意程度,取决于预期希望得到实现的程度。如产品符合医药消费者的期望,购买后就会比较满意。因此,企业对药品的广告宣传要实事求是,不能夸大其词,否则医药消费者的期望不能兑现,就会产生强烈的不满,进而影响产品和企业的信誉。

2. 认识差距理论　即认为医药消费者购买商品后都会引起程度不同的不满意感。原因是任何产品总有其优点和缺点,医药消费者购买后往往较多地看到产品的缺点。而别的同类产品越是有吸引力,对所购产品的不满意感就越大。医药企业除了要向医药消费者提供货真价实的一流产品外,还要采取积极措施,消除消费者认识上的差距和不满意感。

3. 实际差距理论　即药品使用后的实际效果受很多具体因素的影响。药效既受药品本身的制约,又受患者个体的制约,它不可能与理论上或统计上的有效率完全一致。医药企业应如实提供已经使用过的消费者的反馈情况,使医药消费者(有时甚至是专业医生)对实际差距有客观认识,从而产生相对的满足感。

医药消费者的购买后评价具有巨大的"反馈"作用,关系到相关医药产品在市场上的命运。医药企业知道"最好的广告是满意的消费者",就要研究医药消费者是如何评价其决策行为的,并采取针对性措施不让医药消费者失望,让医药消费者满意。

点滴积累 ∨

1. 医生、执业药师、药店店员、病友能够向医药消费者接收的医药信息施加影响。
2. 围绕消费者的购买决策过程实施营销沟通,需要深入了解消费者购买决策心理特点。医药消费具有专业性强、安全性高、消费急迫和具有福利性质的特点。医药消费者的心理活动有选择性接触、从众心理等。
3. 医药营销人员应把握购买过程四个阶段的特点向医药消费者有效传递信息。

第二节　市场选择策略对消费者购买心理的影响

当今社会的产品营销比过去任何时候都复杂,消费方式越来越多变,需求日渐多元化。经营者面临的是一个极度细分、极度饱和与极度新奇的市场环境。消费者的需求越来越追求个性化,某一个体或者群体在不同的情境中,其表现和需求可能迥然不同。所以,我们必须为这样多变的需求限定"特定的群体""特定的情境"以及"特定的产品"三大要素。任何一种产品的需求人群都在逐渐小众化、个性化。消费者的需求也会随着情境的改变而有所不同,同时能够满足需求的产品也越发多样化。比如为满足"与亲朋好友沟通"的需求,老年人会多用电话,年轻人会多用互联网。所以说,市场是变化的,并且是瞬息万变的,消费者也是游离不定的。因此,营销市场也不能千篇一律地固守,应当随时随地考虑消费者的心理需求。

一、集中性营销的心理作用

(一) 集中性市场策略概述

集中性市场策略(图5-1)就是企业选择一个或少数几个子市场作为目标市场,为该市场开发特定产品,制订一套营销方案,集中力量为之服务,争取在较小的目标市场上占较大的市场份额。如某医药企业选择在尼日利亚私立医院就医的某类恶性疟疾患者作为目标市场,最终在国际大公司的围追堵截中找到安身立命的市场缝隙。采用集中性市场策略的优点是能集中优势力量在某个或几个子市场上寻求发展,有利于产品适销对路,提高市场占有率,降低成本,从而树立和强化企业形象及产品形象,提高企业和产品的知名度。缺点是目标过于集中,目标市场范围小,品种单一,当强有力的竞争者打入目标市场时,企业易陷入困境,有较大经营风险。中小型企业受自身条件限制一般采用该策略。

图5-1　集中性市场营销

选择适合本企业的目标市场策略是一个复杂多变的工作。企业内部条件和外部环境在不断发展变化,企业应特别注意目标市场的动向,掌握和分析市场变化趋势与竞争对手的条件,扬长避短,发挥优势,把握时机,采取灵活的适应市场态势的策略去争取较大的利益。

(二) 集中性市场策略对消费者购买心理的影响

采取集中性市场策略的多为区域性小企业,其产品服务更贴近本地区人民的习惯和心理。医药消费者对采取集中性市场策略的企业一般有以下感知。

1. **企业感知**　集中性市场策略的医药企业多给医药消费者"地方型企业、实力不够强大、贴近区域人民需求的感受、新进入某产品领域的企业、排他性地域龙头"的印象。比如某品牌牙膏刚进入市场时就选择了牙龈出血人群这一细分市场,采用集中性市场策略成功挺进牙膏领域,并很快被消费者所接受和喜爱,成为抑制牙龈出血牙膏市场的领导者。再如,某些地方性连锁药店采取集中性市场策略,在目标地域广泛开店,使全国性连锁药店都难以进入该市场。

2. **产品或服务的独特性感知**　为维持和延长产品生命周期,企业采取集中性市场策略,令消费者有产品或服务已经普及的感知(也就是营销专业的产品成熟期及衰退期)。同时由于企业长期植根当地精心经营,与当地人民的文化已经融为一体,消费者对企业有高度的忠诚,对地域外企业有一定的排斥。

二、差异性营销的心理作用

(一)差异性市场策略概述

差异性市场策略(图 5-2)就是企业将整个市场细分,选择若干细分市场作为目标市场,并针对不同子市场的需求特点,设计不同的产品,制定不同的营销策略,满足不同的消费需求。如"阿司匹林"自 1900 年上市以来证明其疗效确切,不良反应少,是解热镇痛良药。针对不同子市场的需求特点,企业开发了多个剂型、多种规格,制定不同的市场营销组合方案来满足不同的需求。与无差异市场策略相比,差异性市场策略具有明显的优点,即多档次、多规格的产品,适应不同的消费者需求,有利于扩大销售,提高市场占有率;多元化、多层次的品牌,能降低企业风险,使企业具有抵御外部环境的干扰能力;易于取得连带优势,有利于企业树立良好形象。缺点是由于产品差异化、促销方式差异化,将增加设计、制造、管理、仓储和促销等方面的成本。随着社会竞争的加剧,该策略被越来越多的大中型企业广泛使用。

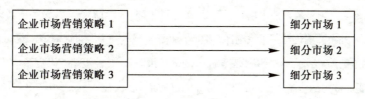

图 5-2　差异性市场营销

(二)差异性市场策略对消费者购买心理的影响

1. 企业实力感知　采用差异性策略的企业,给消费者以"企业生产能力、技术能力和销售能力很强"的心理作用。因为,差异性策略要针对多个细分市场,有多种产品供不同地域的消费者选择。

2. 产品特性感知　不同市场的消费者对同一产品的需求和爱好呈现多样性,这是企业采用差异性策略的原因。由于疾病的复杂性,同一外在疾病表现其病因呈现多样化的特点,大型医药企业尤其大型中医药企业推出了各种医药产品满足患者不同的需求。如有的企业同时生产藿香正气水、藿香正气软胶囊、藿香正气滴丸等。

案例分析

案例

战略细分,JZ 抢占儿童助消化用药市场。

2003 年以前,JZ 药业股份有限公司(以下简称 JZ 药业)只向市场推出一种成人、儿童都能服用的健胃消食片。

2003 年 4 月,山东省的百年老厂 HJT,在中央电视台等媒体,投放了 A 牌小儿消食片的一条新广告片。这引起了 JZ 药业的高度警惕,对此极为重视,因为 A 牌小儿消食片直接细分的儿童市场,是 JZ 健胃消食片的核心市场之一，而 JZ 健胃消食片又是 JZ 药业最主要的利润来源。

　　JZ 药业在对儿童助消化药市场进行全面研究分析后，决定实施战略细分，推出儿童装 JZ 牌健胃消食片，以对 JZ 牌健胃消食片（日常助消化药领导品牌）的儿童用药市场进行防御。2003 年底，在技术、生产等各部门的全力配合下，儿童装 JZ 牌健胃消食片正式面市。

　　JZ 药业借此契机，主动细分市场，加快儿童专用助消化药品的上市，趁儿童助消化药市场的竞争尚不激烈，尚无竞品占据消费者的心智，全力将新品推向全国市场，使自己成为儿童助消化药这个新品类的代表品牌，从而巩固其市场主导权。

　　JZ 药业的新的市场选择策略成效很快显现：2004 年年中，JZ 药业的上市前铺货、电视广告片拍摄等市场准备工作基本完成后仅仅半年，销售额就超过 2 亿元，并初步完成对儿童市场的防御。对于一个 OTC（非处方药）新品，面市半年，就在全国范围全线飙红，完成超过 2 亿的销售额。这样一份成绩，充分证明了实施战略细分的强大威力。

　　分析

　　JZ 的助消化药原来应用了什么市场选择策略，这种策略可能对医药消费者的心理有什么影响？ JZ 的助消化药后来应用了什么市场选择策略？ 对消费者购买活动产生了什么影响？

　　提示：JZ 原来应用了无差异性市场选择策略。 这种策略，针对成人与儿童消费者只推出了一种产品。 家长们缺乏"儿童助消化药"可供选择，担心儿童用"成人药品"有损健康，造成很多人出于慎重心理不使用 JZ 药业的药品。 后来应用了差异性市场选择策略。 这种策略，确立了 JZ 健胃消食片在消费者心智中的位置，成为消费者儿童助消化药选择的首选品牌。

三、无差异性营销的心理作用

（一）无差异性市场策略概述

　　无差异性市场策略（图 5-3）是指企业把整个市场作为自己的目标市场，只提供一种产品或服务，采用一套市场营销方案吸引所有的顾客。它只注意需求的共性，而不考虑其差异，运用一种产品或服务、一种价格、一种推销方法，吸引尽可能多的消费者。目前市场迅速发展壮大的经营方式——连锁经营，就是采用无差异市场策略，一般实行统一规范管理、统一核算、统一采购配送、统一营销模式等。当你踏入任何一家 MDL 餐厅，就立即进入了 MDL 高效率的服务体系中，从点餐、收银和提供食品，均体现"快"。从内到外、从软到硬，MDL 的一系列举措保证顾客点餐后 30 秒左右就能拿到所点的食品。在全世界各个分公司都是同样的烹饪方法、同样的制作程序、同样的质量指标、同样的服务水平。可见，采用无差异市场策略，产品在内在质量和外在形体上必须有独特风格，才能得到多数消费者的认可，从而保持相对的稳定性。企业面对整个市场，采用这种策略的优点是生产经营产品单一，服务规范化、模式化，容易保证质量，成本低、经费少，利润率高，从而提高企业竞争力。缺点是忽视了需求的差异性，部分需求得不到满足，对大多数生产企业不适用。

图 5-3 无差异性市场营销

（二）无差异性市场策略对消费者购买心理的影响

1. 企业实力感知 采用无差异性策略的企业,也给消费者以"企业生产能力、技术能力和销售能力很强"的心理作用。因为采用无差异性策略的企业是针对产品的整体市场统一采用一种营销组合活动。某药企在其产品的市场选择上就采用了无差异性策略,在全国性媒介上刊登世界名人代言的广告,迅速以雄厚的实力占领了市场。

2. 产品和市场特性感知 无差异性策略的产品给人以类似性很强,在品种、质量方面相差较小的印象,消费者对同一产品的需求和爱好也相近。如健胃消食片,企业多采用无差异性策略。

3. 产品所处生命周期感知 采用无差异性策略的产品通常在投入期和成长期,消费者选择产品时选择较为单一,有的甚至别无选择。医药消费者客观上会在有需要时选择此类产品。

点滴积累 ⋁

1. 市场选择策略包括集中性市场策略、差异性市场策略、无差异性市场策略,不同市场选择策略下,消费者的心理也会不同。
2. 市场选择策略对消费者购买心理的影响主要体现在企业实力感知、产品和市场特性感知产品所处生命周期感知等方面。企业应根据自身特点,适应消费者心理规律,做好营销沟通决策。

第三节 服务营销对消费者购买心理的影响

服务营销一般指依靠服务质量来获得顾客的良好评价,以口碑的方式吸引、维护和增进与顾客的关系,从而达到营销的目的。

在服务营销中,传统的 4P 营销组合依然重要。但由于服务的生产与消费同步,服务提供者在服务过程中进行着实时的促销活动,由于"单位成本"难以确定,同时顾客往往又把价格高低看成质量好坏,使得定价变得十分复杂,因此有必要赋予传统营销组合因素以新的意义。而且,由于服务是无形的,顾客经常会寻找并借助某些有形的线索(有形展示)来帮助他们理解服务体验。为此,需要在 4P 的基础上增加一些新的能反映上述服务特征的因素,组成新的服务营销组合。于是,服务营销组合在 4P 的基础上增加了 3P。

1. 人(people) 指包含在服务流程中的所有人,包括服务人员、消费服务的顾客以及在服务环境中的其他顾客的活动。在服务环境中的其他顾客的活动也会影响购买者的感知。医药、保健品等健康类产品服务流程中的所有人包括医药代表、OTC 代表、医药商务代表、执业药师、药店营业员等。其中,医药代表通过服务于医生,医生再服务于医院的医药消费者,形成一种间接的服务过程。

医药代表(《中华人民共和国职业分类大典(2015修订版)》)指代表药品生产企业,从事药品信息传递、沟通、反馈的专业人员。其工作任务有:制订医药产品推广计划和方案;向医务人员传递医药产品相关信息;协助医务人员合理用药;收集、反馈药品临床使用情况。

OTC代表指代表药品批发企业从事药品药店推广、宣传工作的市场销售人员。其职责主要有:负责所辖区域内目标终端的开发、销售与维护工作,确保销售目标的达成;定期拜访客户,建立并维护客情,收集相关信息并及时上报;负责区域内目标终端的铺货、陈列、促销、活动的执行与监督;开发合作药店等。

医药商务代表将药品从厂家销售给批发企业,其职责主要有:负责医药商业客户开发与维护,确保通路畅通;检查并确保渠道内各级医药商业的货源以及稳定价格;配合进行日常货票款事务的处理;执行流向检查;参与召开各类医药商业通路的品牌活动;参与所属区域内药品招标、物价等政务工作等。

2. **有形展示(physical evidence)**　指服务环境、服务生产者与顾客互动的场所以及促使服务实现或服务沟通的任何有形的物品。医药、保健品等健康类产品的有形展示主要场所在药店,表现为药品的陈列、便民服务、免费检测、手绘POP、药店附属门诊场所等。

知识链接

药店手绘POP对医药消费者购买心理的影响

药店手绘POP一般都有强烈的色彩感和夸张的表现形式,主题鲜明,药学服务色彩浓厚,其对医药消费者购买心理的影响主要体现在以下几方面。

一是能够吸引医药消费者的注意力。药店手绘POP亮丽的配色,独特的手写字体,协调美观的布局,能让医药消费者有眼前一亮的感觉,因而能够吸引医药消费者的注意力,有助于其走进药店选择自己需要的产品。

二是能激发医药消费者的购买欲望。药店手绘POP用简洁易懂的语言提供药品信息,再加之丰满的产品堆头,能够引导消费者联想自己的需要,从而起激发其购买欲望的作用。

三是能够活跃卖场氛围,减轻医药消费者压力。一些节假日的时候,药店将这些节日的特色元素融入到POP主题,一定程度上可以减轻消费者的压力。

当然,药店手绘POP必须适度,如果药店中到处挂的都是,布局不够清爽,就会让医药消费者产生药店使人心思凌乱和药店太过度商业化的心理。

3. **过程(process)**　指实际服务过程、服务手段和服务流程——服务生产和提供关系。医药、保健品等健康类产品的服务过程主要包括了药店各有特色的服务流程。药店顾客接待与服务流程分为十一步:进店招呼、顾客接触、产品导购、用药指导、关联销售、提示当前促销、邀请加入会员、收银结账、请顾客推荐顾客、促销预告、送客等,给药品消费者愉悦购药体验。为药店顾客服务过程提出的"温情式药品零售服务"的模式就属于药店营业员服务"过程"的较好应用。

即5-2

温情式药品零售服务视频

温情式药品零售服务

温情式药品零售服务指在药品零售过程中，药店营业员以医药消费者为中心，以热情温暖的服务为主要内容的服务过程。主要包括形象温情、问候温情、赞美温情、闲聊温情、参与温情、尊重与关怀温情。

以上三个新组合因素不但影响顾客最初的购买决定，而且影响着顾客的满意度和再购买决定。同时，这 3P 又是服务提供商所能控制的。从商品营销到服务营销，营销的职能扩大到了整个企业，4P 也扩充到 7P。

服务营销对消费者的影响主要体现在满足消费者需求欲望、促进消费者满意、实现消费者价值三个方面。

一、满足需求欲望的心理作用

（一）需求和欲望

需求是指人们为满足生存和发展而产生的基于一定购买能力的对某种目标的渴求和欲望。人们感到缺乏什么东西，有不足之感；期望得到什么东西，有求足之感；考虑个人财务水平，有预算之感。需求就是这三种状态形成的心理现象。在社会生产和生活交往中，人们会产生多种多样的需求，并且当旧的需要被满足后，新的需求又会产生。

由于我们讨论的产品主要是药品，这一产品与人们的健康和生活质量息息相关，绝大多数人都是药品消费者，能否准确了解并满足消费者对药品服务营销的要求，是直接影响营销绩效的重要因素。

（二）消费者需求的一般特征

人的需求多种多样，但无论哪种需求都具有以下共同特点。

1. **指向性**　指向性指消费者的需求总是指向某种具体的事物，总是对某种不足的客观事物向往。药品消费者向往的是能够对自己的病症有效、价格合适、副作用小的药品。

2. **层次性**　消费者的需求是有层次的，虽然各个层次很难截然分开，但总体上是有一定顺序的。较低层次需求的满足是较高层次需求产生的前提和基础，较高层次需求产生是较低层次需求满足的必然结果。

3. **发展性**　消费者的需求不会停止在一个水平上，总是由低级到高级、从简单到复杂不断向前、向上发展的。因为消费者需求的产生和发展与社会生产的发展紧密相连，社会生产是不断向前发展的，水涨船高，需求必然也会不停地向前发展。

4. **替代性**　替代性指消费者在某一方面的需求可以由多种商品来满足。例如，现阶段我国大多数制药企业均生产仿制药，技术含量不高，可替代性很明显。正是由于药品需求替代性较强，药品生产经营企业才需要细致地体察和深入地调研，才能了解客户的真正需要，当好客户的顾问和参谋。很显然，替代品一定有它存在的理由。比如疗效基本一致，但价格便宜一半。因此，只有通过不断体察客户的需求,把握不断变化的机会,在经过筛选和细分的市场上建立竞争对手难以复制的服务优势,形成自身的经营特色与品牌形象,把对客户需求的理解力转变成对市场的把握力,不断提升客户的认知度和忠诚度,才能在激烈的市场竞争中脱颖而出。

5. 联系性　联系性指消费者对某一商品的需求会引起对相关商品的需求。对于医药产品而言,联系性最具体的应用就是药品零售中的关联销售。比如,买了一台血糖仪就需要相应规格的血糖试纸,进而可能需要降糖药品、血糖调理保健品和低糖食品等。

案例分析

医药消费者需求联系性应用：药品关联销售

药品关联销售是指和主产品有关的产品一起销售给顾客，即将产品"打包"销售。 其目的不是让顾客买不必要的药品或保健品，而是让顾客有更好的服务，如更快、更彻底的治疗等。

药品关联销售相关的方法有以下几种。

1. 西药+中药（标准话术：西药起效快，中药治根本，中西搭配，疗效更好）

例：视力疲劳，用药茶敏维滴眼液+杞菊地黄丸

2. 口服+外用（标准话术：外用药消炎止痒祛痛见效快，口服药祛病根，可以让您更快更好恢复健康）

例：小儿腹泻，用药思蜜达+丁桂尔脐贴

3. 综合方案

主药+辅助用药+食疗+预防保健（标准话述：药疗、食疗、理疗三者结合，标本兼治，非常适合您现在的病情）

---

6. 可诱导性　可诱导性指消费者的需求是可以引导和调节的。广告等促销工具正是利用消费者需求的可诱导性来扩大销售的。

（三）服务营销对需求和欲望的满足

为满足顾客需求,服务营销一般应遵循以下九条心理原则。

1. 获得一个新顾客比留住一个已有的顾客花费更大　企业在拓展市场、扩大市场份额的时候,往往会把更多精力放在发展新顾客上,但发展新顾客和保留已有顾客相比,花费将更大。此外,根据国外调查资料显示,新顾客的期望值普遍高于老顾客。这使发展新顾客的成功率大受影响。不可否认,新顾客代表新的市场,不能忽视,但我们必须要找到一个平衡点,而这个支点需要每家企业不断地摸索。

2. 除非你能很快弥补损失,否则失去的顾客将永远失去　每个企业对于各自的顾客群都有这样那样的划分,各个客户因而享受不同的客户政策。但企业必须清楚地认识到一点,即每个顾客都是自己的衣食父母,不管他们为公司所作的贡献是大或小,都应该避免出现客户歧视政策,所以不要轻言放弃客户,退出市场。

3. 不满意的顾客比满意的顾客拥有更多的"朋友"　竞争对手会利用顾客的不满情绪,逐步蚕

食其忠诚度,同时在你的顾客群中扩大不良影响。这就是为什么不满意的顾客比满意的顾客拥有更多的"朋友"。

4. 畅通沟通渠道,欢迎投诉　有投诉才有工作改进的动力,及时处理投诉能提高顾客的满意度,避免顾客忠诚度的下降。畅通沟通渠道便于企业收集各方反馈信息,有利于市场营销工作的开展。

不满意的传播速度为什么更快

5. 顾客不总是对的,但怎样告诉他们是错的会产生不同的结果　"顾客永远是对的"是留给顾客的,而不是企业的。企业必须及时发现并清楚了解顾客与自身所处立场有差异的原因,告知并引导他们。当然这要求具有一定的营销艺术和技巧,不同的方法会产生不同的结果。

6. 顾客有充分的选择权力　不论什么行业和什么产品,即使是专卖,我们也不能忽略顾客的选择权。市场是需求的体现,顾客是需求的源泉。

7. 必须倾听顾客的意见以了解他们的需求　为客户服务不能是盲目的,要有针对性。企业必须倾听顾客意见,了解他们的需求,并在此基础上为顾客服务,这样才能做到事半功倍,提高客户忠诚度。

8. 如果企业不愿意相信,那怎么能希望顾客愿意相信　企业在向顾客推荐新产品或是要求顾客配合进行一项合作时,必须站在顾客的角度,设身处地考虑。如果自己觉得不合理,就绝对不要轻易尝试。企业的强迫永远和顾客的抵触在一起。

9. 如果企业不去照顾自己的顾客,那么别人就会去照顾　市场竞争是激烈的,竞争对手对彼此的顾客都时刻关注。企业必须对自己的顾客定期沟通了解,解决顾客提出的问题。忽视顾客等于拱手将顾客送给竞争对手。

如果企业能遵循以上九点,将会有事半功倍地满足顾客需求的效果。

二、促进消费者满意的心理作用

(一) 消费者满意

消费者满意是指一个人通过对一个产品的可感知效果与他的期望值相比较后,所形成的愉悦或失望的感觉状态。当商品的实际消费效果达到消费者的预期时,就导致了满意,否则,会导致顾客不满意。

一般而言,消费者满意是顾客对企业和员工提供的产品和服务的直接性综合评价,是顾客对企业、产品、服务和员工的认可。顾客根据他们的价值判断来评价产品和服务。从企业的角度来说,顾客服务的目标并不仅仅止于使消费者满意,使顾客感到满意只是营销管理的第一步。美国维持化学品公司总裁威廉姆·泰勒认为,"我们的兴趣不仅仅在于让顾客获得满意感,我们要挖掘那些被顾客认为能增进我们之间关系的有价值的东西"。在企业与顾客建立长期的伙伴关系的过程中,企业向顾客提供超过其期望的"顾客价值",使顾客在每一次购买过程和购买后体验中都能获得满意。每一次的满意都会增强顾客对企业的信任,从而使企业能够获得长期的盈利与发展。

消费者满意包括产品满意、服务满意和社会满意三个层次。

1. 产品满意　是指企业产品带给顾客的满足状态,包括产品的内在质量、价格、设计、包装、时效等方面的满意。产品的质量满意是构成消费者满意的基础因素。

2. 服务满意　是指产品售前、售中、售后以及产品生命周期不同阶段采取的服务措施令消费者满意。这主要是在服务过程的每一个环节上都能设身处地地为顾客着想,做到有利于顾客、方便顾客。

3. 社会满意　是指顾客在对企业产品和服务的消费过程中所体验到的对社会利益的维护,主要指顾客整体社会满意,它要求企业的经营活动要有利于社会文明进步。

▶ **课堂活动**

　　假如你是某药店的营业员,要求你实践消费者满意中的服务满意。 在顾客付款后准备提取药品时,你应该做些什么? 结合医药学知识谈谈服务满意的做法。

　　提示:如在顾客提取药品时提供药品的服用方法,脂溶性药品一般在饭后服用,水溶性药品一般在饭前服用,不正确的服用方法会降低药品起作用的效果。

(二) 服务营销对促进消费者满意的作用

服务营销对消费者满意的促进主要体现在服务承诺、顾客服务和服务补救三种服务营销手段。

1. 服务承诺　所谓服务承诺,是企业向顾客公开表述的要达到的服务质量。首先,服务承诺一方面可以起到树立企业形象、提高企业知名度的作用,另一方面可以成为顾客选择企业的依据之一,但更重要的是,它还可以成为顾客和公众监督企业的依据,使企业得到持续改善的压力。其次,建立有意义的服务承诺的过程,实际上是深入了解顾客要求、不断提高消费者满意度的过程,这样可以使企业的服务质量标准真正体现顾客的要求,使企业找到努力的方向。第三,根据服务承诺,企业能够确定反映顾客需求的、详细的质量标准,再依据质量标准对服务过程中的质量管理系统进行设计和控制。最后,服务承诺还可以产生积极的反馈,有可能使顾客有动力、有依据对服务质量问题提出申诉,从而使企业明确了解所提供服务的质量和顾客所希望的质量之间的差距。

有效的服务承诺应具备哪些特征呢? 一项好的服务承诺应无条件、容易理解与沟通、有意义、简便易行和容易调用。一项服务承诺应该既简洁又准确。复杂、令人困惑而且有大量脚注条件的服务保证即使制作精美,也不会起作用。容易引起误解的服务承诺会引发有误差的顾客期望。好的服务承诺只有当包含了顾客认为重要的内容,而且有一个合理的总结算,它才是有意义的。

2. 顾客服务　顾客服务是指除牵涉销售和新产品提供之外的所有能促进组织与顾客间关系的交流和互动。它包括核心和延伸产品的提供方式,但不包括核心产品自身。以一项发型设计服务为例,理发本身不属于顾客服务,但顾客在理发前后或过程中所得到的待遇却属于顾客服务。假如顾客提出一些特别的处理要求,那也构成顾客服务的一项内容。在服务完成之后,假若顾客的惠顾得到感谢和赞扬,这些行径也应归入顾客服务。对制造品而言,除实际销售表现之外的所有与顾客的互动,都应看作顾客服务。

3. 服务补救 所谓服务补救,是指组织为重新赢得因服务失败而已经失去的顾客好感而做的努力。一些服务组织不管发生什么,都不做任何服务补救的尝试与努力。还有一些组织仅投入一半的力量来做这项工作。很少有组织为此制定全面的政策,并竭尽全力地为顾客补偿。开展一项重新赢得顾客信任的工作计划往往不被组织所认识,或者是组织缺乏动力。企业可能认为,既然有无穷无尽的顾客流等待他们去挖掘,又何必为不满意的顾客而费心。以上这些做法是错误的。失去一位顾客代价高昂。首先想一下,是不是必须寻找一位新顾客来取代旧顾客,而经常寻找新顾客的成本很高。各种各样的估计表明,补充一位流失顾客位置的成本比保留一位忠实顾客的成本要高 3~5 倍,这与服务的性质有关。得到新的顾客,需要大量的广告和销售费用。从另一个方面来讲,忠实的顾客产生可观的销售额,他们比第一次来享受服务的顾客花钱多,且经常花高价。他们需要较低的交易成本和沟通成本,无须信誉调查或其他初始成本。忠实顾客对服务享用相当熟悉,不需要太多帮助。另外,他们还经常用他们的正向口头宣传来为组织带来新顾客。相反,那些转向竞争对手的顾客会劝阻其他顾客来光顾本企业。

有研究表明,顾客流失率降低 5%,组织利润就会翻一番。因此,积极努力去挽回因为对一次服务体验不满而流失的顾客是有意义的。服务所包含的一系列环节和大量因素都会对顾客的服务体验产生影响,并最终影响到消费者的满意度。顾客与服务组织接触的每一个点,都会影响到顾客对服务质量的整体感觉。顾客与组织接触的每一个具体的点就是关键点。顾客用关键点来评价组织提供的服务。因此,对于关键点需要制订服务补救计划,该计划一般包括五个步骤:道歉、紧急复原、移情、象征性赎罪和跟踪。

(1)道歉:服务补救开始于向顾客道歉。当组织感觉到顾客不满时,应有人向顾客道歉。道歉在一定意义上意味着承认失败,一些组织不愿意这样做。可是服务组织必须认识到自己有时确实无能为力。因为服务是易变的,存在失败的风险是服务组织的固有特征。承认失败,认识到向顾客道歉的必要性,真诚地向顾客道歉,能让顾客深切地感知到他们对组织的价值,并为重新赢得顾客好感的后续工作铺平道路。

(2)紧急复原:这是道歉的自然延伸,也肯定是不满的顾客所期望的。顾客希望知道,组织将做些事情以消除引起不满的根源。

(3)移情:当紧急复原的工作完成后,就要对顾客表现一点移情,即对顾客表示理解和同情,能设身处地地为顾客着想,这也是成功服务补救所必需的。服务组织应对愤怒的顾客表示理解,理解因服务未满足顾客需求而对顾客造成的影响。

(4)象征性赎罪:移情之后的下一步工作是用有形方式对顾客进行补偿,比如送个礼物表示象征性赎罪。可以用赠券的形式发放礼物,如一份免费点心赠券、一张将来机票赠券、一个高质量客房住宿赠券等。象征性赎罪的目的不是向顾客提供服务替代品,而是告诉顾客,组织愿意对顾客的失望负责,愿意为服务失败承担一定的损失。

(5)跟踪:组织必须检验其挽回顾客好感的努力是否成功,跟踪是组织获得了一次对补救计划自我评价的机会,以识别哪些环节需要改进。

当然,并非每一次顾客不满都需要上述全部的五个步骤。有时,顾客仅仅是对服务某一个具体环节有点儿失望,这时只要采取前两个步骤就可能达到服务补救的目的,一个道歉和一项紧急复原行动就应该足够了。而另外一些情况,顾客被组织的服务失败所激怒,则需要采取服务补救的全部五个步骤。

三、实现消费者价值作用

消费者总价值的构成因素有产品价值、服务价值、人员价值和形象价值等,其中任何一项价值因素的变化都会引起消费者总价值的变化。

(一) 消费者价值

消费者价值是消费者总价值与消费者总成本的差。消费者总价值越大,消费者总成本越低,消费者价值就越大。

1. 消费者总价值是指消费者从购买的特定产品和服务中所期望得到的所有利益。

消费者总价值一般由以下几部分构成。

(1)产品价值:即消费者购买产品或服务时,可得到的产品所具有的功能、可靠性、耐用性等。

(2)服务价值:消费者可能得到的使用产品的培训、安装、维修等。

(3)人员价值:消费者通过与公司中训练有素的营销人员建立相互帮助的伙伴关系,或者能及时得到企业营销人员的帮助。

(4)形象价值:消费者通过购买产品与服务,使自己成为一个特定企业产品的代言人。

如果企业具有良好的形象与声誉的话,消费者可能受到他人赞誉,或者与这样的企业发生联系而体现出一定的社会地位。

2. 消费者总成本 消费者在获得上述这一系列价值的时候,都不会是无偿的,这体现的是消费者总成本。消费者总成本是指消费者为购买某一产品所耗费的时间、精力、体力,以及所支付的货币资金。

消费者总成本一般包括四种成本。

(1)货币成本:消费者购买一个产品或服务,首先就要支付货币,或者不能得到免费维修调试等支出的服务价格。

(2)时间成本:消费者在选择产品、学习使用、等待需要的服务等时所需付出的时间成本或损失。

(3)精力成本:消费者为了学会使用保养产品、联络营销企业的人员,或者安全使用产品所付出的担心等。

(4)体力成本:消费者为了使用产品、保养维修产品等方面付出的体力。

▶ 课堂活动

"两票制"是指药品从药厂卖到一级经销商开一次发票,经销商卖到医院再开一次发票,以"两票"替代常见的七票、八票,减少流通环节的层层盘剥,并且每个品种的一级经销商不得超过两个。

请思考"两票制"对医药消费者的总成本有何影响。

（二）服务营销对实现消费者价值的影响

消费者的购买是按照"价值最大化"的原则进行选择的。具体而言,提高消费者价值的途径有:

1. 在不改变整体消费者成本的条件下,通过改善服务、提高人员素质、提升企业形象来提高整体消费者价值。

2. 在不改变整体消费者价值的条件下,通过降低价格或减少消费者购买公司产品所花费的时间、精力、体力来降低整体消费者成本。

3. 在提高整体消费者价值的同时,提高了整体消费者成本,但要使两者的差值增大,从而使消费者价值增加。

可见,消费者价值的大小决定于消费者总价值和消费者总成本,而这两类因素又由若干个具体因素构成。消费者总价值的构成因素有产品价值、服务价值、人员价值和形象价值等,其中任何一项价值因素的变化都会引起消费者总价值的变化。消费者总成本的构成因素有货币成本、时间成本、精神成本和体力成本,其中任何一项成本因素的变化都会引起消费者总成本的变化。任何一项价值因素或成本因素的变化都不是孤立的,而是相互联系、相互作用的,会直接或间接引起其他价值因素或成本因素的增减变化,进而引起消费者价值的增减变化。而服务营销作为增加消费者价值的正能量,其作用非同一般。

点滴积累 ╲┈┈

1. 服务营销组合 7P 包括产品、价格、分销、促销、人、有形展示、过程。 医药消费在 7P 尤其后 3P 方面具有鲜明的行业特征。

2. 服务营销对消费者的影响主要体现在满足消费者需求欲望、促进消费者满意、实现消费者价值三个方面。

目标检测

一、选择题

（一）单项选择题

1. 消费者购买商品所需要的决策过程中**不包括**（   ）

    A. 注意过程   B. 决策过程   C. 酝酿过程

    D. 行动过程   E. 判断过程

2. 只要环境允许,人们就会选择自己喜欢的信息进行接触,而对那些自己不太关心的东西很少留意。这一现象就是（   ）

    A. 了解信息   B. 宣传信息   C. 屏蔽信息

    D. 选择性接触   E. 直接接触

3. 一般而言,没有医药知识的消费者用药时最为信任的是（   ）

    A. 医生   B. 药师   C. 药店营业员

    D. 朋友   E. 家人

4. 医药消费者对产品的满意程度,取决于预期希望得到实现的程度。这是(　　)

　　A. 认识差距理论　　　　　　B. 预期满意理论　　　　　　C. 实际差距理论

　　D. 人员影响　　　　　　　　E. 认知结果

5. 移情之后用有形方式对顾客进行补偿,比如送个礼物、赠券的形式发放礼物等,这叫做(　　)

　　A. 移情　　　　　　　　　　B. 紧急复原　　　　　　　　C. 象征性补偿

　　D. 跟踪　　　　　　　　　　E. 象征性赎罪

(二) 多项选择题

1. OTC 药品市场上,下列属于影响消费者判断选择的因素是(　　)

　　A. 病情　　　　　　　　　　B. 经济条件　　　　　　　　C. 药店服务

　　D. 医生建议　　　　　　　　E. 执业药师建议

2. 符号信息中提到的符号包括(　　)

　　A. 人工语言　　　　　　　　B. 动作性符号　　　　　　　C. 音响符号

　　D. 目视符号　　　　　　　　E. 心理符号

3. 消费者满意包括的三个层次有(　　)

　　A. 产品满意　　　　　　　　B. 运输满意　　　　　　　　C. 服务满意

　　D. 社会满意　　　　　　　　E. 导购满意

4. 医药消费者多方面的权衡比较后,才能最后作购买决定并发生购买行为。购买决定的确定和购买行为的最后发生,除了消费者自己的判断选择外,还受影响的因素有(　　)

　　A. 决策态度　　　　　　　　B. 他人态度　　　　　　　　C. 风险因素

　　D. 收益因素　　　　　　　　E. 领导态度

5. 为吸引尽可能多的消费者,无差异性市场营销策略的特点包括(　　)

　　A. 只注意需求的共性　　　　　　　　B. 运用一种产品或服务

　　C. 一种价格　　　　　　　　　　　　D. 一种推销方法

　　E. 一种效率

二、问答题

1. 医药消费者医药消费的立场和态度主要包括哪些内容?

2. 针对消费者的服务补救计划的一般步骤是什么?

3. 从众心理在医药消费者中具体有什么表现?

4. 为满足顾客需求,服务营销一般应遵循的九条心理原则是什么?

5. 无差异性市场策略对消费者购买心理有哪些影响?

6. 医药消费者的购买决策过程包括哪些步骤?

三、实例分析

有的药店营业员说:"药品都有很详细的使用说明书,顾客按照说明书就知道怎么服用药品了,所以再给顾客叮咛服用注意事项就没必要了"。请对该说法进行判断分析。

ER-05章习题

（卫军锋）

第六章

药品营销中的心理学原则

导学情景 ∨ ....

情景描述：

　　一位顾客正在挑选一种减肥产品，店员介绍说："这种产品效果好，价格也比其他同类产品便宜。"顾客回答说："我以前吃过这种药，效果是不错。我听说你们最近在做活动，买两盒送一小盒赠品。"店员扭头大声问柜台内的同事："现在这个减肥的产品还有没有赠品？这里有个想要赠品的顾客！"店内所有顾客都把目光投向了这位顾客，这位顾客还没等店员的答复就逃也似地离开了药店。

学前导语：

　　上述案例店员没有顾及顾客的"面子"而导致顾客离开。在很多的药品营销过程中都会有一定的心理因素，这些因素会影响顾客的购买。本章就重点来阐述药品营销中的心理学原则，包括药品展示、推销与劝导、商谈沟通中的心理学原则以及心理沟通的一些技术等。

学习目标 ∨ ....

　　1. 掌握药品展示中药品价格、药品类型、药品包装以及陈列的心理学原则。

　　2. 理解人性化原则、商品为主的原则、公关促销的原则等，学会在顾客劝导和处理异议时运用心理学原则。

　　3. 了解沟通的理论及原则，熟悉人际关系的原则以及沟通中的首因和近因效应、光环效应等常见的几种心理学效应。

　　4. 掌握营销者的心理沟通技术，理解并学会运用语言沟通的技术、非语言沟通的技术、倾听的技术、自我开放的技术、理解的反应技术、人际影响以及人际冲突和处理的技术。

第一节　药品展示中的心理学原则

一、药品类型及价格

药品的类型、剂型、生产企业和价格对药品消费者、药品经营管理人员的心理都有很大影响。对药品类型、剂型等知识进行详细了解，对掌握药品营销规律和做好市场营销活动具有一定的意义。

（一）药品分类及对消费心理的影响

药品的分类是做好药品营销活动需要掌握的最基本的知识，药品分类的方法有很多，我们只介绍一些常见的分类形式。

1. 药品的分类

(1)处方药与非处方药:药品最主要的分类是按购买药品时是否需要医生开具处方而分为处方药与非处方药。

1)处方药及其特点:处方药是指需要经过医生开具处方才能从药房或药店购买,并应在医生监控或指导下使用的药物。国际上通常用"prescription drug"表示,简称 R(即医生处方左上角常见到的 R)。处方药一般包括如下,刚上市的新药,因对其活性、副作用还要进一步观察;可产生依赖性的某些药物,如吗啡类镇痛药及某些催眠安定药物等;本身毒性较大的药物,如抗癌药物等;心血管疾病类药物,其必须凭医生处方购买,以防应用不当而危及人们的机体甚至损害生命安全;抗精神病药、抗癫痫药等以及经注射途径使用的各类药品。

处方药必须依法进行严格监督管理,只能在医院或者零售药店的处方药专柜等渠道由执业药师或药师审核后方可调配购买。处方药只能在专业性的医药报刊和媒体进行广告宣传,不允许开架销售。

2)非处方药及其特点:非处方药是指不需要医生处方,患者及其家属可直接在各类药房、药品超市自行判断、购买、使用的药品。非处方药的英文缩写为 OTC。非处方药的具体特点如下:

①适用范围窄:非处方药的适应证是那些患者可以自我判断的轻微症状。比如感冒、呼吸系统的疾病,如咳嗽、支气管哮喘等;消化系统的常见病,如消化不良、胃部不适以及腹泻、便秘等;神经系统的头痛、偏头痛,妇科的痛经、阴道炎等;日常生活常用的维生素、滋补药、避孕药及外用药等。②应用安全:非处方药多为安全性较大的药品,意味着在严格遵照详细的服药说明和注意事项的情况下,不良反应和副作用的发生率较低,人体健康受到损害的程度较小。③疗效确切:药物作用的针对性强,适应证明确,易被患者掌握与感受。④质量可靠:药品的理化性质比较稳定。明确标出有效期及生产批号,包装也符合规定要求。⑤说明书内容详尽:凡归入非处方药的品种,其标签和说明书要十分详尽和标准,并且通俗易懂,便于患者按照说明书服用以作出自我判断治疗。⑥使用方便:非处方药可自行购买或者在药师指导下购买使用。

(2)按药品剂型分类:药品剂型是指为了治疗需要和方便使用,把原料药制成各种不同性状的制剂,称为药品剂型。也就是能直接应用于临床的药物的形式,包括制剂的不同形态、包装状态、临床用途等。

药品的常见剂型有:片剂、胶囊剂、颗粒剂(过去称为冲剂)、溶液剂、针剂(包括注射液、粉针剂、冻干粉针剂等)、混悬液、各种外用制剂、各种五官科制剂、缓释和控释剂等。每种剂型各有优缺点。比如,注射剂的优点是药效迅速、剂量准确、作用可靠,适用于不能口服药物的患者;缺点是注射部位疼痛,注射剂稳定性差、易产生危险,生产成本高。

2. 药品类型对营销人员及消费者心理的影响

(1)处方药与非处方药分类对营销人员的影响:处方药与非处方药分类推动了企业营销人员对药品市场的细分。药品生产商可以被分成处方药生产商、非处方药生产商、处方药-非处方药生产商。药品营销活动也因处方药和非处方药的特点不同,在市场销售、服务传递方式等方面均不相同。

在一般情况下,非处方药的价格是开放的。相同的组分和剂型,可能由于知名度、包装的不同而形成显著的差异。药品营销人员特别重视品牌的作用,尤其在非处方药市场上品牌起着很大的作用,决定其价格和销量。因此应不断利用传播媒介向消费者宣传,重视不断创新以提高知名度,并严格控制质量以确保形象,形成著名品牌并产生市场效应,以便提高市场的销售额。

(2)处方药和非处方药分类对消费者心理的影响:处方药和非处方药因各自销售方式不同而对消费者心理产生着不同的影响。

1)处方药的销售对消费者心理的影响:依据管理部门规定销售处方药时要有严格的程序。由于程序复杂,药品消费者如果因各种原因没有去医生处开具处方或者没带处方时,一般会放弃要购买的处方药品转而选择同类非处方药。药品营销人员要根据消费者的需求及时做出指导。

2)非处方药的销售对消费者心理的影响:非处方药的销售程序比较简单,只要消费者实施购买行为即可。消费者容易接受非处方药方便、快捷、轻松选择的购买体验。尤其是敞开自选式销售,药品消费者可以根据药品说明书选用适合自己的药品。柜台式销售虽给药品消费者挑选药品不方便的感受,但由于增加了药师或调剂员与药品消费者接触的过程,会使消费者产生更可靠的感觉。

由于药品的专业性,部分药品消费者在购买非处方药时会有不确定的情况,须经咨询、经药师介绍或阅读药品说明书后,才能确定购药种类。因此,在销售非处方药时应主动了解消费者的具体情况和需要,然后再推荐相关的非处方药。

(3)药品剂型对消费者心理的影响:增强药品消费者对药品剂型的认识,有助于其科学选择药品。药品销售人员应当了解剂型知识,并能够向药品消费者介绍各种剂型的特点,为药品消费者提供多样化、人性化的服务,从而提升药店的销售业绩。比如,软胶囊剂型的药品容易服用,对服用舒适性有较高要求的消费者就会明确选择该剂型类的药品;儿童服用的药品,选择溶液类剂型要比片剂药品服用安全,所以儿童家长比较青睐。

案例分析

案例

藿香正气类中成药有藿香正气水、藿香正气丸、藿香正气片、藿香正气软胶囊、藿香正气口服液、藿香正气滴丸等剂型,虽然同属藿香正气类中成药,但由于剂型不同而使功效略有差异。

藿香正气滴丸克服了以往剂型内在质量不可控的缺陷,保证了每个滴丸药物含量都是一致的,提高了疗效,口服后5~6分钟即可发挥作用。滴丸容易吞服,对胃肠道无刺激。气味淡香而不再刺鼻难闻,携带方便。

藿香正气口服液,在药理学、适应证、观察方案和治疗方案等领域获得技术进步,改良了藿香正气产品口感,取消了加入酒精成分,提升产品附加值,改良后的藿香正气口服液已申请国家专利,主治功能扩展到胃病等方面。

分析

藿香正气滴丸因为有了这些特点,就会使消费者有容易服用、安全有效的心理。藿香正气口服液所做的这些改良,让排斥酒精的消费者有了选择权,并容易服用。

（二）药品价格的影响

药品是特殊的商品,关系到人民群众的生命安全。目前,我国对纳入《国家基本医疗保险药品目录(2017 年版)》的药品、少数生产经营具有垄断性和特殊性的商品,实行政府指导价或政府定价,其他药品则由企业自主定价。涉及国家指导价格的药品,医药企业必须按照政府指导价或政府定价来定价。

1. 药品作为特殊商品,其价格对消费者的影响与其他商品不同　药品消费者对与药品的需要以及对价格的接受程度根据其目的不同而不同。针对普通商品的价格策略一般不适用于药品,药品价格的涨、降策略对药品消费者心理的影响比较有限(一些常用药品的需求短时间内会受降价的影响而有所增加,但从长远来看其影响甚微)。另外,一般商品的议价现象在药品购买过程中几乎看不到。在营销活动中,如果采取降价、打折销售虽然有利于药品的销售,但在销量变化的幅度上不如日常普通消费品大。

2. 药品价格虚高对药品消费者的影响　药品价格虚高直接增加了消费者的药费支出。药品消费者是价格虚高的直接受害者,因而,消费者有希望降低药品价格的心理。切实降低药品销售的价格,使消费者以更少的支出购买相同的药品,尤其对慢性病患者及需要长期服用药物的消费者受益更为直接和突出。另外,药品价格的虚高对于医药企业发展也会非常不利。

二、外观包装及药品陈列

（一）外观包装

1. 外观包装对消费者心理的影响　药品包装最基本的作用是保护药品、方便消费者使用,但是在竞争日益激烈的药品市场,药品包装设计对消费者的购买心理起着重要的作用。对消费者购药心理进行研究,使企业在药品设计阶段就把消费者心理诉求点考虑进去,设计出符合消费心理的产品,才能够提高市场的竞争力。

(1)外观包装要更加人性化:药品包装要立足于消费者的需求,做到"以人为本",体现包装的安全性、便利性、环保性等方面的人性化要求。但是有些企业忽略了这些问题,给消费者带来了不利的影响。例如,为老人及儿童的用药安全设计有安全盖;为口服液配备了计量准确、使用方便的量杯;还有在包装上醒目提示"将药物放在儿童不能触及的地方"等。

(2)外观包装要体现个性化:互动式个性化营销逐渐成为市场营销的主流模式,个性化的消费对药品包装设计提出更高的要求。那些赏心悦目而又有较高品位的包装,自然备受青睐。这就要求设计师在设计包装时要深入生活,注重对人情人性的把握。例如设计上可以区分顾客性别、年龄、职业的不同,在包装容量、款式、装潢、材料、说明等方面都因人而异,以适应不同类型、不同层次的消费者对产品包装的不同要求。

(3)外观包装要体现情感需求:由于药品消费者多为非健康人群或有意帮助非健康人群摆脱困境的人,因此,药品包装就更应重视消费者的生理需求和心理感受,体现出对弱者的关怀,从而激发起消费者情感上的共鸣与认同。良好的人性化药品包装不仅有利于改善产品与人之间冰冷的关系,实现人与产品情感的沟通,甚至还可能利于增强患者病愈的信心,起到辅助心理治疗的作用,并进一步有利于提高消费者对产品的忠诚度和信赖感。

(4)外观包装可以适度体现民族风格:药品包装要具备全球识别的能力,其民族风格也不可忽视。药品包装设计要尽可能达到国际水平,具备全球识别的能力。但是,包装设计不能为了全球化而全球化,任何包装设计都有其不可隔绝的民族传统文化背景。药品包装要根据自己的特点选择适合自己的风格,很多药品包装选择民族风格,体现了自己的特色与与众不同,提高了自己被识别的能力。

2. 外观包装的设计

(1)药品包装要符合相关的法律规定:药品是一种特殊的商品,因此药品包装不可能像时装、艺术品或其他商品那样单纯追求美观。国家医药管理部门规定自 2006 年 6 月 1 日起生产出厂的所有药品必须符合 24 号令的各项要求。

按照《药品说明书和标签管理规定》(局令第 24 号)规定:药品外包装上的文字内容、位置、颜色、字体大小都有严格规定,不得超出说明书的范围;不得印制暗示疗效、误导使用和不适当宣传产品的文字和标识;不得在药品标签中标注与药品使用无关的内容;不得以突出显示某一名称来弱化药品通用名称,尤其药品商品名不得比通用名突出和显著;不得选用草书、篆书等不易识别的字体,不得使用斜体、中空、阴影等形式对字体进行修饰。在符合上述严格规定的前提下,需要生产企业和包装设计人员依势定位,通过药品外包装更加有效地向消费者传递着产品信息。

(2)药品包装的文字图案设计:为了方便患者识别,对于不同药理作用的药品还应设计不同的象征性图案。例如治疗眼睛的药品标上眼睛的图案,治疗胃的药品标上胃的图案,心血管类的药品标上心脏图案;还有许多药品的商标是名人的名字或头像。这些都是非常成功的案例,在设计包装的时候,就开始让产品"说话"了。

(3)药品包装的颜色:药品包装颜色要与药性统一协调,既要传达出药品的本身特性,又要具备一定的审美价值,达到功能与形式的统一。此外,不同年龄的消费群体有不同的消费心理动机,一般老年人喜欢深沉华贵、典雅素净的包装设计,所以老年人服用的药品一般要以浅灰色、浅棕色做底色,或强烈的黑白对比等,而不宜用刺目的荧光色。而儿童富于幻想,喜欢单纯、变化、五彩缤纷,其用药的包装宜采用明快、鲜艳的色彩,如红色、橘红色等。

知识链接

颜色的象征意义

人在患病时,心理上承受压力加大。而根据心理学的研究,不同的颜色对人的心理有不同的暗示作用。心理学家认为每一种色彩都有象征意义。例如红色能刺激和兴奋神经系统,增加肾上腺素分泌和增进血液循环。而在蓝色环境中,脉搏会减缓,情绪也较沉静。一般认为,蓝色象征宁静与清凉,绿色象征和平与生命,红色象征热情与滋补,橙色象征兴奋与甘甜,黄色象征轻松与安全,白色象征洁净与镇定等。因此,在设计中往往是安眠安神类药品用蓝色,止痛镇静类药品用绿色,健胃消食类药品用橙色,保健滋补类药品用红色,轻松排便类药品用黄色。

（4）药品包装的造型：药品的外观在一定程度上可以强化品牌形象和刺激消费者的购买欲望。当几种药品混在一起时，如果外观极为相似、没有特殊的标记，一般患者会难以区别。生产企业可以制成异型片，比如椭圆形、颗粒形、三角形、菱形等，甚至卡通头像造型，使产品与同类品种有所区分，这对于OTC药品的品牌认知度有着重要作用。例如，有些创可贴采用卡通图案，色彩鲜艳、活泼可爱；有些儿童消食片，压成彩色异型片，加上了卡通形象的外包装。这种设计充分考虑了儿童的消费心理特点，即感性消费、从众、追求新奇。另外，有些消费者购买具有保健功能的药品是为了送礼，例如维生素补充剂、钙制剂，在关注预防作用的同时，对于包装造型要求新颖；作为旅途中的消费者，对于药品包装主要是使用方便、携带方便。这些心理需求，生产企业可不断改进包装，比如组合包装、套装或可以在包装的外部以一个镂空部位显示产品等。医药生产企业可以根据目标消费群体的心理需求来设计特定的药品包装。

（二）药品陈列

营销人员最重要的工作之一就是让顾客能清楚地了解商品陈列在什么地方，让商品向顾客充分地展示自己、促销自己，商品的销售就是从陈列开始的。

1. 陈列类型 药店里的药品陈列类型可分为三种，第一种是交易药品的陈列（柜台），如摆放药品的货架、货橱、柜台等；第二种是样品陈列（展示柜），如样品橱、橱顶、平台等；第三种是储备药品的存放（库房）。

（1）交易药品陈列：交易药品的陈列，不论是何种药品，都具有待售、陈列、流动大、更换快等特点。因此，药店经理在摆放药品时要做到整洁、美观、丰满、定位。

1）整洁：要按药品大类、分类、细类，及其规格、用途、价格等方面的特征，分门别类陈列摆放，使之一目了然。

2）美观：摆放药品时应力求格调一致，色彩搭配。摆放的方法要尽可能归类摆放或适度穿插排列，在不影响美观的前提下，应将滞销的药品搭配在旺销的药品之中，以利于销售。

3）丰满：要做到药品多而不挤，少而不空，及时加货，不留空位，丰富多彩，方便顾客的选购。

4）定位：要固定药品的摆放货位，这样既便于销售又易于管理。当然，药品定位不是永久不变的，而是应随季节变化和需求量的变化，做适当的调整。

（2）样品陈列：样品陈列给人以醒目、明了的感觉。如样品柜、平台的特点是一种局部陈列，具有一定的向导与美化药店的功能。由于陈列空间的范围较小，只能容纳少量药品，因此，在陈列内容上，应从新产品、流行药品的颜色款式中，选择适量的样品；在陈列表现形式上，要力求简洁、明快、醒目；在陈列手法上，要顾及四面展示的效果，除沿着样品橱柜要考虑背景设计外，大都以采用无景象衬托的陈列为主，再辅之支架道具的配合，构成一个陈列体的立体画面。

（3）储备药品的存放：储备药品的存放是指已进入销售现场但未摆上货架和柜台的备售药品。此类药品虽无需进行陈列，但也要注意摆放整齐，以利于药店经理自身管理药品。另外，切忌在通道口和药店的安全出口处堆放储备药品。

2. 陈列方式

（1）展览陈列：展览陈列是专供顾客参观浏览的陈列。展览陈列最主要的重点是必须引起顾客的注意,使其产生兴趣、联想,从而刺激他们的购买欲望。主要有①中心陈列法:即以整个展览空间的中心为重点的陈列品编组法。②线型陈列法:以货架、柜台各层的展览空间为基础,将药品排列成一条平行线。③梯形法:即以阶梯式样品陈列的方法。④悬挂法:即运用悬挂的方法陈列药品。销售现场陈列和橱窗陈列,大都借助此法展示药品。⑤堆叠法:即是将样品由下而上堆叠起来的陈列方法。⑥道具法:即是利用各种材料制作的支架、托板、柜台和模型来陈列药品的方法。⑦配套陈列法:将关联药品组合成一体的系列化陈列。将相关药品组合于同一展览空间内,提高顾客的想象力。⑧季节陈列法:根据季节的变化改变药品的陈列。把每个季节常用的药品放在较为显眼的位置。

(2)推销陈列:推销陈列的目的主要是利于顾客的"比较权衡",使其对药品产生信赖感。①依种类分类陈列:大多数的药店在做推销陈列时,都是依照药品种类来分类的。因为依种类来分,无论是统计,还是进货都很方便。②依使用方式分类:如将药品按外用与内服进行分类。这种分类陈列的方式,对顾客来说非常方便。因为他们购买药品的目的是满足某一用途、某一需要,而药品中能满足此需要的有很多,而这种方法有助于其在短时间内找到所需的药品。③依价格分类陈列:虽然顾客购买药品一般都把药品的质量放在首位,但有些时候,仍会考虑药品的价格。因此将某些药品按价格分类将会方便顾客的比较选择。④依对象分类:这是根据不同顾客的需要而进行的分类。

3. 陈列原则

(1)分类陈列的原则:按剂型可以分为片剂、针剂、丸剂、散剂、软膏剂等;按用途可分为呼吸系统、消化系统、循环系统、泌尿系统等。按作用和用途分类陈列和储存需注意,药店中处方药和非处方药应分柜摆放,单轨制处方药设专柜摆放;品名或外包装容易混淆的品种,应分区或隔垛存放;仓库中麻醉药品,一类精神药品可存放在同一专用库房内;毒性药品应专库存放;放射性药品应存储于特定的专用仓库内;药品中的危险品,应存放在专用危险品库内。药店中不应陈列危险品,如必须陈列时,只能陈列代用品或空包装;药店中拆零药品应集中存放于拆零专柜,并保留原包装的标签。

(2)陈列的方法:

①从左到右:站在卖场的顾客从外向内看过来的方向;②从矮到高:包装盒矮的陈列在左侧(或右侧);③单品造型:需要重点推荐的商品可以摆成"圆形、金字塔形、阶梯状、重叠形"等,以便区别于其他的商品;④前进前出:前面商品售出,及时将后面的商品推向前;⑤先产先出:先把近效期的售出;⑥大小轻重:较小的商品放在上面,较重较大的商品放在下方,以增加安全感及视觉美感。

(3)陈列的位置和要求:一般来说,以下就是一些陈列的有利位置。消费者停留多的位置,靠近柜台;收银台;离药店店员最近的位置;面向光源的位置;消费者进入药店后,第一眼看到的位置;陈列高度,与视线相平、腰平的位置及柜台的最上端;方便消费者寻找的位置;避免阻挡消费者的视线位置。例如橱窗陈列:玻璃橱窗要双面书写,进店前吸引顾客,进店后可看到促销信息。收银台为黄金位置,收银台陈列的商品对刺激顾客的购买欲和增加销售有很多意义。主要陈列冲动性购买商品、季节性商品、价格较低及体积较小且毛利较高的商品。摆放了冲动性购买的商品,而且有醒目的赠品区,对顾客在购买前有较高的吸引力,而不是买了商品才提示顾客有赠品。通常主要的促销赠品有唇膏、护手霜、口香糖、棉签、创可贴、棒棒糖、喉片等类。

如果一个商品顾客不能一眼看到,可能减少 50%~100% 的销售机会!

如果一个商品标价签缺失或不够醒目,可能减少 50%~100% 的销售机会!

如果一个药房的音乐让人心情浮躁,可能减少 50%~100% 的销售机会!

点滴积累 ╲ ....

1. 药品按照购买时是否需要医生开具处方而分为处方药与非处方药。

2. 药品的剂型有片剂、胶囊剂、颗粒剂、溶液剂、针剂、混悬液、各种外用制剂等。

3. 药品是特殊的商品。 纳入《国家基本医疗保险药品目录（2017 年版）》的药品和特殊药品等实行政府指导价或政府定价，其他药品由企业自主定价。

4. 药品包装要符合《药品说明书和标签管理规定》（局令第 24 号）规定。

5. 营销人员药品陈列最重要的工作就是让顾客能清楚地了解药品陈列在什么地方。

第二节　推销与劝导的心理学原则

一、人性化的原则

人性化营销是新时代的营销理念,它是随着消费市场的成熟和饱和而出现的,在药品营销工作中也需要遵循人性化原则。

所谓人性化营销原则就是将人性心理学理论应用于营销活动,按照人性基本属性来策划和设计药品营销活动的过程。具体来说就是以人为本、以人为中心,通过满足人的需要,优化人的环境、改善人的关系,全心全意为消费者提供优质的服务,给消费者以人文关怀,充分考虑人性的需求来达成经营的目的。因而,也称为"人本化经营"。人性化营销是商家与消费者在交易中充满温情和爱心的沟通过程,它能够提升消费者从商家的关爱中感受到的情感价值。从而有效地提高消费者的满意度,同时达到促销的目的。要注意以下几个方面。

1. 传统的营销着重单一的商品交易完成,人性化营销则重视培养消费者的重复购买及其对企业或品牌的忠诚,尤其在医疗社区服务过程中,能够赢得消费者,就是这一原则的很好体现。

2. 传统的营销着重产品的性能,人性化营销则重视产品能为消费者所提供的利益。比如保证治疗效果的情况下,能否给消费者提供价格经济的服务。

3. 传统营销只为消费者提供有限的服务,人性化营销则为消费者提供全面并体现人文关怀的高素质服务。比如社区服务中,能否送货上门、能否为老弱病残提供特别的服务等。

4. 传统的营销与消费者只存在有限的接触,人性化营销则强调与消费者进行全面的接触及建立长久的关系,人性化营销的精髓就是"待消费者如亲人"。比如,提醒一下消费者服用药物时的注意事项、配伍禁忌以及药品保存的方法,甚至不要一次性购买过多的药物,以免过期失效等,这些充满人情味的营销行为无疑会对消费者产生很大的感染。

利用所提供的能满足消费者人性需求的产品和服务,塑造自身良好的形象,才使营销活动处于强势的地位。

二、商品为主的原则

目前,药品市场琳琅满目,很多消费者感到无所适从。药品是一个特殊的商品,它不同于其他产品,药的质量好坏直接关系到消费者的生命健康。商家在经营策略上,除了掌握以人为本的原则,还要本着商品为主的原则。从药品方面来看,能够直接影响消费者的因素,主要包括以下两个方面。

1. 药品本身因素　即药品、药品成分、药品功能、产品包装、销售服务等。质量是药品诸因素中的主要因素,是衡量药品使用价值的首要标志。药品的质量特征,可以概括为质量、功能、副作用、安全性、经济性等几个方面。质量是药品的生命,保证药品质量,不仅是消费者购买药品的愿望所在,也是企业实现药品畅销的根本要求。

2. 价格因素　即药品定价、价格优惠、营销折扣、售货条件等。

药品不同于其他商品,没有任何消费者情愿掏钱购买质量没有保证的药品。所以,有些消费者倾向于多掏钱购买高质量的药品,因为他们的经济条件许可,他们认为是在花钱买安全。那么,为了做好市场销售,满足不同需求的消费者,这就要求药品既能够保证基本的质量特征,又能够体现价格的差异。这样就要求药品价格要与市场目标相适应,比如,包装不必华丽、成分不必复杂等。根据药品的种类及功能、宣传等活动,要针对各类不同层次的人群灵活使用促销策略。

商品是企业的根本,没有商品,没有质量,谈发展、营销都是空话。因此药品营销的过程中,营销人员要以商品为主,以商品推动营销,以质量推动绩效,不断地满足消费者的需求。作为营销人员,还应该注意以下几个方面。

1. 商品的好与坏应该是消费者说了算　商品的销售应该以消费者的需求为开始,以消费者的感受为终结。药品营销中我们所面对的都是一些特殊的消费者,药品首先应该保证自身的质量,才能更好地为消费者服务。

2. 及时与消费者沟通　要主动关心消费者,经常与消费者保持联系。听取消费者对商品、服务及其他方面的意见,并及时地向消费者传递有关企业和商品的有关信息,不断改进产品和服务的质量,不断提高消费者的满意度。营销人员与顾客之间的信息、情感的沟通,能够建立长期稳定、相互依赖的关系,还可以从消费者那里获得对产品、服务的宝贵意见和信息,从而更加了解消费者的需求,更好地为消费者服务。

3. 避免出现欺骗和夸大行为　在药品营销过程中,很多医药代表会给医生介绍新药。但是往往很多时候,销售人员为了自身的利益,过分夸大药品的疗效,甚至欺骗医生和患者,隐瞒了药品的不良反应。这种行为加剧了患者的经济和精神上的负担,甚至可能危害到患者的生命安全。从长久来看,更加不利于商品的营销,不利于药品持续长久地发展。

4. 避免虚假广告　广告的目的是使消费者更好地了解产品的信息,方便消费者选择和比较,还可以树立企业形象、帮助销售等。但是很多虚假广告通过夸大产品的功效,诱使消费者购买,不仅使得消费者没有得到有效的治疗,甚至还产生了不良后果。

三、公关促销的原则

当今是市场经济时代,公关促销已经成为营销战略实施手段的重要因素。所谓公关促销,指企业立足于某种促销活动,利用公关手段与社会公众进行有效沟通,树立企业的良好形象与信誉,唤起人们对企业或其产品的好感,赢得公众的信任和支持,为企业销售提供一个长期的良好的外部环境的营销活动。公关促销主要有下面的方式。

1. **散发宣传材料** 公关部门要为企业设计精美的宣传册或画片、资料等,这些资料在适当的时机,向相关公众发放,可以增进公众对企业的认知和了解,从而扩大企业的影响。例如食品批发商利普顿在代理的每50块奶酪中选1块加入1枚金币,同时用气球在空中散发传单大造声势,利普顿奶酪顿时成了市场上的抢手货。利普顿早年为了使他的食品店打开经营局面,请漫画大师为他的橱窗画了一幅漫画,但是没有效果。后来,大师灵机一动又画了一幅别出心裁的漫画:一个爱尔兰人背着一只痛哭流涕的小猪,对旁边的人说:"这头可怜的猪儿成了孤儿,它的所有亲属都被送到利普顿食品店加工成火腿了。"自此,很多人被橱窗吸引,进而走进食品店。

2. **设计公众活动** 通过各类捐助、赞助活动,努力展示企业关爱社会的责任感,树立企业美好的形象。针对商品的销售现状,精心策划,集中开展大型公关活动,可收到开拓市场的奇效。例如山东一家由农民企业家兴建的大型养鸡场,肉食鸡及制成品远销日本、韩国、东南亚数国,国内市场亦有较大覆盖面。但是,近几年肉食鸡市场日益饱和,企业便向其他品种肉食及多种经营,但外界对该企业有先入为主的印象,总是认为它只从事肉鸡生产。于是,利用建厂20周年,将国内外客户等请到公司,举办主题为"不仅是鸡"的联谊活动,取得较好效果。

3. **企业庆典活动** 营造热烈、祥和的气氛,显现企业蒸蒸日上的风貌,以树立公众对企业的信心和偏爱。

4. **制造新闻事件** 制造新闻事件能起到轰动的效果,常常引起社会公众的强烈反响。例如英国一位妇女和丈夫闹离婚,因为丈夫从结婚时就迷恋足球,认为足球是那个"第三者",最后把"宇宙"足球厂告上法庭。该厂老板同意赔偿10万英镑孤独费,并说:"这位太太的控告词,为我厂做了一次绝妙的广告。"善于"制造新闻",这是企业扩大知名度、美誉度、取得竞争胜利的重要手段。

5. **内部刊物** 这是企业内部公关的主要内容。企业各种信息载体,是管理者和员工的舆论阵地,是沟通信息,凝聚人心的重要工具。

6. **发布新闻** 由公关人员将企业的重大活动、重要的政策以及各种新奇、创新的思路编写成新闻稿,借助媒体或其他宣传手段传播出去,帮助企业树立形象。

为了吸引消费者,开展公关促销活动可以采取多种灵活多样的方式。比如从门面、橱窗陈列、店铺布局、柜台组合到员工着装、表情姿势、礼貌用语,时时处处都能体现出企业的经营理念和文明档次,都会给消费者留下印象。

四、推销中的劝导原则

所谓推销中的劝导原则是指在推销的过程中,营销人员为促进消费者购买,运用信息传递、情感融通、利益比较、情景营造等手段,对客户所进行的劝说、诱导等行为。人员推销在本质上就是一个营销人员有意识劝服、诱导客户,激发购买欲望,采取购买行动的过程。因此,推销劝导是人员推销中的核心环节,是推销能够成功的关键所在。顾客的认知、情感、态度、意志、行为会影响顾客的购买心理,因此推销劝导原则主要是针对客户心理过程实施的。

1. **信息传递** 这主要是针对客户认知心理过程的。营销人员在推销中,运用口头语言全面、准确地向消费者传递有关商品、服务及企业的信息,这是整个劝导的前提与基础。首先,运用各种手段引起客户的注意;其次,全面、清楚、准确地向客户传递信息;最后要注意信息反馈,实现双向交流,最重要的是使客户全面、准确地掌握所传递的信息,真正认知商品与服务。

案例分析

案例

药店里来了一位30来岁的女性,进门直接奔向儿童药品货架,拿了一盒小儿氨酚黄那敏颗粒。 然后问店员:"抗生素在哪里?"店员引导顾客来到抗生素柜台,顾客指着柜台上的头孢克洛颗粒说:"请给我一盒头孢克洛颗粒。"这个时候,店员问顾客:"您是给孩子吃还是大人吃? 有什么症状表现吗?"顾客回答:"给孩子吃,不到一岁。 孩子感冒了,而且昨天开始咳嗽。 6个月断奶后,就经常感冒。"店员说:"小孩子断奶太早,免疫系统又没有完全起作用,因此经常感冒。 建议你最好给孩子吃点×××药品,您可以去这边柜台看一下。 鉴于你孩子的这种情况,不到一岁的孩子选择药品时,一定要用更安全及对小孩没有肝肾损伤的产品。 比如可以选择×××这类的药品。"顾客:"这种副作用小吗?"店员:"是的,您可以放心。"顾客:"好的,那我选择这种。"

分析

营销人员在推销中,要准确地向消费者传递有关商品、服务及企业的信息,这是整个劝导的前提与基础。 注意信息反馈,实现双向交流,最重要的是使客户全面、准确地掌握所传递的信息,真正认知商品与服务。 此案例中,店员向顾客传达了小孩用药的信息,并且准确把握顾客的心理需要,对于小孩子来讲,更注重的是安全问题,而不是价格问题。 所以这是一次很成功的营销过程。

---

2. **交际与融通** 这主要是针对客户情感心理过程的。为了消除客户的拒绝与防范心理,营销人员必须重视推销过程中与客户关系的协调问题,解决好推销过程中的情感问题。这就要加强与客户的交际与沟通,运用各种有效手段与方式,促进营销人员与客户的情感融通,满足客户的社会心理需要,从而有效消除客户的拒绝心理,为交易合作提供情感基础。既要尊重对方,还要表达对对方的热情。

尊重与热情的区别

3. **利益比较** 这主要是针对客户态度形成与改变过程的,是整个劝导过程中最关键的环节。营销人员要通过摆事实、讲道理,直至实物展示等方式,帮助客户深入分析购买商品能给客户带来的实际利益;一定要站在客户的立场进行分析,最重要的是使客户自己认识到所能带来的利益;最成功的结果是,客户觉得购买能得到实惠,不买就会丢掉获得利益的机会。

4. **促进与强化** 这主要是针对客户意志与行动进行的。客户形成购买态度,做出购买决策,营销人员要抓住时机,强力促成客户实施购买行动,并运用各种手段,不断强化其购买行为,以尽快完成购买行动。当形成购买态度、做出购买决策之后,客户也有出现逆转而功亏一篑的,所以,这一促进强化行为是重要的。

5. 情境因素的运用 在整个劝导过程中,营销人员有效地运用各种时空情景因素,促进购买是重要的环节。一是营销人员与客户代表在洽谈过程中的社会心理距离与空间距离的巧妙运用;二是在劝导过程各个阶段时机的把握。

五、消费者异议及其转化

消费者异议是指消费者对营销人员及其在推销过程中的各种活动所做出的一种反应,是消费者对营销产品、营销人员、营销方式和交易条件发出的怀疑、抱怨,提出的否定或反对意见。换言之,消费者异议是消费者用来作为拒绝购买理由的意见、问题和看法。例如消费者经常会用"对不起,我很忙""对不起,我没时间""对不起,我没兴趣""价格太贵了""质量能保证吗"等来拒绝购买产品,这就是消费者异议。

作为营销人员应该正确对待消费者的异议。在许多情况下,异议并不是拒绝,有异议表明消费者对产品感兴趣,有异议意味着有成交的希望。营销人员不应害怕消费者提出反对意见,相反应对消费者提出的反对意见表示欢迎,可以通过消费者异议了解对方的心理,从而有助于交易的成功。日本一位推销专家说:"从事推销活动的人可以说是与拒绝打交道的人,战胜拒绝的人,才是推销成功的人。"在实际营销过程中,营销人员碰到的消费者异议五花八门,复杂多样,处理这些异议时,要准确判断消费者异议,灵活运用各种方法。常用的处理消费者异议的方法有下面几种。

1. 转折处理法 对消费者的不同意见如果推销员直接反驳,会引起消费者不快。对此营销人员可肯定消费者的意见然后再从其他角度向消费者解释。这样既维护了消费者的自尊,又能用有关事实和理由婉转地否定异议,进行圆滑地排除异议。例如消费者提出:"这种补钙的药怎么这么贵?"营销人员:"虽然这种药价格比较高,但是它用量小,含的钙成分多,好吸收,用的时间也比较长。这样一算,价格也不贵了。"

2. 反驳处理法 遇到消费者关于品牌声誉、产品质量等原则性的异议,营销人员应该直接否定,维护企业形象和产品质量。营销人员应该依靠事实与逻辑的力量去说服消费者,要始终保持友好的态度,要注重信息的沟通。例如消费者问:"这种颜色会褪色吗?"营销人员回答:"不,绝对不会,试验已经多次证明,我们可以担保。"

3. 补偿处理法 在消费者异议时,先承认其异议的正确性,然后指出产品的优点以弥补产品的缺点,使消费者的心理达到一定程度的平衡,认为购买此产品是值得的。例如买鞋的消费者提出鞋子的价格太高,营销人员承认这一点,但又巧妙地指出:"一分钱一分货,因为是上好的皮子做的,质量好,当然价格也会高一些。"

4. 利用处理法 这种方法是利用消费者异议本身,对业务有利的一面来处理异议,把消费者拒绝购买的理由转化为说服消费者购买的理由。如一位营销人员向一位中年女士推销一种高级护肤霜。消费者异议:"我这个年纪买这么高级的化妆品干什么,我只想保护皮肤,可不像小青年那样要漂亮。"营销人员回答:"这种护肤霜的作用就是保护皮肤,年轻人皮肤嫩,新陈代谢旺盛。用一些一般性护肤品就可以了,人上了年纪皮肤就不如年轻人,正需要高级一点的护肤霜。"

消费者的个性因人而异,处理异议的方法多种多样,作为一名营销人员要做到有备而来,根据具体情况采用因人而异、因人制宜的相关方法灵活处理顾客的异议。

点滴积累

1. 人性化营销原则就是将人性心理学理论应用于营销活动,按照人性基本属性来策划和设计药品营销活动的过程。

2. 营销人员运用信息传递、情感融通、利益比较、情景营造等手段对消费者进行劝说。

3. 营销人员应该正确对待消费者的异议,异议并不是拒绝,有异议表明消费者对产品感兴趣,有异议意味着有成交的希望。

第三节　商谈沟通中的心理学原则

一、沟通的理论与原则

（一）语言沟通

语言是通过由具有共同意义的声音和符号,有系统地沟通思想和感情的方法。语言沟通是一门学问,人们仅仅会说语法无误的句子,还不能进行有效沟通,人们必须掌握不同场合、地点和交际目的一些相关知识,包括背景知识、风俗习惯以及谈话内容与讲话方式等方面的约定俗成的社会规约,使交谈各方能够正确地相互理解,以达到交谈的目的。尤其是在专业性很强的药品营销工作中,如何与消费者展开愉快的交谈,为消费者服务,其中语言策略的正确运用,起着决定性的作用。

1. 沟通目的　药品营销人员与消费者沟通,预期达到语言沟通的目的有二:首先,说出来的话希望被对方接受;其次,做出来的事希望能够成功。例如,营销人员极力宣传某种药品能为消费者带来的利益,是因为我们可以提供这方面的利益。但如何才能达到目的?

孔子说过:"言不顺,则事不成"。营销人员与人沟通完全不讲策略是不行的,但是使用策略颠倒黑白,混淆视听也是不可取的。语言才华与个人天赋有关,也与一个人的自身修养、知识积累有关,在此并不讨论如何提高语言表达的才华,而是希望从药品营销的专业角度就语言的策略性展开讨论,探讨如何使用语言策略来影响消费者的消费心理。

2. 沟通形式　在药品营销工作中常见的语言沟通的三种形式如下。

（1）陈述观点:与消费者沟通,是为了说服对方接受自己的观点,并认同自己。而要达到这样的目的,一定要注意采取有利于对方的沟通方式,令对方觉得所陈述的观点、主张确实有利于自己,是自己所需要的。

首先是诉诸利益,这是营销过程中最关键的环节,如果你所诉诸的利益确实是对方所需要的或最感兴趣的,那么营销人员就成功一大半了。然而,对于利益的陈述,不是简单地将利益讲清楚就可以了,还需要营销人员临场发挥,在沟通中作进一步地修饰,学会站在对方的角度考虑问题。此环节切忌学会背诵固定的销售台词,只是一味机械地照本宣科。那样,只会引起消费者的反感。

(2)回答问题:药品营销活动过程中,消费者会就自己所需要购买的产品提出各式各样的问题。回答问题的要领在于简单明了,尽量不要过于随便地发挥,也不要轻易地表态。回答消费者问题的内容也需要策略,不是想怎么说就怎么说,应注意说话的场合与背景。有时在回答消费者的问题时,营销人员生怕回答得不够详细,恨不得把所知道的全都讲出来。殊不知一方面言多必失,话说多了有可能会导致相反的效果;另一方面,讲得越多,消费者对营销人员的心理透视也越深入,就会很被动。因此,营销人员较好地回答问题的技巧是——点到为止,虽然表面上看起来似乎轻松随意,但是仔细分析就会发现其所讲的每句话,都是有前提且埋下伏笔的,不是随随便便地脱口而说的。

(3)提出反驳:营销人员有时需要对消费者就产品提出的质疑进行反驳,此时,不应把目标定在说服对方,应当把这一环节作为一种试探消费者心理虚实的策略。反驳别人的观点,不是说服别人的最好办法,却是了解别人真实想法的有效办法。营销工作中与消费者沟通不是举行辩论赛,说服消费者不是靠论理明确、论据充分,而是靠消费者心甘情愿的认同。记住,与消费者洽谈生意,谈的不是道理,而是合作。道理只是形式,合作才是根本。把消费者说服了并不能够获得合作,把消费者说得心动了才能够获得合作。因此,不要用反驳的方式来证明自己、打击消费者(当然,与竞争对手较量时适当的反驳会很重要),应当用反驳的方式来刺激对方,从而获得更多的信息。需要说明的是,这些语言表达的要领,只适合特定情形下的沟通,而不是适合所有场合。因而其特殊的沟通思维方式,与人们平时的习惯性思维是有一定的区别的。在不同的环境与情形中,语言沟通的特点是不同的。

3. 营销工作常用语言方式　营销人员在工作环境中所使用的语言应该从"生活随意型"转到"专业型"。生活中人们可以不需多加考虑而随心所欲地表达出来个人的想法、看法,但在工作环境中就必须养成合适的修辞与专业表达的逻辑性。下面列举的一些语言表达虽然意思相差不多,但由于表达的方式不一样,会使消费者产生不同的感觉,从而影响到与营销人员之间的关系。

(1)选择积极的用词与方式:沟通用语应当尽量选择体现正面意思的词,保持一个积极的态度。比如说,"很抱歉让您久等"。这"抱歉""久等"实际上在潜意识中强化了对方"久等"这个感觉。比较正面的,较好表达可以是"非常感谢您的耐心等待"。又比如,想给消费者以信心,说"这药并不比上次那种效果差",按照上面的思路,应当说"这药比上次的那种效果好",即使消费者这次真的有些麻烦,也不应当说"你的问题确实严重",若用"这种情况有点不同往常"会更有利。

(2)用"我"取代"你":有专家建议,在有些句子中尽量用"我"取代"你",会让语气更和缓,更容易被人接受。比如,用"您好,告诉我你的名字吧?"来取代"你叫什么名字?";用"对不起我没说清楚,它的使用方式有些不同……"取代"你错了,不是那样使用!";用"当然我会立即把它寄给您,我能知道你的名字和地址吗?"来取代"你必须把名字和地址给我,才能给你寄去"。

(3)在消费者面前维护营销企业的形象:如果有消费者抱怨他在前一个部门所受的待遇,为了表示对消费者的理解,应当用"我完全理解您的苦衷"取代"你说得不错,这个部门表现很差劲"。

当消费者的要求无法满足时,用"对不起,我们暂时还没有解决方案"来取代"我也没办法"。用"我一定尽力而为"来取代"我试试看吧"。

如果消费者要求打折、减价,用"如果您买5瓶以上,我就能帮您"而避免说"我不能帮你,除非你买5瓶以上";用"根据多数人的情况,我们目前是这样规定的"来取代"这是公司的政策,不能为你改变"。

在交谈中,上述交际知识和语言表达方式的积极使用就是"语言策略"的运用。能够灵活掌握和运用"语言策略",就能够在各类场合、地点与他人成功沟通。在药品营销活动中有些用语可以使用统一规范的推销语言,但更多的是表达技巧的熟练掌握,以及"语言策略"的娴熟运用,以使自己与消费者的沟通过程体现出最佳的营销形象,带给消费者美好、舒适的体验。

(二)非语言沟通

营销人员应当重视自己的非语言表达,将其融入自己的言语表达中。因为非语言表达是交流的双方沟通信息、建立感情和良好关系的基本条件之一。通过非语言表达的情绪和情感比语言更加真实和准确,影响力更大。但同时,非语言沟通是较模糊的,而且是持续地、多渠道地呈现较多的情感状态,并且有文化上的差异。

1. 非语言行为在咨询中的作用

(1)加强言语:对语言起强化作用,并将语言赋予情绪色彩。

(2)配合补充:以非语言行为协助完成所要表达的意思。

(3)反馈调节:非语言行为可提供线索,使双方了解沟通的质量,以及是否还需要继续进行。

(4)传情达意、取代语言:非语言行为可以非常准确地传递情感,表达意愿。

2. 在营销活动中常用的非语言表达方式

(1)目光注视:在传递信息的部位中,眼睛是最为重要的,它可以传递极为细微的信息。如果消费者的目光一直停留在营销人员的面部,认真倾听,表示对营销人员的话很重视。沟通时注视对方的眼睛而不是前额或肩膀,表明对其重视程度较高,这样做能使对方深感满意,也能防止他走神。但更重要的是,营销人员通过这种方式树立了自己的可信度。如果对方对沟通感到不满甚至厌恶,会避开营销人员的眼光,借以逃避。

> **知识链接**
>
> #### 从面部表情看对方心态
>
> 　心理学家珍·登不列顿谈到推销员如何了解顾客的心理时说,假如一个顾客的眼睛向下看,而脸转向旁边,表示你被拒绝了。假如他的嘴是放松的,没有机械式的笑容,下颚向前,他就可能会考虑你的建议。假如他注视你的眼睛几秒钟,嘴巴乃至鼻子的部位带着浅浅的笑意,笑容轻松,而且看起来很热心,这个买卖就做成了。

(2)面部表情:面部表情的主要功能在于传达个人的情绪状态,如肯定与否定、接纳与拒绝、积极与消极、强烈与轻微的情绪。营销人员的表情可传递真诚、热情；消费者的表情可帮助判断其内心的顾虑、犹豫和疑问等。

（3）身体语言：人的身体语言的变化，往往能够反映人的心理状况的某种变化。如，双手交叉于胸前常常代表内心的防卫，表示否定和疏远；反复重复某一小动作，表示内心的焦虑和冲突。注意观察消费者的身体姿势，在营销交谈过程中非常重要。坐着或站立时挺直腰板给人以威严之感；耷拉着双肩或者翘着二郎腿可能会使某个正式场合的庄严气氛荡然无存，但也可能使非正式场合更加轻松友善；不由自主地抖动或移动双腿，能泄露从漠不关心到焦虑担忧等一系列的情绪；无论面部和躯干是多么平静，只要叉着双臂或抖动着双膝，都会明白无误地显露内心的不安。

二、建立关系的沟通原则

人际关系是指人与人之间，除去外力的干扰而建立起来的心理关系。维持良好人际关系的原则有以下几点。

1. 相互性原则 人际关系的基础是彼此间的相互重视与支持。任何个体都不会无缘无故地接纳他人。喜欢是有前提的，相互性就是重要的前提，我们喜欢那些也喜欢我们的人；我们帮助别人，同时也希望获得别人的帮助。人际交往中的接近与疏远、喜欢与不喜欢都是相互的。在药品营销活动中，消费者的心理活动是：花钱要值得，要买质量好、效果好的药品，不花冤枉钱；要求营销人员热情、真诚、耐心服务，解释要专业，要能够提供帮助。而营销人员则希望在可能的情况下，尽量将药品推销出去。如果消费者和药品营销人员不能相互满足其心理需要，就会产生相应的冲突，所以，营销人员应该掌握良好人际沟通的原则和技巧，恰当处理好上述冲突和矛盾，使营销活动顺利进行。

2. 交换性原则 人际交往是一种社会交换过程。交换的基本原则是：个体期待人际交往对自己是有价值的，在交往过程中的得大于失或得等于失，至少是得不要太少于失。根据这一原则，在营销活动和其他商业谈判等活动中，"双赢"大概是双方都能够接受的最好结果。人际关系的发展取决于双方根据自己的价值观进行的选择。

3. 自我价值保护原则 自我价值是个体对自身价值的意识与评价。自我价值保护是一种自我支持倾向的心理活动，其目的是防止自我价值受到贬低和否定。由于自我价值是通过他人的评价而确立的，个体对他人评价极其敏感。对肯定自我价值的他人，个体对其认同和接纳，并反过来予以肯定与支持；而对否定自我价值的他人则予以疏离，与这种人交往时可能激活个体的自我价值保护动机。在日常生活中，有些消费者的消费动机，就是出于对自我价值的保护。因此，药品营销者要学会以合作代替竞争，满足对方的自我价值保护的动机，用退让、赞同的方式解决冲突，以避免双方陷入非赢即输的竞争情境。

4. 平等原则 交往双方的社会角色和地位、影响力、对信息的掌握等方面往往是不对等的，这会影响双方形成实质性的情感联系。但如果平等待人，让对方感到安全、放松与尊严，我们也能和那些与自己在社会地位等方面相差较大的人建立良好的人际关系。消费者在购买过程中为实现自己利益的最大满足或追求某种需要的满足而主动交易时，往往会显得谨小慎微、服从、客气,甚至会讨好和奉迎营销人员。但这样也往往会使双方处在不平等的状态,这种状态下的营销活动在某种程度上隐藏着某种危机,比如交易进行得不顺或者太顺,消费者往往会产生对营销人员的疑虑和否定。

知识链接

人际沟通的 3A 原则

第一个 A（accept）就是接受对方。简而言之,是要求我们在商务交往活动中,与外人打交道时,要宽以待人,不要对对方求全责备,不要刁难对方、难为对方、麻烦对方、打断对方,让对方在你面前感觉到难堪。交谈时所谓的三不准就是:不要打断别人,不要轻易的补充对方,不要随意更正对方。

第二个 A（appreciate）是指重视对方。这个词的本意实际上是欣赏对方。如何向别人表示欣赏和重视呢?商务礼仪给了我们很多技巧可以借鉴。第一个非常重要的技巧,就是在人际交往中,善于使用尊称;还有一点非常重要,就是要记住对方。

第三个 A（admire）是指赞美对方。这里说的赞美,是指对交往对象,应该给予的一种肯定。在商务交往中,要肯定对方,也有一些基本的技巧可寻。第一点是要实事求是找到对方的闪光点;第二点是要懂得适应对方。

三、印象形成过程中的心理原则

(一) 首因效应与近因效应

在印象形成的过程中,信息出现的顺序对印象形成有重要影响。最初获得的信息的影响比后来获得的信息的影响更大的现象,称为首因效应;最新获得的信息的影响比原来获得的信息的影响更大的现象,称为近因效应。首因效应是第一印象作用的机制。第一印象一旦建立,对其后的信息的组织、理解有较强的定向作用。一般来说,熟悉的人,特别是亲密的人之间容易出现近因效应,而不熟悉或者少见的人之间容易产生首因效应。

作为营销人员来说,在与消费者接触的过程中既要注意平时给对方留下的印象,同时更要注意给对方留下的第一印象和最后印象。接触消费者的时候要给对方真诚、热情、信任、专业的感觉,这样消费者才会对其有一个好的印象。

(二) 光环效应

光环效应,也称晕轮效应,是指个体对认知对象的某些品质一旦形成倾向性印象,就会带着这种倾向去评价认知对象的其他品质。最初的倾向性印象似一个光环,使其他品质也因此笼罩上类似的色彩。

光环效应是一种以偏概全的现象,一般是在人们没有意识到的情况下发生的。由于它的作用,一个人的优点或缺点变成光圈被夸大,其他的优点或缺点也就退隐到光圈背后视而不见了。甚至只要认为某个人不错,就赋予其一切好的品质,便认为他使用过的东西、他要好的朋友、他的家人都很不错。比如我们常说的情人眼里出西施、一叶障目,不见泰山、一好百好、爱屋及乌等。

在营销活动中,营销人员可以利用光环效应,比如说名人效应。名人可以帮助品牌树立起良好的形象,还可以建立熟悉感,增强广告的亲近感和信任感,提高广告的知名度。作为消费者可能会过分注意名人而忽视其他广告信息,所以应尽量避免光环效应,正确看待广告,学会思考和鉴别。产品质量永远第一位,学会利用消费者权益保护法,并且要与不法广告产品商作斗争。

(三)刻板印象

人们通过自己的经验形成对某类人或某类事较为固定的看法叫刻板印象。人们会基于性别、种族、外貌等特征对人进行归类,认为一类人具有比较相似的人格特质、态度和行为方式等。刻板效应在社会生活中十分常见,具有代表性的如种族偏见、民族偏见,还有诸如"某某省的人怎样怎样""某某市的人又如何如何"之类的言论,都是刻板效应在现实生活中的反映。

刻板印象具有社会适应的意义,能使人的社会知觉过程简化。但在有限经验的基础上形成的刻板印象往往具有消极的作用,会使人对某些群体的成员产生偏见,甚至歧视。

性别刻板印象

(四)投射效应

投射效应是指将自己的特点归因到其他人身上的倾向,是指以己度人,认为自己具有某种特性,他人也一定会有与自己相同的特性,把自己的感情、意志、特性投射到他人身上并强加于人的一种认知障碍。比如,一个心地善良的人会以为别人都是善良的;一个经常算计别人的人就会觉得别人也在算计他等。俗语"以小人之心,度君子之腹"就是这个意思。

点滴积累 ∨

1. 语言沟通中,有些句子中尽量用"我"取代"你",会让语气更和缓,更容易被人接受。

2. 人际沟通的原则有:相互性原则、交换性原则、自我价值保护原则和平等原则。

3. 营销人员要注意给消费者留下的第一印象和最后印象。

第四节 营销者的心理沟通技术

一、言语沟通技巧

营销人员要发现并满足消费者的需求,就应该及时地去探询消费者的需求。探询消费者的需求常用的方式是问问题,通常有两种发问的方式。

1. 开放式询问 开放式询问通常使用"什么、为什么、能不能、愿不愿意、如何"等词来发问,让消费者就有关问题、思想、情感给予详细说明。

开放式询问能让消费者有思考的余地,并且能够详细地表述,而不是迅速地以一句话来应对,其目的是发现消费者的需求。运用开放式询问既可以询问事实,也可以了解消费者的感觉。比如我们可以问何人、何事、何地、为何、多少等了解客观事实,也可以了解消费的需求、期待和关注的事情,了解他们心中的想法和觉得重要的事情。

2. 封闭式提问 封闭式提问通常使用"是不是、对不对、要不要、有没有"等词,回答用"是、否"简单答案。对这种询问消费者只能在你提供的答案中进行选择。由于封闭式询问只能向对方提供有限的信息,而且容易使得消费者产生紧张情绪,缺乏双向沟通的气氛,所以常常用于澄清事实,获得重点,对一些情况的确认。

营销人员在介绍药品时,一定要实事求是,否则就是欺骗消费者。营销人员要实事求是地介绍药品的产地、质量、特点、疗效、性能、服用方法、服药禁忌,以及药品的毒副作用,当好顾客的用药参谋。切忌夸大药品功能,给消费者以误导。消费者受骗一次后,下次就再也不会来购买药品,最终吃亏的还是销售者。所以,对待顾客一定要真诚,因为这是在为他服务,而不是在向他强行推销药品。

二、非言语沟通技术

非语言沟通指的是以表情、手势、眼神、触摸、空间、时间等非自然语言为载体所进行的信息传递。在信息传递的过程中有这样一个公式:信息量(100%)= 语言(35%)+非语言(65%)。非言语是非常真实的,并且能比语言传递更多的信息。非语言主要包括面部表情、手势语、触摸、个人空间、服饰、辅助语言和类语言等。

(一)目光注视的技术

1. 目光注视的时间 人与人在交流的时候,目光的交流总是处于非常重要的地位。目光不仅表达人际关系的亲疏程度,也能表达人际间支配与被支配的地位关系。一般来说,恋人之间可以保持长时间的目光接触;对于陌生人,只能与对方保持一个短暂的目光接触;如果在与人交谈时,用专注的眼神注视对方,会使人感觉你是一个认真倾听的人,对交谈话题感兴趣。但长时间的盯视,也会令人误以为是你对别人的一种冒犯;长时间左顾右盼,是不感兴趣的表现;翻白眼是对对方的反感和不满。若想与别人建立良好的默契,应有60%~70%的时间注视对方,这会使得对方开始喜欢你。

2. 目光注视的部位 目光的运用与交际者眼睛注视的部位有关;与停留的时间长短有关;与注视的方式有关。有些人在与我们交谈时看起来不值得信任,有些人会令我们不自在,有些人却使我们很舒服。

目光注视的种类和部位主要有三种:第一种是社交式注视,是人们在社交场合所广泛使用的注视方式,是用眼睛注视对方的双眼和口之间的三角部位。第二种是公事式注视,在业务洽谈和贸易谈判中使用的一种注视方式,注视的部位是对方的双眼和额头中部的三角形部位。第三种是亲密注视,指的是亲人、挚友、恋人之间使用的注视,两人的眼光相互融合,注视区在双眼至前胸之间。

(二)触摸的技术

触摸是指一种人与人之间的皮肤接触,包括抚摸、搀扶、依偎、握手、拥抱等。科学家帕斯曼等人研究发现人类对友善的触摸不仅产生愉快,而且会对触摸对象产生依赖。在人际沟通中,双方在身体上互相接受的程度是对情感上互相接纳水平的最有力证明。比如分别多日的朋友的热烈拥抱、握手,恋人之间的亲吻,夫妻之间的亲密接触等。通常我们在人际交往中,只有当双方的关系达到一定的层次以后才会情不自禁地触摸对方,以示爱意和关怀。因此关系一般的朋友礼节性的握手即可。亲密的朋友之间,除了握手外,还可以灵活地使用拍手、拍肩膀、拥抱等方式来表达热烈的情感。所以触摸一般只在非常亲密的人际关系中才能出现并且被接受。而在非亲密的人际关系中,它的出现往往被看作一种失礼、侮辱甚至威胁的表现。

(三) 个人空间的技术

当你在写日记的时候,如果半米之内有另外一个人在做着些与你无关的事,你是否觉得很不自在?如果你看到一对陌生的男女,女的附在男的耳边说了几句,你会怎样判断他们的关系?这就是人际交往中的空间距离,也就是我们跟他人进行沟通时,我们该离对方有多远。美国心理学家爱德华·霍尔曾经专门研究人际交往中人们选择人际距离的规律。他认为,人们在人际交往中根据交往关系的不同程度,可将个人空间划分为四种距离:亲密距离(0~45cm);个人距离(45~120cm);社交距离(120~360cm);公众距离(360cm以上)。

个人空间圈

案例分析

案例

一位年轻女士漫步走入店内,在店内柜台前边走边看,一会儿停下来看看柜台内的药品,一会儿又抬头好像考虑什么。店员走近她的身边打招呼:"您好,请问您需要哪方面的药?"那位女士说:"我先自己看看。"没走几步,她又停在保健品柜台前,开始翻看那些促销宣传品。店员见状,又走过来招呼:"是要买保健品吗?"话没说完,顾客扔下一句"随便看看"就快步走了。

分析

每个人跟别人交往时,都需要有一定的个人空间。作为店员在跟顾客打完招呼后,要观察顾客的反应,考虑顾客来这里的目的性,并且注意与顾客保持一个合适的空间距离。避免过近接触造成顾客心理的警惕和不舒服的感觉。

(四) 服饰

在人际交往中,人们总是先看到一个人的外表、身材、长相、服饰,从而产生一定的心理感觉。人的长相、身材是与生俱来的,难以改变的,但一个人的外表却可以通过着装而发生变化。服饰最能改变一个人的精神面貌,因而被称为人类的"第二皮肤",在我们与人沟通时发挥着重要的作用。

服装搭配时需要注意这样几个方面①服饰搭配要和谐:服饰搭配要注意颜色、款式等。比如西装不能和运动鞋搭配,运动服不能和高跟鞋搭配。要把长短不同,颜色各异的衣服穿到一起,让人感到整体和谐并非易事。一些时装设计师认为下装的色彩与上装相同或相近,浑身的色彩不要超过四种等。②服饰搭配要与自身和谐:服饰打扮要与你的气质、身材、体形相协调。比如长脖子就不要穿低领,可采用高领、围巾等。③有新意:指每个人都要跟着时代走,不能太滞后,也不能太超前。④注意场合、年龄和身份:穿衣服要注意场合,比如参加晚宴不能穿牛仔服,参加会议不能穿短裤。着装还要注意符合自己的年龄和身份。

三、倾听技术

消费者能提出他自己的见解与想法说明他对你介绍的产品产生了兴趣,表示他想接受你的产品。这时营销人员要做的就是聆听。倾听是指营销人员通过自己的语言和非语言行为向消费者传达一个信息:我正在很有兴趣地听着你的叙述,我表示理解和接纳。倾听包括营销人员通过身体传达的专注,以及心理的专注,是一个积极参与的过程。

1. 营销人员身体的倾听(非语言行为) 指营销人员的全身姿势,传达出他对消费者的关切,愿意聆听与陪伴。Egen 提出了下列五要素(简称 SOLER)。

(1)面对来访者(squarely):并非正面对正面,面向一词也可以作象征性理解,关键是你要将身体朝向当事人,能够告诉当事人,你正与他同在,是一种表达投入的姿态。

(2)开放的身体姿势(open):是一种显示接纳当事人的态度。

(3)身体稍向前倾(lean):我们经常可以看到两个进行亲密交谈的人上身自然地向对方倾斜。它是一种体现关切的交流手段,表达了你正全心身地投入到当事人所关心的问题上来的心理。

(4)保持良好的目光接触(eye):眼睛是心灵的窗户。可传达对来访者的关切,温暖、支持与重视。

(5)身体姿势放松自然(relax):放松意味着表情大方自然、泰然自若。不仅使你自然而然,更有信心,也有助于当事人来访者保持轻松状态。

2. 营销人员心理的倾听专注、准确地倾听,利用各种感觉途径去获得消费者整个信息。

(1)倾听并非仅仅是用耳朵听,更重要的是要用头脑、用眼睛、用心灵去听。用耳朵去听消费者说话及其语调;用头脑去领会话语中潜在的信息;用眼睛去注意来访者的手势,身体姿势等行为表现;用心灵去设身处地地感受。

(2)不仅在于听,还要有参与,有适当的反应。反应既可以是言语性,也可以是非言语性。鼓励性的反应有,点头和言语("是的、噢、确实、然后呢、嗯"等)。常用某些简单的词、句子或动作来鼓励消费者把会谈继续下去,这是一种倾听的技巧,简便实用,效果较好。最常用、最简便的动作是点头,但点头时应认真专注,充满兴趣,并且常配合目光的注视,同时这种点头要适时适度。

(3)倾听更重要的是要理解消费者所传达的内容和情感,帮助其澄清自己的想法。

设身处地地倾听,出发点是为了了解而非为了反应。更加积极主动地参与到谈话者的思路中,尤其是当消费者流露出某些重要的信息时,如果及时加以澄清就会知道客户的根本需求,引起客户的共鸣。

优秀的营销人员会让消费者感受到你在用心为他服务,关心他的问题,询问他的意见,在了解他的真正需求后提供解决之道。客户自然会愿意敞开心扉地与你交流。

四、自我开放的技术

自我开放亦称自我暴露、自我表露,指营销人员提出自己的情感、思想、经验与消费者共同分享。

自我开放的程度,由浅到深,大致可分为四个水平。首先是情趣爱好方面,比如饮食习惯、偏好等;第二是态度,如对人对事的看法和评价;第三是自我概念与个人的人际关系状况,比如自己的自卑情绪,和家人的关系等;第四是隐私方面,比如个体不为社会接受的一些想法和行为等。一般情况下,关系越密切,人们的自我暴露就越广泛、越深刻。

(一) 自我开放技术的功能

1. 增进彼此的吸引力,增强信任感,加深关系。营销人员将个人类似的经验与消费者分享,增强信任感,缩短彼此的距离。

2. 鼓励当事人进一步吐露与探讨问题。

3. 产生示范作用。营销人员自我表露的经验,可以协助消费者了解行为的可能后果,作为解决问题的参考。

4. 协助当事人集中注意力探讨问题的关键部分。

5. 协助当事人得到启示,对问题产生不同的看法。

(二) 自我开放的技术要点

1. 从你希望别人知道信息开始(可能是你自己的出身背景或你对某件事、某个人的想法等)。

2. 决定你愿意冒多少险。自我表露必须承担的风险为对方可能会有意或无意说出你自我表露的内容,因此让你承受压力或伤害。

3. 较深一层的信息要逐渐披露。自我表露通常要由浅入深,并通过这一过程来辨认对方会不会伤害到你。

4. 在长期关系中才做亲密的自我表露。自我表露需因人而异,不可一视同仁。

5. 当对方有对等表露时才可持续自我表露,以平等对等的方式呈现自我表露,才能保护自己。

五、理解的反应技术

1. **内容反应**　内容反应也称释义或说明,是指营销人员把消费者的主要言谈、思想加以整理,再反馈给消费者。营销人员选择消费者的实质内容,用自己的语言将其表达出来,最好是引用消费者言谈中最有代表性、敏感、重要的词语,使得消费者所叙述内容更加明朗化。

2. **情感反应**　着重于对消费者的情绪反应。与内容反应的区别是,内容反应着重于对言谈内容的反应。比如"你说你的同事在背后挑拨是非",这是内容反应;而"你似乎对他非常气愤",是情感反应。

3. **具体化**　具体化指协助消费者清楚、准确地表达他们的观点、所用的概念、所体验到的情绪以及所经历的事件。可以澄清消费者模糊不清的观念、过分概括的事情,通过具体化可以还其本来面目,并让消费者明白真相。

六、人际影响技术

人际影响技术主要在于说服别人改变他们的态度或行为。营销人员可以利用信息诉求的方式改变消费者的态度。

1. 理性诉求 理性诉求就是向消费者表明产品的具体功效及其具体利益,比如药品的症状、功效等。例如某营销人员推销老年人保健药品通过理性诉求,可以突出公司产品在研发、功效、成分等硬件方面的与众不同,因为这样才能真正促使消费者购买,比如可以突出此公司的权威地位,产品的独特疗效,在同类产品中的权威地位,介绍产品的化学成分、针对性作用等,消除人们对产品功效的怀疑,满足消费者理性方面的诉求。

2. 情感诉求 感性诉求就是迎合消费者的心理,给消费者好感,给予一定的心理满足。例如对于营销人员推销老年保健品的情感诉求方面,可以倡导孝心,搜集资料整理成孝心手册,制作宣传孝心的宣传栏,或者一些孝心案例等。

3. 恐惧诉求 恐惧是对真正或可感知的威胁做出的一种正常的生理反应,是一种企图摆脱危险的逃避情绪,是人失去安全感时的一种基本的心理状态。马斯洛的需要层次理论提出,人有对安全的需要。恐惧是一种最普遍、最基本、最共性的情绪。因此,针对消费者普遍存在的担忧、恐惧情绪,药品营销人员可以把购买药品的利益和不购买的危害,向消费者描述出那些使人不安、担心、恐惧的事件的可能性,从而促使消费者改变意愿。

4. 比较诉求 药品营销人员可以运用比较的方式改变消费者的态度,促使他购买此产品。比如可以比较药品的价格、性能、口感等突出的优点。常用的比较有前后比较、更新前后比较、竞争品牌比较、自我比较。

七、人际冲突及处理

所谓人际冲突是指人与人之间的互动出现不同的兴趣、观点或意见。冲突的处理是指运用不同的方法来解决人际冲突。

心理学家萨提亚提出,常见的人际冲突和交流处理的方式有指责、讨好、超理智、打岔和真实一致的回应。

1. 指责 面对冲突采用的方式是指责对方,如同高高在上的检察官,好像在说:"如果不是你,所有的事情都会很顺利。"例如有人跟他们说:"你这个人很无聊。"这种人会说:"你才无聊呢!你比我还无聊""我怎么无聊了,关你什么事啊?"这种人内心是孤独而失败的。

2. 讨好 他们使用讨好、逢迎的语气说话,努力取悦对方,表示抱歉或者从不反对,对什么都说"是",一味地屈从让步。例如有人跟他们说:"你这个人很无聊。"讨好者会说:"对不起,我错了。告诉我,我哪个地方不对,我一定改。你说的对,我这人就是太没意思了。"

3. 超理智 这种人看起来处理问题冷静和镇定。他们信奉的信条是讲正确的话,不表露任何情感,对事情没有反应。其实内心也是脆弱的。例如有人跟他们说:"你这个人很无聊。"这种人会说:"无聊这个词的涵义是什么呢?我认为无聊的人也有他的优点。"完全忽略了自己的感受和别人的感受。

4. 打岔 面对冲突,他们会说一些不相关的话,没有任何意义的话。这种人所做的和所说的都是与他人所说所做毫不相关的,他们没有对冲突做出回应。他们内心的感觉是混乱的。例如有人跟他们说:"你这个人很无聊。"这种人会运用其他的话题岔开,比如会说:"你刚才干什么去了?你吃饭了吗?"等之类不相关的语言。

5. 真实一致的回应　正确面对冲突,这种人以平等的方式讨论交流问题。例如有人跟他们说: "你这个人很无聊。"这种人会说:"你对我现在是这样的一种看法。听了你的话,我感觉挺受伤也不理解。你能不能告诉我,我哪些地方让你有这样的感受呢?"

真实一致的回应是人际关系中处理冲突的最佳方式,因为在平等的交流中能有开放思考,而且双方是平等的。然而以这种平等交流的方式处理冲突并非易事,因为它需要彼此合作,也就是参与者必须客观地表达对问题的看法,坦诚面对彼此的感觉和信念。此外,双方感觉到有冲突时,必须愿意后退一步,都能系统地去解决问题。

▶▶ **课堂活动**

请同学们思考自己在生活中常用的处理冲突的方式?　举例说明你在生活中见过的指责、讨好、打岔、超理智、真实一致的回应的事例。　分析一下自己当时的感受。

点滴积累 ∨

1. 营销人员在询问消费者需求时常采用两种发问方式: 封闭式询问和开放式询问。
2. 倾听并非仅仅是用耳朵听,更重要的要用头脑、用眼睛、用心灵去听。
3. 营销人员可以利用理性诉求、情感诉求、恐惧诉求、比较诉求的方式改变消费者的态度。
4. 真实一致的回应,平等交流的方式是人际关系中处理冲突的最佳方式。

目标检测

一、选择题

(一) 单项选择题

1. 与人正式交谈时,目光注视对方的时间应占整个交谈时间的(　　)

　　A. 1/3　　　　　　　　　　B. 2/3　　　　　　　　　　C. 80%

　　D. 50%　　　　　　　　　　E. 100%

2. "情人眼里出西施"属于哪一种心理效应? (　　)

　　A. 第一印象　　　　　　　B. 光环效应　　　　　　　C. 刻板印象

　　D. 投射效应　　　　　　　E. 首因效应

3. 非语言表达**不包括**(　　)

　　A. 面部表情　　　　　　　B. 目光注视　　　　　　　C. 语量语速

　　D. 身体姿势　　　　　　　E. 个人空间

4. 下列关于处方药和非处方药**错误**的说法是(　　)

　　A. 药品按照购买时是否需要医生开具处方而分为处方药和非处方药

　　B. 处方药可以在医院或者零售药店的处方药店专柜购买

　　C. 非处方药可自行购买或者在药师指导下购买使用

D. 国际上通常用 prescription drug 表示,简称 R 表示非处方药

E. 非处方药的适应证是那些患者可以自我判断的轻微症状

5. 关于药品陈列的原则**不正确**的是(　　)

A. 药店中处方药和非处方药应分柜陈列

B. 品名或包装容易混淆的应分区陈列

C. 药品中的危险品和其他药品应分柜陈列

D. 药店中拆零药品应集中存放于拆零专柜,并保留原包装的标签

E. 药店摆放药品时要整洁、美观、丰满、定位

6. 在消费者异议时,先承认其异议的正确性,然后指出产品的优点以弥补产品的缺点,使消费者的心理达到一定程度的平衡,这是哪种方法?(　　)

A. 转折处理法　　　　　　B. 反驳处理法　　　　　　C. 补偿处理法

D. 利用处理法　　　　　　E. 人性化营销

7. 营销人员把消费者的主要言谈、思想加以整理,再反馈给求助者,这属于什么技术(　　)

A. 内容反应　　　　　　　B. 情感反应　　　　　　　C. 具体化

D. 内容表达　　　　　　　E. 面质

8. 下列哪种询问属于封闭式询问(　　)

A. "您需要点什么?"　　　　　　　　B. "你决定买还是不买?"

C. "为什么喜欢这一类药品?"　　　　D. "我能帮您做点什么?"

E. "您觉得这个药怎么样?"

9. 老师在教室上课属于个人空间中的(　　)

A. 亲密距离　　　　　　　B. 个人距离　　　　　　　C. 社交距离

D. 公众距离　　　　　　　E. 适度距离

10. 下列对倾听理解**错误**的是(　　)

A. "说"的多才能够说服消费者购买

B. 倾听理解当事人的言语信息

C. 倾听时,要有参与和适当的反应

D. 消费者的需求和期望都是由"倾听"而获得的

E. 倾听并非仅仅是用耳朵听,更重要的要用头脑、用眼睛、用心灵去听

(二)多项选择题

1. 推销中的劝导原则主要运用什么手段,对客户进行劝说、诱导(　　)

A. 信息传递　　　　　　　B. 情感通融　　　　　　　C. 利益比较

D. 情景营造　　　　　　　E. 促进与强化

2. 关于药品的包装,下列说法正确的是(　　)

A. 药品包装要体现人性化

B. 药品包装可以使用个性化的不同字体

C. 药品包装不得在药品标签中标注与药品无关的内容

D. 对不同药品,药品包装可以设计不同的象征性图案

E. 药品包装要体现安全性、环保性、便利性等人性化要求

3. 在药品营销工作中常见的语言沟通的三种形式是(　　　)

　A. 陈述观点　　　　　　　B. 回答问题　　　　　　　C. 提出反驳

　D. 自我暴露　　　　　　　E. 促进与强化

4. 建立关系的沟通原则包括(　　　)

　A. 相互性原则　　　　　　B. 交换性原则　　　　　　C. 自我价值保护原则

　D. 平等原则　　　　　　　E. 人性化原则

5. 营销人员可以利用信息诉求的方式改变消费者的态度,常见的信息诉求有(　　　)

　A. 理性诉求　　　　　　　B. 情感诉求　　　　　　　C. 恐惧诉求

　D. 比较诉求　　　　　　　E. 道德诉求

二、问答题

1. 简述药品陈列的类型和方式。

2. 简答自我开放技术的要点。

3. 简答公关促销的主要方式。

三、实例分析

一位顾客走入某药店,顾客问营销人员:"请问有消炎药吗?"营销人员:"有。"顾客:"麻烦给我看一下。"营销人员拿了一盒给顾客。顾客:"还有其他牌子的消炎药吗?"营销人员:"有。"试分析营销人员存在哪些方面的问题。

（李静静）

第七章

药品营销人员的心理素质

导学情景 V

情景描述：

　　新入职的药品营销人员小张去拜访经销商王先生。见面后，小张向王先生详细介绍了自己所营销药品的产品特性、销售策略，但当王先生询问该药品与市场中已存在的竞争药品的区别和优势时，由于小张对竞品不甚了解，再加上比较紧张，导致与王先生的沟通非常不顺利，营销活动没有取得理想的效果。

学前导语：

　　上述案例中，新员工小张由于自身问题导致营销活动出现失误，其中原因很多，最重要的一点是小张还没有完全具备一名药品营销人员所应该的良好心理素质。本章重点阐述药品营销人员所应该具有的基本心理素质和能力，以及培养药品营销人员素质和能力的原则及内容。

学习目标 V

1. 掌握药品营销人员应具备的基本素质。
2. 了解获得药品知识的基本渠道。
3. 了解营销人员的基本能力要求。
4. 熟悉药品营销人员素质和能力培养的原则和内容。

　　我国医药产业伴随着市场经济的不断发展和社会经济环境的不断变化，已经走向了全面开放的时代，很多地区将其视为当地经济的一项重要支柱产业。但是由于我国市场经济起步较晚，我国医药企业与国际同类企业相比还存在着许多不足。比如，研发力量相对低下，相关的专业营销人员和有效的营销手段相对短缺，致使我国的医药企业一直没有真正做大做强。企业想在变化万千的医药市场中求得生存，就必然依赖于药品营销人员综合素质的提高，要求其不但要掌握扎实的医药学基础知识，还要有深厚的社会经验以及优秀的心理素质。如何使医药企业持续、健康地发展，药品营销人员的心理素质和能力的不断培养及提升成为了关键。

第一节 药品营销人员的基本素质

一、药品营销人员的职业道德与业务素质

营销专家们经常提到,一个优秀的营销人员,应该具备学者的头脑、艺术家的心、技术者的手、劳动者的脚。药品是一种关乎生命健康的特殊商品,故对从事药品营销活动的人员有更加严格的要求。不仅要求其掌握相关的医药学专业知识和具备相应的实际操作能力,还从职业道德、人文修养和心理健康水平等多方面提出更高的要求。

(一)药品营销人员的职业道德

职业道德是指人们在职业活动中应遵循的行为准则,无论在哪一个行业都是十分重要的。药品营销人员职业道德的基本原则是药品营销人员与患者之间、药品营销人员与社会之间、药品营销人员相互之间的关系必须遵循的根本指导原则。药品营销人员职业道德的基本原则被概括为"提高药品质量,保证药品安全有效,实行社会主义的人道主义,全心全意地为人民健康服务"。

1. 遵纪守法,爱岗敬业 药品营销人员是医药企业和药品消费者沟通的桥梁,是医药产品、信息和相关服务的提供者,必须充分认识到自己工作的价值和意义。遵纪守法,爱岗敬业对药品营销人员的具体化要求主要体现在两个方面。

(1)合法经营:药品营销人员在药品经营活动中,要做到合法经营。首先,充分理解《药品管理法》《药品经营质量管理规范》(简称GSP)和《药品流通监督管理办法》等相关的法律、法规、政策以及职业道德对合法经营的重要意义,注重职业道德和对药事法律法规的学习,动态更新法律法规理论知识,不断提高法律素质。其次,应在职业道德和法律框架内开展药品采购、销售及咨询等职业活动,自觉维护药品生产、经营、流通等领域的正常秩序,严禁假劣药品进入流通领域,杜绝行贿、带金销售等恶性营销行为。

(2)忠于职守:药品营销人员在职业活动中,应践行"忠诚"理念,不断树立强烈的事业心和高度的责任感,培养职业的使命感、幸福感和荣誉感。要牢固树立"客户第一,服务至上"的营销理念,以精益求精的职业品质和刻苦钻研的精神,形成良善的职业态度和职业作风。真正以提高人们健康水平和生命质量为宗旨,全心全意为医药消费者服务。药品销售人员应不断加强对医药基础知识、药品经营管理知识等专业知识的学习,不断提高业务素质,科学合理地实施药品营销活动。

2. 质量为本,真诚守信 诚信是药品营销人员职业道德的核心,在药品营销人员的职业活动中,涉及的质量包含药品的质量和服务的质量。药品往往关系到人的生命健康,所以确保药品的质量和服务的质量显得尤为重要。而真诚守信是做人、做事的基本准则,虚假失信行为将会损害集体、个人的荣誉及利益。质量为本,真诚守信对药品营销人员的具体化要求体现在以下两个方面。

(1)质量意识:"药关人命,质量第一",药品营销人员必须牢固树立质量意识,把好药品流通环节的质量关,对可能引起药品质量改变的因素积极预防和处理,销售符合国家质量标准的药品,确保人们用药安全有效。同时,作为药品营销人员,应明确消费者购买的不仅仅是产品,还有期望,他们

更多地希望在获得实体产品的同时也获得心理上的满足。改善服务质量,提高顾客的满意度,已成为企业和营销人员求生存的最佳途径。

(2)实事求是:实事求是就是严格按照客观实际思考或办事。在药品营销活动中,应依据药品相关知识真实地介绍药品,不夸大药品的功效或作用,不缩小或掩饰药品的不良反应及缺陷,力求做到真、诚、实。同时,还要实事求是地处理消费者的意见、抱怨及投诉。中国自古有一大批药商凭借"戒欺""修合虽无人见,存心自有天知"的经营理念而久负盛名,如历史上著名的以同仁堂、胡庆余堂为代表的百年老店,都是以实事求是而使产品和企业名扬天下。

3. 急人所难,救死扶伤　药品营销人员所从事的是一种维护人们生命健康的服务性职业,服务的最终对象是身患疾病的人群。在职业活动中,应急他人之所急、想他人之所想,坚持"以人为本,以人为中心",平等地尊重人、关怀人、照顾人,热心主动帮助别人解决困难,充分体现救死扶伤及全心全意为人民服务的精神,在为他人服务中体现职业价值。首先,药品营销人员应一视同仁。无论贵贱贫富、怨亲善友,均应一视同仁,将消费者的利益放在首位,平等地为每一位消费者提供热情周到的服务。其次,药品营销人员应业务熟练。只有不断地丰富医药知识和职业技能,才能为消费者提供优质的服务,尽到职业责任。

4. 文明经商,注重礼仪　文明经商,注重礼仪是遵循社会主义经济体制下的经营思想、经营作风和经营道德的要求。认真执行价格政策,客观地对待竞争对手,坚持原则,公平销售,不得利用工作之便谋取私利,对于紧缺药品要按规定供应。礼仪的基本要求是贵在尊重、注意细节、有始有终、避免禁忌。药品营销人员应注重商务礼仪,培养礼仪素养,不断改进服务方式,改善服务态度,做到主动、热情、耐性、周到。

ER 7-1

"戒欺"的由来

知识链接

药品营销人员的工作职责

1. 与潜在的客户联络、沟通,确定潜在客户的需要。

2. 向潜在客户说明药品(药学服务)的卖点及能够给客户带来的利益。

3. 应对客户的反对意见或拒绝。

4. 通过说服与沟通,获得客户的订单。

5. 拟定营销计划,完成营销工作所涉及的各种表格,并获得回报。

6. 售后支持与药学服务工作,通过各种有关的药学服务引起客户的好感,赢得忠诚。

(二) 药品营销人员的业务素质

药品营销人员应具备的业务素质是指掌握相关的业务知识,具备相应的实践与操作能力。丰富的业务知识和优秀的业务能力可以让药品营销人员充满自信和力量,如果没有充分的知识储备,营销人员在工作中很容易陷入被动。因此药品营销人员必须储备多方面的知识,并培养相应的能力。

1. 知识结构　药品营销人员既是一个营销人员同时还是医药专业技术人员,要想取得销售的成功,必须具备较强的学习能力,通过学习掌握丰富的专业知识。其知识结构主要包括以下几个方面的内容。

(1)基本理论:药品营销人员应当掌握必备的有关药剂学、药理学、药物化学和药物分析等学科的基本理论、基本知识以及药物与生物体相互作用、药效学和药物安全性评价等基本方法和技术。熟悉相关的医学知识、药事管理法规政策与市场营销的基本知识。丰富的理论体系有助于提升药品营销人员的销售能力和技巧。

(2)药品知识:药品知识涵盖的范围非常广泛,它是指药品营销人员销售一种药品所需要具备的各种知识,包括药品的基础知识、药品的外围知识、药品营销的诉求点等几个方面。药品营销人员在工作中要全方面地了解所经营药品的相关知识(如图7-1),只有这样,才能够准确地向消费者作介绍,才能正确推荐药品,给消费者提供科学合理的建议,保证消费者用药安全有效,取得消费者的信任。

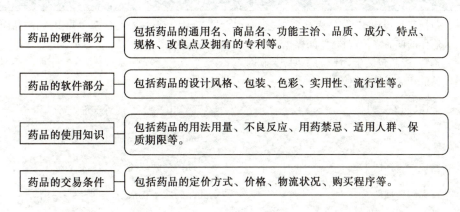

图 7-1 药品的基础知识

(3)消费者知识:药品营销人员要掌握一定的心理学、社会学、营销学等社会科学方面的基本理论和知识。在实际工作中必须知道面对的目标客户是谁,目标客户需要的服务是什么,满足目标客户的方法有哪些。只有善于分析和了解各类目标客户的特点,才能针对各类目标客户的不同心理状态,制定或采取不同的、恰当的药品营销策略。

(4)公司知识:营销人员代表的是公司企业的形象,如果有关自己公司的问题不能迅速做出明确的回答,往往会给消费者留下不好的印象。因此,掌握公司主要管理人员的资料、经营的范围和经营的产品、近期的重大举措、远期的发展目标等相关信息是现代药品营销人员需要具备的业务素质之一。

2. 知识的运用 有了知识不等于就会运用,必须将所学的知识应用于实际工作中,不断地从理论到实践,再从实践到理论反复验证、升华。发挥人的聪明才智,在实战中使知识成为销售的工具和武器,使知识变成财富和力量,这就是知识的运用能力。

3. 身体素质 知识再渊博,还要身体力行,药品营销工作是复杂的脑力劳动与辛苦的体力劳动的结合。药品营销人员的工作流动性和活动性较大,连续作业时间也较长。每天在市场的最前沿与各种各样的人打交道,工作过程中涉及推销、谈判、应酬、进货、送货等各个环节。如果没有良好的身体素质和心理素质作保障,没有吃苦耐劳的精神,很难胜任这份具有挑战性的工作。因此,药品营销人员应养成良好的生活习惯,坚持身体锻炼,合理饮食,保持良好的心态,以健康的体魄、清醒的头脑、旺盛的精力、饱满的热情投入到销售工作中。

4. 礼仪素养　商务礼仪是在商务活动中体现相互尊重的行为准则,用来约束我们日常商务活动的方方面面。其核心作用是体现人与人之间的相互尊重,因此商务礼仪在药品营销活动中,就显得更为重要。药品营销人员应当掌握在商务活动中的礼仪规范,培养自身的礼仪素养,以教养体现细节、细节展现素质。商务礼仪包括仪表礼仪、接待礼仪、会议礼仪、电话礼仪等。

获得药品知识的渠道见表7-1。

表 7-1　获得药品知识的渠道

获得途径	主要内容	具体意义
通过阅读	包括药品说明书、公司内部资料、企业制作的产品宣传资料、新闻媒体刊载的资料、产品包装上印制的说明、专业网站的相关产品介绍等	营销人员可以掌握产品的基本知识,如产品用途、外观、技术、保存方法等
通过相关人员介绍	上司、同事	了解药品知识和产品的诉求重点等
	生产制造部门人员	了解药品的生产流程、加工工艺、制作方法等
	营销广告部门人员	了解药品的品牌战略、销售政策、促销政策等
	技术服务部门人员	了解药品的技术构成、技术指导与培训等
	研究开发部门人员	了解药品的专利、研究过程、技术特征等
	竞争者和消费者	了解药品的市场地位、竞争状况、客户的使用情况等
通过自身实践积累	自己在营销过程中的心得体会	有主观认识、优点和缺点,从而扬长避短
	客户的意见	根据客户的反馈及时调整
	客户的需求	有需求就有销售
	客户的抱怨	正面了解药品的不足,加以改善
通过药品说明会	展销会、体验活动等	受众量大,节约宣传成本

二、药品营销人员的能力要求与自信心

(一) 药品营销人员的能力要求

药品营销活动是一种以特殊商品为主体的营销活动,药品营销人员所需要的能力也是多方面的,不仅要懂得一定的药品知识并具备娴熟的市场运营能力,还要能够洞悉客户的特殊需求,同时还要能够创造性地拓展市场、维系好客户关系。概括来说,作为工作在一线的药品营销人员应该具备以下能力。

营销人员的
谈吐礼仪

1. 自我管理的能力

（1）适应能力：适应能力是指人为了在社会更好地生存而进行的心理上、生理上以及行为上的各种适应性的改变，以期达到和谐状态的一种能力。药品营销人员只有具备很好的适应能力，才能在企业内部很好地生存，在企业外部很好地为企业带来利益。一名合格的药品营销人员，在企业的内部应该能够适应企业文化、管理理念、运营方针、发展策略等，要从内心产生一种归属感和认同感；在企业外部，要能够适应不断变化发展的市场环境、不同地区的文化风俗习惯、不同客户群体的差异性需求。营销人员只有通过不断地学习和改变，提高自身适应企业内外部环境的能力，才能更好地发挥一名营销人员的作用，为企业带来更大利益。

（2）承压能力：市场营销作为企业运营中最具挑战性和成就感的工作之一，往往也伴随着巨大的工作压力。如何通过营销获得客户的认同，最终将产品销售出去，是一项高挑战、高收益的工作。它给营销人员带来的压力首先来自于企业的硬性销售指标，其次是销售主管的要求，最后也是最具压力的是客户的态度。作为一名营销人员，如果不具备较强的承压能力，做不到以积极的态度面对困难，调整心态，积极向前，营销工作则不可能顺利开展下去。

（3）管理能力：成功的营销人员不同于一般的业务人员，他更像一名管理人员，肩负着管理渠道、管理客户、管理团队、管理市场等使命。因此，其还应具备较多的管理知识和较强的管理能力。

2. 沟通交流的能力

（1）交际能力：营销的本质是关系，是连接，而人与人之间的连接就是交际。交际是一门艺术，需要通过自身的不断积累，并在与他人的交流过程中不断加以修正。营销人员交际能力提高的过程其根本是自身修养的提高，是自我不断完善与发展和人格魅力形成与提升的过程。营销人员在具体交际过程中，既要能以对方的利益与需求为出发点，又要能坚持自己的原则，并把握应有的尺度。

（2）沟通能力：沟通的本质是将自己的思想清楚明白、准确无误地传达给对方，并准确无误地理解对方想表述的问题。工作在药品营销行业一线的从业人员几乎每天都要在不同的场所或环境下接触不同类型的客户，他们的需求千差万别，营销人员如何和他们打交道，如何有效地解决不同的问题，这都需具备较强的沟通能力。良好的语言沟通能力，是获得客户信任和支持的有效途径，把自己的观念、信念、方案、方法推销给客户，是一名成功的营销人员必备的素质。营销的实践经验表明，营销中出现的大多数问题，都是由营销人员与客户之间的沟通不畅导致的。要学会通过沟通，实现双方的共赢。

（3）说服能力：说服能力，是营销沟通中的关键所在，是交易双方达成共识，完成销售的核心点。营销过程中，营销人员会遇到的一个很重要的问题是"客户不信任你怎么办"，而没有说服力的交流与表达是毫无价值的。一名优秀的药品营销人员，必须要具备良好的说服能力和技巧，引导客户认同自己的观点，最终达成购买行为。

（4）控制能力：对客户以及营销过程的监控和把握是营销人员控制能力的主要体现。"过程决定结果"，为了实现预期的营销目标，营销人员必须在营销流程中对各项影响营销活动的因素进行监控。只有对流程进行有效的控制，才能做到"规定的人在规定的时间完成规定的事"，做到

"出了问题知道问题出在什么时间、什么地方和什么人身上",这样才能为营销责任体制建立有效的基础。

3. 市场分析的能力

(1)观察能力:客户深层次的需求是不容易被发现的,这就需要营销人员具备敏锐的观察能力。语言是最直接的沟通方式,但容易出现偏差,通过敏锐的观察,可以把握一些通过语言沟通无法得到的信息,才能为营销人员进一步把握客户的心理以及正确地满足客户需求打下良好的基础。交易双方都是为了特定的利益而从事交易活动,交易本身就是一个各取所需的过程,因此任何一个参与交易的主体为了维护自身利益都会尽可能地掩饰自己的真实需求和意图,自己的利益诉求点是不会轻易显露出来的。这就要求药品营销人员在交易的过程中,透过现象看本质,以交流沟通为切入点,通过自己的观察,挖掘客户真实的利益诉求点,从而为谈判找到突破口,做到真正意义上的知己知彼。

(2)分析能力:营销人员在具备敏锐的观察能力的同时,还应该具备良好的分析判断能力。药品营销人员所面对的客户多是在本行业中从业多年,熟悉相关业务,并具有丰富营销经验的商务人士,营销人员只有在与其交流的过程中,不断分析判断对方的观点和真实意图,才能更好地制订出策略,让对方认可自己的观点,最终实现合作和共赢。

(3)计划能力:"凡事预则立,不预则废",营销人员在工作中应该做好两项计划,一个是个人的计划,即职业规划;第二个是工作计划。营销工作的性质往往使工作带有很大的随意性和突发性,营销人员如果没有计划性,往往会造成每天忙个不停,但重要工作被无限期拖延的结果。

(4)组织能力:药品营销人员组织能力的应用体现在在两个方面,一是组织会议的能力,二是组织相关活动的能力。营销人员需具备高效地策划、组织、实施好各项活动,争取有利于活动开展所需要的各项资源,然后整合所能掌握的资源,去落实活动有效实施的能力。

(5)决策能力:"做正确的事胜于正确地做事",一个营销人员的决策和拍板能力也同样重要。营销管理中强调"预防性的事前管理要比补救性的事后管理重要",即强调了决策能力的重要作用,当今快速变化的市场环境也要求营销人员能够根据市场出现的新情况、新特点果断决策,及时调整自身的营销策略。

4. 学习领悟的能力

(1)学习能力:时代不断地变化,客户不断地成长。在这个快速发展的时代,除了变化,没有什么东西是不变的,而学习则是让营销人员了解外部世界、跟上客户步伐的最有效途径。优秀的营销人员总能凭借出色的学习能力,最大程度地把握到社会与客户的发展变化,以知识为后盾不断地提高自身各方面的能力和素质,这样才能为企业不断地提供新的营销策略,为企业不断地带来更多的利益。

(2)领悟能力:良好的悟性是任何一名优秀的营销人员所必须具备的一个特性。一名优秀的营销人员,不仅仅要善于观察和分析问题,还要通过悟性,把问题变成机会,进而抓住机会,提高营销的成功率。

知识链接

情商和逆商

情商（emotional intelligence quotient，EQ）全称情绪商数，是一种自我情绪控制能力的指数，由美国心理学家彼德·萨洛维于1991年提出，属于发展心理学范畴。

逆商（adversity quotient，AQ）全称逆境商数、厄运商数，一般被译为挫折商或逆境商，是指人们面对逆境时的反应方式，即面对挫折、摆脱困境和超越困难的能力。1997年，加拿大培训咨询专家保罗·斯托茨博士出版《挫折商：将障碍变成机会》一书，第一次正式提出挫折商的概念，用以测试人们将不利局面转化为有利条件的能力。

（二）药品营销人员的自信心

营销人员的自信心主要表现在对营销职业的自信、对自身能力的自信、对公司的自信、对产品的自信四个方面。药品营销人员要相信企业能为自己提供好的工作机会，营销工作是自己发挥才能的机会，怀着这种信念，才会产生自豪感，努力工作。自信心还来自对所营药品的信赖，只有相信所营销的药品质量优良，为用户所满意，才会满腔热情积极地开展营销工作，用自己积极的心态去感染客户。同时，药品营销人员的自信心很大程度上来源于以上各种能力的高低，一般能力强的人员自信心相对较好，反之能力较弱的人员自信心相对较差。

营销人员性格测试

三、药品营销人员所应具备的心理素质

在营销实践中，人们发现许多成功的营销人员具有许多不同的个性和心理特点，很难用性格内向、外向来描述。营销过程就是沟通和交流的过程，会受到许多复杂因素的影响。国外学者进行的相关研究有很多，其中美国经济学家梅耶（David Mayer）和林伯格（Herbert Greenberg）避开了对一般品质的研究、讨论，直接深入到作为一名优秀营销人员所具有的核心素质。他们列出了营销人员应当具有的最基本的心理素质如下。

1. 感同力，即善于从消费者角度来考虑问题。

2. 自我驱动力，就是想达成销售的强烈的个人意欲。

3. 自信力，有办法使消费者感到他们自己的购买决策是正确的。

4. 挑战力，即能够将各种异议、拒绝或障碍看作是对自己的挑战，从不服输。

我国学者也对此有所研究，尽管结论多样并不统一，但也可以总结出一定的规律。因此，对于药品营销人员的心理素质要求主要包括以下几个方面。

（一）稳定的情绪

在药品营销的过程中，市场环境变化万千，甚至非常复杂。如果能够顺利交易，当然会使人感到愉快；如果发生矛盾或无端遭受指责，则会感到委屈和沮丧。营销人员的情绪会随情境的变化而发

生一定的波动,这种波动势必会被消费者在不知不觉中感受到,而产生相互影响对营销活动是消极和不利的。因此,药品营销人员必须在工作中保持乐观而稳定的情绪。情绪的稳定与否取决于情商的高低。药品营销人员要从工作出发用良好的态度、理性的方式与各种类型的消费者打交道,融洽相处。只有对消费者理解、包容,才能与消费者取得共识。不卑不亢的态度也是可取的,进可攻、退可守,给自己留有充分的回旋余地。

(二)坚强的意志

药品营销人员在与客户打交道的过程中,可能会因为各种主观或客观的原因,在工作中造成困难和障碍,而要想在复杂多变的营销环境中实现与客户的有效沟通,完成药品营销的工作和任务,就必须具备坚强的意志力和良好的意志品质。

药品营销工作是辛苦、曲折的,同时还要承受来自各方面的压力。许多人在面对压力的情况下会产生畏惧的心理,如果不能用坚强的意志力去克服挫折和困难,则会导致工作的失败。一个优秀的药品营销人员应当通过付出努力,充分挖掘自身的潜能,从内心对工作拥有强烈的责任感和自信心,并把工作作为一项神圣的事业来看待,只有这样才能保持工作的动力源泉,也一定能够享受到成功的快乐。

案例分析

案例

小张和小李是大学同学,毕业后又进入同一家医疗器械企业从事营销工作。三个月过去了,小张得到了晋升,而小李还在原地踏步。小李很不高兴,他认为自己的工作能力不比小张差,于是他找到总经理要求得到解释。总经理微笑地听完了小李诉说的不满,然后对他说:"今天咱们先不讨论这个问题,我们的新产品要做个产品上市计划,你和小张去市场上看看,销售同类医疗器械的企业有多少家,三天后给我结果。"三天后,小张和小李一起到总经理办公室汇报工作,小李提供的调研报告只有薄薄的一页,而小张提供的调研报告上则详细地列明了这些企业的规模、具体位置、经营类型、价格策略以及同类竞品的详细资料。总经理把两份报告递给小李看:"这就是你所要的答案。"小李无言以对。

请同学们想一想,小李没有得到晋升的真正原因是什么?

分析

小李在工作上采取的是一种被动的心态,是接收的心态;而企业则希望每一位员工都具有主动的心态,活跃的心态和主人翁的心态。

主动是什么?主动就是"没有人告诉你而你正做着恰当的事情"。在竞争日益激烈的时代,被动就会挨打,主动就是为了给自己增加锻炼的机会,增加实现自己价值的机会。企业只能给你提供道具,而舞台需要自己搭建,演出需要自己排练,能演出什么精彩的节目,有什么样的收视率完全取决于你自己。

(三)豁达的性格

药品营销人员的性格是决定其行为倾向的最重要的心理特征之一。在药品营销过程中,营销人员很多时间会遭遇到客户的拒绝和抵触。优秀的药品营销人员应当具有谦虚、热情、诚恳、谅解等性格特征。对客户保持应有的尊重,把注意力放在排除障碍上,要看到障碍背后潜在的需求,将潜在需求转化为现实需求,营销才会取得成功。因此,优秀的营销人员总是把拒绝看成是销售的前奏。另一方面,营销人员要培养独立性、事业心和责任心等性格特点。

(四) 良好的气质

气质好坏虽然不能直接决定营销人员的工作业绩,但是可以影响其感情和行为,影响营销活动的效率。这就要求营销人员在工作中按照职业要求对自己的先天气质进行自觉的改造,发扬积极的一面,去除消极的一面。比如,胆汁质气质类型的营销人员要克服心境变化剧烈、脾气暴躁、难以自我控制的特点,发扬外向、直爽热情的特点;黏液质气质类型的药品营销人员要发扬其举止平和、头脑冷静、做事有条不紊的特点,注意自己不够灵活、行动迟钝、速度较慢的特点,展示自己符合职业要求的良好气质。

(五) 活跃的创新思维

创新是永恒不变的主题,对于药品营销人员而言创新也是必不可少的。活跃的创新思维主要体现在以下几个方面。

1. 迎接挑战　进入 21 世纪以来,科技发展日新月异,新的理念、新的业态、新的工具不断出现。药品营销人员常常要面对新的环境、新的面孔,还要应对各种复杂的、变化的甚至是突如其来的市场情况。这就要求营销人员具有灵活的应变能力以迎接市场挑战,在不失原则的前提下,灵活实施应变行为,针对变化的情况,及时采取必要的营销对策。因此,优秀的营销人员需要保持旺盛的工作热情,把握市场脉搏,努力学习,不断更新业务知识,只有这样才能不断地自我提高,不断地创造一个又一个的销售契机。

2. 突破自我　在营销活动中,最大的对手是自己。商场如战场,营销人员应当勇于挑战自我、突破自我,善于发现自我的内在需求,需要不断地进行自我激励与自我超越。只有这样才能够处变不惊,才会有冲破传统束缚、开辟新营销方式的可能。

3. 创新开发能力　任何一种成型的营销方案和营销策略都不可能满足所有的现实需求。实践可以使任何先进的、独特的营销理念成为过去。因此,要求营销人员需要不断更新营销理念,清晰地了解现代营销的发展方向,还要掌握和超越一些销售技巧,并且不断去实践,形成自己的特点,走出自己的路子,才能有强大的生命力,在激烈的市场竞争中出奇制胜。

创新过程首先是自我斗争的过程,要相信自己的创造力,以公正客观的角度看问题,养成独立思考的习惯,不亦步亦趋、人云亦云,善于透过绝望看到希望,在胜利中发现危机。这样,才有可能在营销活动中提高创新能力。

善于把握销售中的一切机会,也是一种创新。机会不是突然降临的,不是现成的收获,而是不断追求的酬劳,是艰辛劳动的成果。机会属于有准备、有头脑的人。销售过程中的机会包括动机的准备、观念的准备和才能的准备。销售的成功是在一定的概率中实现的。创新开发能力还表现在信息反馈上。根据市场变化,及时将新信息反馈,为营销制订规划、实施新的市场战略、推销战略、找到商机奠定基础。

第二节　药品营销人员的素质与能力培养

就目前我国医药产业发展的现状,可以把药品营销人员分为三类:第一类是经验型人员,就是靠长时间从事药品营销活动,积累了大量营销经验,但没有相应的医药学教育背景,而且营销的专业知识也非常缺乏,显得办法不多,完成工作的质量不高;第二类是医药型人员,这类人员毕业于专业的医药院校,有着丰富的医药学知识,但通常欠缺一些营销方面的知识,虽然能胜任一定的医药营销工作,但工作完成质量也只是处于中游的水平;第三类是营销型人员,营销型人员有很强的营销专业知识,可是医药学知识又非常缺乏,没有专业的医药知识做支撑,学术推广的工作就很难以胜任。所以,如何培养高素质的药品营销人员,对我国医药产业的健康、高速发展有着重大的意义。

一、药品营销人员素质与能力培养的原因

我国医药企业对营销人员培养的原因主要来自于以下两个方面。

(一)外部环境因素

1. 市场的变化可谓变化万象,不确定因素太多,所以营销人员要应对医药市场的环境变化必须要有丰富的营销知识和过硬的营销技能。随着市场经济的不断发展,国家相继颁布和实施了一系列医药市场相关的政策法规。如《药品管理法》和《反不正当竞争法》的颁布,意味着专业化的营销模式进入了国内市场,药品营销人员的营销模式也必然发生改变。

2. 由于知识经济和信息化的影响,客户管理、个性化服务体系的建立要求药品营销人员不但要掌握营销知识,还要掌握相当的信息技术以用于管理客户。

3. 行业竞争对手拥有素质高能力强的营销团队,也是产生医药企业本身对自身营销人员培养的迫切需要。

(二)企业内部因素

1. 医药企业要合理地开发和利用人力资源,改变新的竞争核心,对营销人员进行培养。

2. 医药企业营销转变系统职能,方可发挥营销系统应有的作用。调整营销人员,并对其进行培养,如知识、能力、技能等方面。

3. 营销人员是把医药企业的产品推向市场的重要连接点,营销人员有着特殊的地位。用激励的方式对营销人员进行培养,既可以对其知识、技能、能力有所提高,提高员工对企业的忠诚度,还可以令其在工作时发挥其积极性和创造性。

二、药品营销人员素质和能力培养的原则

(一)战略目标导向原则

现今医药企业人力资源的管理已经处于战略性的管理阶段,战略目标和目标提供的支持可以使培养活动产生更大的附加值。医药企业的人力资源部对药品营销人员的培养机制是建立在企业的

需要和发展战略上,以营销人员的开发、职业生涯的开发和医药企业自身的开发去实现员工个人需要、职业理想和医药企业战略"三合一"为根本目标。因此,药品营销人员素质和能力培养应和企业战略目标导向保持一致,以全方位服务医药企业战略发展。

(二)岗位绩效导向原则

营销人员素质和能力培养着眼于缩小员工当前绩效与理想绩效之间的差距,岗位绩效确保实现部门业务目标,从而支撑医药企业战略目标的实现。

岗位绩效考核主要包括员工的工作能力、平时表现(请假、怠工、抱怨)、意外事件、参加培训的记录、离(调)职访谈记录等,在药品营销过程中首先应该了解其具体的工作职责,这样便于获得其个人的考核绩效记录。

(三)以"学习人"为本的导向原则

知识经济的条件下对营销人员的培养与开发已成为医药企业获得持久竞争优势的重要途径。医药市场的竞争已日趋激烈,为了企业能更好地站稳脚跟,企业对员工的培养需要更广泛。员工通过培养学会了共享知识,用知识来武装自己的素质,以及调整产品和售后服务。而医药企业的最终目的,是创新一种全体学习的学习型文化和气氛,提高员工的创新和学习能力,使得企业成为文化型医药企业。无论是营销人员培养活动还是开发活动,目的都是为员工成为"学习人"而服务。以"学习人"为导向的营销人员素质和能力培养,有利于在医药企业内部营造学习氛围,为医药企业实现员工的持续培养与开发提供良好的工作环境,从而提高医药企业人力资源的整体竞争实力。

(四)关注员工的职业生涯发展规划

只有让企业员工亲自去体会培养时,得出的分析结果才是最具可靠性和针对性的。只有员工自己亲身经历了或是以团队基础的身份参与培养活动中的设计、讨论和实施,才可以真正达到培养的效果,使之主动接受培养而不是被动地强迫性地接受培养,从而使培养的效果更好地转化到实际的工作中来。

(五)重视动态因素,增强营销培养的灵活性和适用性

随着市场经济的发展,医药企业的内、外部环境都在不断地发生着变化,营销人员的素质和能力培养的要求也要随之改变。任何培养规划都不是永不变的,要灵活应用,及时根据医药企业需求或员工的变化而进行相应的调整,以增强其灵活性和适用性。

三、药品营销人员素质和能力培养的内容

(一)进行相关素质提升方面的培训

对于人员素质的提升,培训发展是永恒的主题。然而针对药品营销人员,相关的素质提升培训主要包括以下几个方面。

1. **医药企业和文化培训** 医药企业的员工有权利也有义务了解该企业状况,比如医药企业的历史、发展状况、经营目标、组织机构及相关的规章制度等,特别是与工作密切相关的各项制度和政策,如价格、折扣政策、供货要求和标准、客户档案的运用和管理、促销活动的安排和实施制度、宣传

品和礼品的发放制度等。其次是医药企业的文化包括价值观念、企业精神、制度规范、习俗仪式、英雄人物以及物化环境等,这些企业文化的内容有利于药品营销人员在医药企业内部素质的提升,从而成为企业所需要的营销人才。

2. 产品知识和医药专业知识的培训　产品知识和医药专业知识是药品营销人员必备的知识,培训的内容应该主要集中在药品的处方成分、功能主治、使用方法、使用期限、储存养护方法、药品的卖点以及了解生产工艺和生产厂家等方面。

3. 市场及行业知识的培训　医药企业应该定期组织市场和行业趋势发展的相关培训,尤其是新的相关法律法规政策等,这样有利于提高药品营销人员敏锐的市场观察能力和判断能力,时刻提醒着他们不忘记市场环境对药品营销工作的影响,从而提高药品营销人员的市场适应能力。

4. 促销技巧的培训　促销技巧的培训可以侧重于药品营销人员的工作态度、说话技巧、倾听、微笑、与客户的沟通时间、真诚度以及有针对性的表扬等方面,这些内容的培训都有利于药品营销人员情商的提高。

5. 障碍训练　障碍训练可以起到同时提高药品营销人员情商和逆商的作用。逆商是指当营销过程中出现各种各样不利于营销工作进展的状况时,药品营销人员在心理和生理上的表现。例如当进行客户拜访时,经常会遇到客户工作繁忙,需要等待或者客户根本没有时间接待,甚至遭到客户拒绝时的抗挫折能力训练。对经常在售后服务过程中客户提出的不满或异议处理,应该心情放松、避免紧张,正面对待、不可逃避,尊重客户、仔细倾听等训练。

(二)在药品营销企业营造一种和谐竞争的氛围

竞争是一种普遍存在的社会现象,它是个体或群体为达到一定的目标,力求胜过对方取得优势而表现出的对抗性行为。药品营销工作的特点决定了群体的竞争是很明显的事实。在医药企业营造一种和谐竞争的氛围,可以很好地提升营销组织群体中人员的素质。例如,各个营销事业部、各个区域之间的竞争等。

1. 竞争可以增强个人工作或学习的动机　竞争通过增强工作和学习的动机,可以制订应达到的目标,通过提高这个目标的标准,点燃实现目标的热情,激发自身的潜能,提升自身的素质,从而实现更高目标。

2. 竞争可以证明自己存在的价值　有些药品营销人员通常通过打败对手来证明自己的价值,对于这种人来说,对手只是自己实现目标的工具,他们不但关注对手的优缺点,同时通过发挥自己的优点,提升自己的素质而不断利用和削弱对手,从而证明自己存在的价值。

3. 竞争有利于提升营销群体的整体素质　竞争过程除了使群体内部更加团结、更加有凝聚力、成员对群体更加忠诚之外,对于群体内部成员的素质提升也是很有帮助的。这样和谐的群体内部势必会互相学习,共同发展,明确各自的优缺点,从而既有了学习的榜样,又有了素质提升的隐形教导者,这当然有利于营销人员素质的提升。

竞争的营造有利于营销人员素质的提升,但也要注意非和谐的竞争环境对药品营销人员的素质提升可能会起到相反的作用,从而不利于企业的长远发展。

（三）激励

激励作为心理学的术语,指的是激发人的动机,诱导人的行为,使其发挥内在潜力,为实现所追求的目标而努力的心理活动过程。针对药品营销人员素质提升主要的激励方式有心理激励和物质激励。

1. 心理激励　指通过满足药品营销人员的社会心理需要,调动药品营销人员积极性的方式,主要包括以下几种。

（1）目标激励:指通过设置有诱惑力的目标来调动药品营销人员积极性的激励方式。管理者通过设定药品营销工作目标、营销人员的个人成长目标,乃至营销人员的生活目标来激发药品营销人员努力实现目标的主动性和创造性。

（2）参与激励:管理者通过多种形式,吸引员工参与决策、控制等营销组织管理活动。例如,成为药品营销机构办事处经理等来激发其参与的满足感和对管理的认同感,以及自我表现的心理,从而调动其积极性,自觉主动地提升自身的素质。

（3）感情激励:上级管理者通过与员工的感情融通,使营销人员渴望交际和寻求归属的心理得到满足,从而很好地调动营销人员的积极性。

（4）尊敬激励:管理者利用多种机会信任、鼓励、支持下级,满足其希望获得尊敬的心理需要,从而很好地提升其自身的素质,调动其积极性。

（5）榜样激励:管理者通过宣传先进人物的事迹,用榜样引导的方式,调动营销人员的积极性,从而自觉地提升自身的素质。

（6）工作激励:通过调整和调动各种工作要素,尽最大可能地使营销人员满足自己具体的药品营销工作,从而使其不断地创新和发展,自觉提升自身的素质。使药品营销人员对自己所从事的工作满意是实现有效激励的重要方式。

2. 物质激励　是指管理者通过满足营销人员的物质需要来调动其积极性,从而提升自身素质的方法。

（1）奖酬激励:是通过依据药品营销人员的销售业绩来计发其工资、奖金,以及相应福利待遇的方式来迫使药品营销人员各方面素质的提升。奖酬激励的有效性主要取决于奖酬与销售业绩挂钩的科学化程度。

（2）惩罚:企业管理人员通过对营销人员的过失或因各方面素质的缺陷造成的企业损失进行适当的处罚和批评。惩罚使人产生内疚感,使人头脑清醒,认识自己的错误和不足,从而修正自己的行为,提升自身的素质。但是在物质奖励过程中应该以奖酬为主,重奖轻罚,在惩罚的过程中也应与深入细致的思想工作相结合。

目标检测

一、选择题

（一）单项选择题

1. 药品营销人员职业道德的核心（　　）

    A. 遵纪守法　　　　　　　　B. 诚信　　　　　　　　C. 利润最大化

    D. 礼仪修养　　　　　　　　E. 微笑服务

2. 药品营销人员了解了药品相关信息的渠道**不包括**（　　）

    A. 阅读　　　　　　　　　　B. 相关人员介绍　　　　C. 小道消息

    D. 药品说明会　　　　　　　E. 自身知识的积累

3. 下列**不属于**药品营销人员沟通交流能力范畴的是（　　）

    A. 控制能力　　　　　　　　B. 交际能力　　　　　　C. 沟通能力

    D. 说服能力　　　　　　　　E. 理解能力

4. 下列属于药品营销人员物质激励的是（　　）

    A. 感情激励　　　　　　　　B. 物质奖励和惩罚　　　C. 工作激励

    D. 尊重激励　　　　　　　　E. 目标激励

5. 下面哪些**不属于**营销人员素质提升的培训范畴（　　）

    A. 企业文化培训　　　　　　B. 产品知识培训　　　　C. 障碍培训

    D. 体能培训　　　　　　　　E. 促销技巧培训

（二）多项选择题

1. 营销人员职业道德包括（　　）

    A. 精通业务,优质服务　　　　　　　B. 平等互惠,诚信无欺

    C. 当好参谋,指导消费　　　　　　　D. 公私分明,廉洁奉公

    E. 团结有爱,上传下达

2. 药品营销人员所应具备的知识结构包括（　　）

    A. 基本理论　　　　　　　　B. 产品知识　　　　　　C. 礼仪素养

    D. 消费者知识　　　　　　　E. 公司知识

3. 药品营销人员自我管理的能力包括（　　）

    A. 交际能力　　　　　　　　B. 适应能力　　　　　　C. 承压能力

    D. 管理能力　　　　　　　　E. 理解能力

4. 药品营销人员的心理素质要求主要包括（　　）

    A. 豁达的性格　　　　　　　B. 坚强的意志　　　　　C. 活跃的创新思维

    D. 稳定的情绪　　　　　　　E. 良好的气质

5. 药品营销人员市场分析的能力包括（　　）

A. 观察能力   B. 分析能力   C. 计划能力

D. 组织能力   E. 决策能力

二、问答题

1. 药品营销人员素质和能力培养的原则是什么？

2. 药品营销人员的心理激励包括哪些主要内容？

3. 论述营销人员的创新思维对工作的影响。

（张亦含）

第八章

医药营销团队心理训练

导学情景 ∨

情景描述：

　　小张是 A 医药公司的药品销售员。 该公司的市场部在考核销售员时只看销售业绩。 这导致小张和其他销售员只顾眼前利益，单打独斗，通过各种手段争抢客户。 小张感觉压力很大，工作人际关系紧张，且自己的相关专业能力没有任何提高。 为了自己的长远发展，小张跳槽到 B 医药企业，进入到某区域药品营销团队。 团队成员相互联系又分工明确，从新药市场开发到产品反馈各个环节，大家相互配合，为了共同的销售目标一起努力。 对业务欠缺的方面，公司组织学习培训。 小张对自己的将来很有信心，干劲十足。 不久就被提升为另一区域销售团队的领导。

学前导语：

　　医药营销团队管理的精神实质是充分发挥团队的所有员工的个体优势完成团队的工作。团队中每个员工各尽所能，不仅可以发挥每个员工的积极性、提高员工创造性，还能够进一步开拓市场，稳定品牌形象。 在这一章，我们将学习医药营销团队相关心理知识，为更好地组织、管理医药营销团队打下基础。

学习目标 ∨

　　1. 掌握建立和管理营销团队时应遵循的原则，团队成员常见的心理冲突和解决策略，营销团队问题行为的矫正方法。

　　2. 熟悉医药营销团队的概念，团队中实现良好合作的条件，营销团队问题行为的产生原因。

　　3. 了解医药营销团队的意义。

　　4. 具备团队协作的基本意识和观念。

第一节　营销团队心理概述

　　团队就是由员工和管理层组成的一个共同体，它合理利用每一个成员的知识和技能协同工作，解决问题，达到共同的目标。作为一个有着共同价值目标的营销群体，医药营销团队是指由两个或更多的为同一目标而共同合作、互补技能、相互承担责任的医药营销人员组成的一种组织形式。这样的形式强调营销手段的整体性和营销主体的整体性，尽量为最终消费者创造最大的让利价值，使最终消费者满意最大化,使企业从中获得长远发展和长期利润。

在团体中,重点强调的就是协同工作,以达到共同的目标。同时个人在团队成员的帮助下能够最大限度地发挥自己的才能。所以,药品营销人员除了应具有很高的专业技能和综合素质外,良好的心理素质和团队合作意识也是必不可少的。

一、营销团队的意义

药品营销团队是医药公司的一张"脸",是公司先于产品对市场进行的展示。随着市场经济的日益发展,药品市场竞争日趋激烈。医药企业要提高竞争力,在竞争中求生存、求发展,就必须认识和了解药品市场,掌握药品市场的变化趋势,顺应市场的变化规律,选择正确的经营策略,做出正确的市场决策,进而有效推广公司产品,拓展市场。而只有一个好的营销团队才能够达到上述要求,实现营销目标。

有人把团队定义为"乐意为既定的目标相互协作,提供自己的知识和技能的一群人"。药品营销团队由形形色色具有不同才能的人组成,大家都有共同的目标和方向,如果将他们的才能用到一处,使营销力量形成合力,其力量是不可估量的。

药品营销团队的主要意义在于:

1. **统一目标,团队利益的一致化**　团队营销模式可以使营销团队内个体利益与整体利益一致化,朝向同一个目标前进,大家的共同努力有助于团队业绩的提高。在团队中,个人完成任务情况与所在团队整体营销效果进行挂钩,整个团队的业绩成为团队中每个个体都自觉关注的事,而不再是营销主管个人关注的事。这样,大家就会形成合力。

2. **提高士气,充分调动积极性**　引入团队营销的机制,可以充分调动企业团队所有资源和一切积极因素,群策群力,因而可以更好地实现企业的整体目标。而整个团队的合作模式也会增加客户和服务对象的信任感和安全感,因而,更容易争取到比较大的客户及合作项目。效益激发动力,通过团队合作,个人不仅获得实质性利益,也会大大提升主人翁意识和责任意识。

3. **提升能力,共同成长**　在营销团队中,每个营销个体都会在团队的氛围中自觉加强自身的能力建设,提高学习水平,并努力保持和提升自己的整体业绩,因此,会大大促进团队的整体业绩提升。团队营销的模式可以强化员工专业特长,提高团队整体素质,并很快适应市场竞争需要。

无论是药品营销还是其他行业的营销都是不倡导"个人英雄主义"的。由于企业对于营销人员的考核主要是看结果,看他们的任务完成率是多少,是没完成、完成了、还是超额完成,这是一个纯粹的可量化指标。企业最后检验的是一个营销团队的最终结果,而很少有针对性的检验某个人最后销售指标的完成情况。仅就该方面就可以看出团队营销作用是何其重要,它是每个营销人员业务量的累加,却又直指每个营销人员个人营销力的大小。可营销如果要搞一概而论和风头十足的个人英雄主义,必将导致其他营销人员产生巨大心理落差,把工作中大部分时间会浪费在寻找别人成功而自己无能的理由上,就会产生抱怨与不理性的心理变化。从而造成团队凝聚力下降,团队营销能力迅速下降,营销士气低落,相互间矛盾激化,最终会影响到团队营销的"赢利"和企业最终目标任务的完成。

　　当然,一个团队也不允许有两种截然相对的意见存在,如果存在分歧,则以验证对的一方作为选择实施。如果搞派别斗争,暗自拉帮结派导致团队内部不和,很容易让营销对手钻了空档,团队的未来更无从谈起。

　　对于一个医药企业而言,如果说医药类产品生产是基础,新药研发是重点,产品质量是保证,人力资源是根本的话,那么,其营销就是一个企业发展关键的突破点,这是显而易见的。产品没有市场,市场没有营销,营销再无管理则是可怕的。而企业营销制胜的法宝,就是团队营销思维一致的导向性。通俗来说,就是成员心往一处想,劲往一处使。

　　因此,企业的全体员工是否就营销观念、质量意识、行为取向等方面形成共同信念和准则,以及能否在共同的价值观念基础上建立崇高的目标,决定着企业为最终消费者所提供的产品和服务的质量,从而决定着企业最终发展的状态和取向,这是企业实现"团队营销"赢得客户,赢得市场,赢得商机的决定点。

　　市场营销人员一方面是在对产品进行营销,而另一方面则是对自己的为人处世、待人接物、言行举止以及自己人生的营销。之所以有些人会成为专家、大家,有些则成为小家、普通人,甚至半途而废或一事无成者,这就是不同的营销思维与营销行为背景下所造成的不一样的结果。有的人在赢得产品营销胜利后,有时候却输掉了尊严和人格,而有的人则可能是赢得了自己,却输掉了客户,常常徘徊挣扎在矛盾中。这时应该求助于团队的帮助,因为只有团队的力量才是巨大的,无穷的,也只有团队营销才可能解决在营销中遇到的发展与矛盾等问题。团队不是哪个人断然行事的功利场,更不是被对手轻易打倒的牺牲品,团队就是团队,市场营销成功的内在价值就在于团队营销的胜利。

知识链接

如何组建一个优秀的销售团队——优秀团队组建 12321 法则

　　无论是操作一个产品还是管理一片区域,甚至只是组建一个最基本的工作小组,如何招聘到优秀的合适的人才一直是令管理者最头痛的问题。其实创建一个优秀的销售团队的关键不是市场上有没有足够的人才供我们挑选,而是管理者有没有一个正确的组织队伍的观念。很多人都希望团队中的每个都是精英分子,都能独当一面。但无论多么优秀的企业或企业家,都很难拥有这样的销售团队。这也是没有必要的,就如同我们的手指没有必要一样长,即使一样长,反而不如现在方便和灵活了。因此,团队建设也要相辅相成、互相配合。

　　以一个最基本的 9 人销售团队为例来分析如何利用 12321 法则组建一个优秀的销售团队。简单来说,12321 就是:1 个领头人,2 个精英,3 个中流,2 个培养,1 个机动。

　　"1"——这个"1"是必不可少的,就是 1 个领头人。没有一个合格的团队管理者,团队是不可能有良好业绩和发展前途的。其最基本的素质就是了解产品销售具体操作的过程。最重要的素质就是坐言起行的执行力。

　　"2"——2 个精英。这是团队业绩的保证。基本上一个销售团队的业绩分配遵循二八原理,即 20% 的精英产生 80% 的业绩。销售工作精英分子往往具有共同的特点:积极主动,善于寻找方法。

　　"3"——3个中流。该中流不是中流砥柱，而是业绩和能力等各方面表现平平者。管理者往往容易忽视这些员工，认为他们存在没有太大的重要性。其实这些员工力量不容忽视。这些员工可能都是一些经验丰富的员工，但他们由于目标不明确或缺少正确的激励，没有充分发挥出自己的特长，但偶尔能够解决一些棘手问题而出现业绩反弹。通常，他们因为被企业注视不足，员工横向发展力量得以加强，任何正负情绪往往会因为他们在销售团队和企业内迅速蔓延。因此业绩的突破在精英，稳定的发展在中流。

　　"2"——2个从业绩和能力上都不太理想的员工。他们比较有自知之明，基本上不会对管理者的决定产生思想上的冲突，行动上可能会慢一拍，但执行时不太会计较个人得失。在一个团队中一定会有一些杂七杂八的琐碎工作，这些工作是精英不能做、中流不愿做的，这时2个培养的作用会突现出来。

　　"1"——1个机动。最常见的表现方式就是末位淘汰制，但末位淘汰的是业绩最差者。这里的"1"，不一定是业绩能力最差的，但往往是对管理者决定执行不力者，或因对企业或管理者不满而制造消极情绪者。

　　12321法则是基于一个简单的9人团队的分析法则，实际团队组建时可能不足9人或大于9人，但12321法则同样适用这些团队的组建。

二、营销团队的原则

　　一个成功的团队必定是一个目标明确、有战斗力的团队，不仅能够实现共同目标，同时也能够发挥团队成员中每个人的长处，为其提供良好的成长条件和环境。所以，在建立和管理营销团队时应遵循以下原则。

　　1. 彼此负责，相互信任的原则　成员之间相互信任是团队有效运作的显著特征。一个高绩效的团队是当今发展日新月异的社会所必需的，只有靠团队的彼此负责，相互信任支持才能形成强大的团队合力，团队才能在未来的竞争中立于不败之地。卓越的团队不需要领导或管理者提醒团队成员竭尽全力工作，因为他们很清楚需要做什么，他们会彼此提醒注意哪些无助于目标成功的行为和活动。

　　信任是弥足珍贵而又相当脆弱的，它需要花大量的时间去培养又很容易被破坏，破坏之后恢复又很困难。而且信任他人才能换来被他人信任，不信任只能导致不信任。信任对于团队的重要性主要体现在以下几个方面：促使团队成员之间愿意合作；团队成员间信任度的提高，有助于相互间信息共享程度的进一步提高；团队信任有助于组织给予团队更多的支持和更大的自主权；团队信任有助于提高个体成员工作满意度，从而有助于提高个体对团队、组织的忠诚度；团队信任有助于团队绩效的提高和团队工作的顺利开展及成功。

　　2. 明确职能，合理分配的原则　由于营销目标市场的细化越来越专业，专业化分工也对营销管理提出了更高更细化的要求。随着市场的不断细化，每个岗位跨越不同的职能，因此对工作岗位职能的明确显得十分有必要，这不仅杜绝了工作的盲目性和无序性，也从根本上明确了每个人的工作目标和范畴,而使每个人在自己的工作职能内,目标明确,责任清楚,能把自己的工作更深入地开展下去。

同时,团队的效能取决于团队成员内的各种相关力量,以及按照各种力量进行调整的程度。团队要根据实际情况,进行合理的资源优化配置,才能达到最大限度地利用资源和赢得市场的目的。比如,在人力资源的优化组合上,体现老、中、青年龄的合理搭配,以及营销人员的新老组合。优秀营销团队的整体搭配能够形成协调一致的营销团队默契,同时还可以使团队成员彼此之间相互了解、取长补短,各尽其才。如果能做到这些,营销团队就能凝聚出高于个人力量的营销团队智慧,随时都能创造出惊人的营销团队表现和营销团队绩效。

3. 目标一致,共同协作原则　在营销团队建设中,问营销团队成员最需要营销团队领导做什么,大多数会回答——希望营销团队的领导人指明方向或目标;而问营销团队领导最需要团队成员做什么,大多数的被访问者回答,希望团队成员朝着营销团队目标前进。从这里可以看出,目标在营销团队建设中占据极其重要的地位,它是团队所有人都非常关心的事情,是团队航行向前的灯塔。团队目标为团队成员提供一个合作和共担责任的焦点,能成为判断团队进步的可行标准,同时能够为团队运行过程中的决策提供参照物,表明了营销团队存在的切实理由。因此,要建立和管理好一个营销团队,首先应该明确目标。

团队营销强调整体的利益和目标,也应注重组织的凝聚力,团队成员相互协作,才能共同完成目标,也只有团队内部加强沟通,相互配合才能有助于彼此的共同发展。如果团队成员缺乏团队精神,相互推诿、相互封闭消息,那将会增加内耗,从而造成工作效率低下,不利于团队长远发展。

知识链接

目标管理的 SMART 原则

目标管理是使管理者的工作由被动变为主动的一个很好的管理手段,实施目标管理不仅是为了利于员工更加明确高效地工作,更是为了管理者将来对员工实施绩效考核提供了考核目标和考核标准,使考核更加科学化、规范化,更能保证考核的公正、公开与公平。

1. 绩效指标必须是具体的(specific)。

2. 绩效指标必须是可以衡量的(measurable)。

3. 绩效指标必须是可以达到的(attainable)。

4. 绩效指标要与其他目标具有一定的相关性(relevant)。

5.绩效指标必须具有明确的截止期限(time-bound)。

无论是制订团队的工作目标还是员工的绩效目标都必须符合上述原则,五个原则缺一不可。

制订的过程也是自身能力不断增长的过程,管理者和员工一起在不断制订高绩效目标的过程中共同提高绩效能力。

---

4. 心理健康的原则　当前社会,经济、科技飞速发展,人们生活和工作节奏也越来越快,压力加

重。心理疾病是威胁个人生命健康的大敌,是破坏组织效率的重要因素之一。团队成员心理健康存在问题,就会导致员工工作积极性和工作热情的下降,工作绩效和工作满意度降低,还会引起团队间人际关系紧张,导致员工离职。管理者心理问题更可能导致决策失误而引起严重的经济损失,影响团队整体发展。

要想使团队成员主动、积极地投身于共同的营销活动中,并且凝聚于团体目标,成员的心理健康非常重要。只有使团队成员保持健康、阳光的心态,才能保证团体的协调一致、配合默契,具有良好的组织氛围。

点滴积累 ┊

营销团队的意义在于:统一目标,团队利益的一致化;提高士气,充分调动积极性;提升能力,共同成长。

建立和管理营销团队时应遵循彼此负责,相互信任;明确职能,合理分配;目标一致,共同协作;心理健康的原则。

第二节　营销团队的心理和谐

营销团队成员保持心理的健康和谐,营销团队成员间拥有一种和谐、愉快、彼此信任、奋发向上的团队氛围,是打造高绩效营销团队的重要前提。营销团队成员的心理健康、和谐,就好像是一种催化剂和润滑剂,它可以激发营销团队成员的斗志,增进营销团队成员间的默契,最终提高营销团队整体的运营效率。

一、良好合作的条件

1. 清晰的目标　和谐的营销团队对于要达到的目标有清楚的了解,每一位成员都要将团队目标化作自己的内在驱动力,并意识到这一目标包含的重大意义和价值。这种目标会激励营销团队成员把个人目标升华到群体目标中去,成员愿意为营销团队目标作出承诺,清楚地知道自己应当做什么工作,以及愿意共同合作,最后完成任务。

2. 良好的心理素质　和谐的营销团队不仅具备实现理想目标所必需的技术和能力,更重要的是团队成员应当具有较高的情商和良好的个性品质,如要待人热情、诚恳,性格开朗,善于表达,举止适度,思维敏捷,能较快地适应新环境等。良好的心理素质既利于团队建设又利于营销业务的开展。

3. 有效的沟通　一个团队工作的良好开展来自于每个成员对其他人的行为和能力都有信心,也愿意配合。这需要成员的内心有足够的安全感和自信心。也许在较短的时间里不容易达到成员间的深度理解,这就需要成员间的有效沟通来促进成员间关系的巩固,这是和谐营销团队一个必不可少的特点。团队成员通过畅通的渠道保证信息交流和信息反馈的顺利进行,包括各种言语和非言语信息,有助于营销团队成员之间迅速准确地了解和交流感情,消除误解,同时成员间能够达成一致的想法和统一的行动。

图8-1

如何加强团队合作与沟通

二、团队成员的心理健康

要想保证一个营销团队有良好、饱满的工作状态,顺利完成工作目标,团队成员的心理健康是非常重要的条件和保证。团队成员必须拥有积极的心态,相互激励的力量以及相互依赖、团结合作的心理凝聚力。

在药品营销团队中,团队成员心理健康的标志如下:

1. 认知功能良好　即不仅能客观地相互认识,相互评价,积极欣赏他人的优点长处,而且对自己有较清晰客观的认识,正视自己的缺点、问题并努力改进,同时能够正确认识外界环境,营销对象等。还要有敏锐的感知、稳定的注意、良好的记忆、丰富的想象、灵活的思维、流畅的语言等。

2. 情绪积极饱满　精神状态积极稳定,大部分时间体验到满意、欢愉的情绪。即使产生沮丧等消极情绪,也能够在短时间内减退或化解。

3. 意志品质良好　意志坚强,有明显自觉的行动,自主程度高。工作中主动、努力,不屈从、不盲从、不独断。有明显果断性,善于抓住机遇,能够合理迅速作出决断。正确认识挫折、失败,有坚韧性。

4. 个性完善统一　团队成员个性稳定一致、健全、诚实、热情、勤劳、富有同情心、首创精神。

5. 人际关系和谐　相互之间能够友好交往,心理相容。在思想、情感、态度上能够沟通顺畅,互相理解。在群体内外对人热情宽厚,亲和力好,容易被他人,特别是营销对象接纳。

6. 能力提升　在相互接纳的前提下,个人潜能得到充分发挥。不仅自我完善、自我发展,也能在工作中充分开发,利用自我以及他人的潜能。

▶▶ **课堂活动**

如果你是销售团队的领导,你将采取哪些措施保证团队成员的心理健康?

三、团队凝聚力的培养

团队凝聚力是指团队对成员的吸引力,成员对团队的向心力,以及团队成员之间的相互吸引,团队凝聚力不仅是维持团队存在的必要条件,而且对团队潜能的发挥有很重要的作用。它是无形的精神力量,是团队精神的最高体现。一个团队如果失去了凝聚力,就不可能完成营销任务,本身也就失去了存在的意义。

1. 提升团队观念　团队凝聚力是一个将团队成员紧密联系在一起的隐形纽带,来自于团队成员自觉的内心动力,来自于共识的价值观。因此,培养团队凝聚力首先可通过宣讲、培训等手段提高成员对于团队意义和功能的认识,树立全局观念和集体意识。

2. 制订团队目标　团队目标来自于团队的发展方向和团队成员的共同追求。它是全体成员奋斗的方向和动力,也是感召全体成员精诚合作的一面旗帜。一个合理的团队目标能够激励成员勇往直前的斗志。通过努力,目标实现后,团队成员会提高对自己和对团队前景的信心,从而提升团队凝聚力。在制订团队目标时,需要明确本团队目前的实际情况,并遵循目标的 SMART 原则。

3. 充分发挥领导作用　拿破仑说过,一头绵羊带领的一群狮子敌不过一头狮子带领的一群绵羊。这形象地说明了一个团队领导的重要性。优秀的团队领导能够以身作则,成为团队成员的榜样,同时把握好团队发展方向,处理好成员间矛盾,是整个团队的灵魂人物。因此,作为团队领导,不仅仅要在专业知识储备上不断积累和补充,更应该在个人德行上严于律己,切实发挥好团队领导的作用。

4. 促进团队成员成长　一个团队不仅仅是成员们的奋斗场,还应是他们挖掘潜力、施展才华的舞台。团队在实现目标的同时,要积极创造成员们学习、锻炼、成长的机会,不断提升其能力和自我效能感。这样团队成员才会觉得自己有发展前景,才会对这个团队有更强的归属感,团队的凝聚力自然就增强了。

5. 组织团队活动　团队的凝聚力很大程度上取决于成员之间的联系度和和谐度。通过参加户外拓展训练、团队心理训练,或一些量身打造的体验式活动,一方面可以联络团队成员的感情,另一方面可以让大家了解彼此的性格特长更有利于工作的配合。在积极愉悦的环境下,团队凝聚力无形中得到提升。

案例分析

案例

某医药公司要招聘一位销售经理。下面是几个应聘人选:

宋某,某医学高校药学专业本科学历。熟悉医药领域,有药品销售经验,形象较好,个人销售能力较强,缺点是以自我为中心,乐于单打独斗,喜欢展示个人能力多于与他人合作。

李某,某师范类院校经济类专业毕业。具备市场营销策划方面能力,曾在某康复治疗器械公司销售部工作,积累了一定的销售经验。但经了解,李某在职期间的销售业绩主要靠使用销售开支招待客户进行娱乐活动。

周某,某医学专科临床专业大专学历。做过5年的医药代表,销售业绩一直名列前茅。具备较强的人际交往和语言表达能力,善于团结他人,成熟稳重,有顽强的进取精神、百折不挠。

如果你是人力资源主管,要建立一个团结、高效的销售团队,请问你会如何选择?

分析

学历和专业背景固然重要,但优良的性格,积极、专业、正确的工作态度更为重要,这些精神支柱可以弥补在学历上、专业知识领域里的不足。宋某能力较强,可以是一个好的医药销售员,但因合作能力欠缺,不适宜担任团队核心角色。李某,有一些专长,但工作依赖娱乐经费,这在一定程度上损害公司利益,个人能力也没有充分体现。因此,相较而言,周某是最合适的人选。他有一定的医学专业背景,交往表达能力较强,也善于团结,能够胜任经理工作。

第三节　营销团队成员的心理冲突

心理冲突是由于个体在有目的的行为活动中,存在着两个或两个以上相反或相互排斥的动

机时所产生的一种矛盾心理状态,是一种非常普遍的心理现象。常见的个体心理冲突主要有以下几种:

1. 个人目标冲突　社会性规范了人以群体形态存在的一般意义,而人的社会行为不但具有遵循社会一般准则的基本义务,还具有体现个性行为、寻求个体价值的需要。不同个体的价值标准是不同的,价值标准决定个人的目标选择。个人目标不是无条件实现的,它受到个人才能与努力程度以及客观环境等多方面因素的制约。当个体在选择和实现个人目标的过程中出现问题时,就会发生个人目标冲突。

2. 个人角色冲突　在组织系统中,每一个成员都占据一个相对固定的位置,并按照职位的规范与其他个体发生互动行为和交互关系。根据实际的工作需要,组织中的每一个个体需要在不同的关系情景中扮演不同的角色。管理心理学认为,角色冲突有三种表现形式,即角色外冲突、角色间冲突和角色内冲突。角色外冲突,指的是发生在两个或两个以上的角色扮演者之间的角色冲突;角色间冲突,指的是发生在同一个扮演者所扮演的不同角色之间的冲突;角色内冲突,指的是发生在角色扮演者所扮演的同一个角色内部的矛盾。这里谈到的个人角色冲突,是针对同一行为主体而言的,因此只包括角色间冲突和角色内冲突两种情况。

3. 个体之间冲突　人们的知觉方式、性格、气质、行为趋势都是十分个性化的,仅仅这方面的差异,就足以酿成冲突。

个体与群体冲突:个人与群体的关系是一种社会契约性质的关系,个体需要服从群体的意志和目标,而群体也需要满足个体价值实现的要求和期望。当双方的利益和要求所保持的平衡状态被打破时,就会在个体与群体之间引起冲突。

一、团队成员常见的心理冲突

身处集体中的团队成员在生活和工作中,不可避免地会产生各种各样的心理冲突。在营销团体的内部发生心理冲突的形式有两种,一种是营销团队成员个人存在的心理冲突;另一种是营销团队成员之间发生的心理冲突。不管哪一种冲突的发生、发展都会直接影响到团队的生存和发展。

(一) 营销团队成员个人存在的心理冲突

1. 盲从与孤立　一些成就动机较低的成员惰性较大,决策时易听从他人意见,依赖思想渐增,容易产生盲从现象,失去思考和创新的动力,这对于团队的可持续发展是非常不利的。而更多的成员在表达意见或作出选择时处于两难境地,既想表达个人需求或彰显个性,又怕这样不被团队其他成员所接纳,会受到孤立或排斥,因而也会出现从众心理,甚至丧失了原则和主见,导致盲从。

2. 自卑与自负　自卑和自负都是由于自我意识偏差导致的心理冲突,都是由于多种原因导致的成员不能客观、恰当地评价自己。自卑心理对于一个从事销售工作的人来说是致命的。因对自己的能力持怀疑态度,对完成销售目标没有信心,面对消费者紧张不安,甚至会脸红、口吃。与团体其他成员的成功相比较更会加剧这种心理冲突。而一些个人能力突出、能独当一面的成员易产生自负心理。因业绩可能领先于团队其他成员，自觉是团队的有功之臣，组织纪律散漫、目空一切、好大喜功，这对团队凝聚力的破坏是巨大的。

3. **眼高与手低** 与其他任何工作一样，在药品营销的过程中不可避免地会遇到各种挫折、低谷，甚至是打击。渴望销售业绩辉煌而又不愿承担责任和压力，好高骛远又缺乏脚踏实地的态度在营销团队成员中并不少见。

在营销团队中，个人的营销业绩会紧密地与团队的成败联系在一起，成员本能地拥有高成就动机和被认可的心理需要，有从环境要素中得到各种基本冲动的满足，需要如果得不到满足，则会产生挫折感，继而产生紧张、焦虑、痛苦等情绪，直接影响团队成员的心理平衡和工作效率。

（二）团队成员之间存在的心理冲突

营销团队成员之间生长的环境多不相同，无论从生活的方式还是处事的方法，从思维的形式还是行动的方式多有所不同，所以，成员间的冲突或多或少都在所难免。一般而言，我们将冲突分为建设性冲突和破坏性冲突。

1. **建设性冲突** 建设性冲突的冲突双方多是对事不对人，是指冲突各方目标是一致的，但是实现目标的途径手段不同而产生的冲突。这类冲突对组织起着促进作用，可以使组织中存在的不良因素和问题充分暴露出来，防止事态的进一步恶化。同时，可以促进不同意见的交流和对自身弱点的检讨，有利于促进良性竞争。大多数任务冲突都是建设性冲突。

2. **破坏性冲突** 又称非建设性冲突，往往属于对抗性冲突。是指由于认识上的不一致，组织资源和利益分配方面的矛盾，员工发生相互抵触、争执甚至攻击等行为，从而导致组织效率下降，并最终影响到组织发展的冲突。

二、解决团队成员心理冲突的常用策略

针对营销团队中两大类的常见心理冲突，常用的策略如下。

（一）针对团队成员个人心理冲突

1. **加强沟通，积极表达** 对于盲从或怕受孤立的心态，沟通是一剂良药。团队成员要能够倾听团队的指挥和营销策略，积极思考并作出适当的反馈，以测试自己是否理解和理解的深刻度，当出现出入，或者有自己的想法时，要有胆量和团队领导或其他成员进行沟通。团队成员之间更要加强交流沟通，避免因缺少透明平等的沟通交流而相互猜疑或者互挖墙脚。

2. **勤于训练，提升实力** 当然，没有深度和内涵的沟通是毫无意义的。团队成员最重要的任务就是加强营销基本功训练，全面提升个人实力，如勤于实践营销工作、加强医药营销管理领域学习、提升个人营销技巧、拓宽从业思路、创新工作方式方法等。这样不仅仅可以帮助自己免于盲从和孤立的尴尬，同时能力的提升也可以增强应对困难的信心，消除自卑心理。

3. **自我悦纳，正确认识** 良好的自我悦纳可以有效缓解发展中的矛盾冲突，使个体得到健康发展。团队成员应该勇敢地接受自己的不足或缺陷。每个人都有自己不完美的地方，在接受自己不完美的同时可以每天想一次自己的优点和长处，并发扬这些优点和长处。当取得成功的时候，尽情体验自己的喜悦，并与他人分享。这些都可以帮助我们自我悦纳。另外，还要积极学习他人长处，提升

感恩意识,认识到团队对于个人发展和成功的重要意义,避免自大自傲的心态。

4. 明晰目标,锻炼意志　避免好高骛远首先要找准定位。根据自身客观情况结合团队发展综合目标来确定好个体短、长期目标,然后将目标逐步实现,如果不能实现,及时分析自身问题并进行自我调整,这样才能做到既仰望星空又脚踏实地。面对发展过程中的困难和挫折,不断提升个人能力的同时,还要加强意志的锻炼。可根据实际情况需要,参与团体心理活动、能力拓展训练营等,对个体及团队进行情感、意志等挫折训练,树立和发展成员战胜挫折和困难的勇气和力量,从而逐步形成对困难的承受能力和对环境的适应能力,培养出一种迎难而上的坚强意志。

(二) 针对团队成员之间存在的心理冲突

1. 针对建设性冲突　首先,团队领导要承认和接受建设性冲突的存在。给成员指出冲突的危害,从实质上提高冲突双方的认识水平和认识能力。由于目标一致,双方都关心如何实现共同目标和解决现有问题,所以要让冲突双方详尽、真诚地叙述冲突的原因,表明自己的观点。冲突双方的争论可促进双方信息交流不断增加,有利于寻找到较好的解决问题的方法。其次,根据双方意见,提出解决冲突的方案供选择,寻找双方都愿接受的方案解决冲突,实现组织目标。

2. 针对破坏性冲突　解决破坏性冲突,首先建议双方尽量听取对方意见,并且在发表意见过程中,以问题为中心,剔除人身攻击的言辞。保持互相交换意见,学会回避矛盾、转移视线等规避冲突的方法,求大同存小异。

点滴积累

1. 建设性冲突对组织起着促进作用,有利于促进良性竞争。
2. 破坏性冲突对组织和小组绩效具有破坏意义。

第四节　营销团队问题行为的分析与矫正

在一个营销团队朝着共同目标前进的过程中,营销团队会因存在某些问题,严重阻碍整个团队的前进,也会因团队整体目标的偏离,而使整个团队难以成功。

一、营销团队问题行为的产生原因

营销团队中的每位成员都是以组织利益为最高准则,他们在自己的团体中,极易滋生小团体主义。过分强调团队利益,处处维护自己团队自身利益,常常会产生侵害其他团队乃至企业整体利益的现象,从而造成团队与团队、团队与企业之间的价值目标错位。问题产生的原因主要有以下几个方面。

1. 小团体主义　在一个团队中,利益是大家都希望获取的,而责任却并不是,有些责任是要大家承担的,有些责任是必须要自己承担的。在这种情况下,如果存在小团体主义思想,出现问题不是想办法解决,而是相互推诿,造成的结果就有可能是相互拆台,相互排挤。

2. 各自为政 以自己喜欢的方式去处理来自市场的问题,不能够形成合力,会弱化整个营销团队的力量。还有一些类似于由个体情绪问题引发的人际关系问题,如不信任、恐惧、拒绝和愤怒等不相容的行为。

如何看待营销团队中的小团体

3. 需要不能得到满足 在团队中引发问题的冲突有些是需要不能得到满足而引起的由心理上的不满,发展到行动上表现出来的剧烈不满。问题发生、发展和结束都是围绕着需要这个中心点来运转的。

4. 管理水平低 销售团队管理水平低下主要表现在三个方面。

(1)结构设置不当:销售队伍出现问题的一个重要原因是整个销售管理系统的结构设置存在问题,尤其是销售队伍管理的结构设置有问题。销售目标的确定、销售的组织形式(是按产品划分,还是按客户群划分或者是简单按区域划分)和流程的搭配(到底什么时候和技术部门配合,什么时候向其他部门申请,应收账款怎么协调控制)等。这些都属于结构设置问题。如果结构设置不当,就会产生诸多方面的问题。

(2)过程控制不佳:一个团队的管理工作主要有组织、培训、管理控制。如果对这三项工作把握得不理想,也就是过程控制不当,就容易产生问题。

(3)评价和培训不到位:管理水平低的第三个原因是团队的评价和培训存在问题。那么应该怎么做?在团队的发展过程中,对销售人员评价之后,应该针对不同人员分别采用不同的作法,即哪些人应该培训辅导,哪些人应该激励,哪些人需要继续观察,哪些人应该调整岗位或者辞退等。

另外,团体成员问题行为的出现还与管理者本身的素质和能力有关。例如,如果做领导的朝令夕改,没有规矩,会影响整个营销团队的凝聚力,还有可能导致信任危机。再者,没有合理的激励措施也会影响营销团队成员的工作积极性。这都是团队发生问题行为的重要原因。

案例分析

案例

A 销售团队制定了明确的政策,只要销售员在一个季度之内拿到一定额度的订单,销售药品达到一定数量,就算完成销售指标,能够拿到底薪和比较高的提成。 刚开始,团队营销目标超额完成,后来团队领导发现团队人员都一门心思放在业绩上了,而中间的管理动作如参加团队的例会、参加团队的培训、组织参加对公司的文化和制度方面的学习、填写必要的管理表单以及进行工作谈话等,都没有了。由于平时这方面缺乏管理,销售员很自然就认为只要把业绩搞好就是最好的,而且这些业绩全是自己一个人努力的结果。

B 营销团队从来不重视对本队伍的培训,培训机制如对自己医药品牌的宣传等基础工作都存在着许多不足的地方,结果销售人员只能"八仙过海,各显其能":有的销售员对产品的了解比较深入,于是以产品去打动客户;有的酒量很不错,于是经常与客户"煮酒论英雄",以酒量去征服客户;有的则搞一些桌椅底下的交易,专走旁门左道。 运用以上各种方法,该团队的一部分销售人员也的确有了不错的业绩。

请你从团队领导的角度分析两个营销团队的问题所在。

分析

A 团队和 B 团队都存在管理水平低下的问题。A 团队的问题主要表现在过程控制不佳，属于承包制，放羊式管理。团队成员也易产生自高自大的倾向。而且，这样的放羊式管理也是结构设置不当的一种体现，在这个结构下，从团队管理者到公司所能掌控的客户信息非常少，团队成员如若离职会带走重要客户，对团队和公司的利益产生极大影响。

B 团队的问题在于评价和培训不到位。一些靠走旁门左道积累业绩的成员对于自己干出的一些业绩很得意，都觉得自己本领很大，而事实上他们并没有熟悉真正规范的销售流程和模式，长此以往是不利于团队成员的成长和最终营销目标的实现。因此，B 团队亟待管理者纠正错误，加强过程评价和培训工作。

二、营销团队问题行为的矫正原则

营销团队问题行为的解决，首先要了解问题产生的根源，还需要了解团体中每个人的个性特点，分析冲突产生的原因，然后因人而异地进行疏导，使人们在不知不觉中互相了解、谅解、理解，进行多层面、多渠道的沟通协调，消除矛盾，解决问题。解决上述问题的原则有如下几点。

1. **心理相容的原则**　提高组织成员的心理相容性，提高自控能力。用哲学的观点指导团队成员观察世界和他人的言行。承认世界的多样性与复杂性、人的个性化与多元性。人的个性不同，成员要互相理解、包容，避免发生没有必要的冲突，不断增强团队成员的心理相容性。

2. **搁置争议的原则**　冲突对方是友邻组织或是内部成员，尽管存在冲突，可采取求同存异，或"冷处理"和平共处的策略避免冲突升级。让时间来做个冷却剂，有时暂时不做决定比做决定好。

3. **奖罚分明的原则**　团队内部建立奖罚机制，在实现组织目标的过程中，强调公平竞争，在处理问题时要公平合理。如果竞争在公平的基础上进行，奖罚机制执行得力，这样不论赢者、输者，也不论是胜者、负者，还是旁观者，都会心服口服，发生冲突的事就会减少。

4. **解决问题透明、公开的原则**　如果团队内部发生问题，解决的方法就是使冲突的各种因素表面化，有利于排除各种误传、误导、误会、误解，从众多矛盾中，找出冲突主要矛盾，再寻找解决的途径，运用恰当的方法解决冲突。

5. **民主集中制的原则**　对于重大的冲突，如不及时制止，可能会蔓延与扩大，影响全局。这时，团队不仅需要广泛的民主、讨论，更要运用集中的力量来解决。若属于专业性问题，可以请专家学者来进行论证；对于责任冲突，可依据技术规定、有关条款、法规来解决；对于认知冲突，如对事情的认识、程序上的冲突，可以请冲突双方的共同上级来听取双方意见后裁定。

6. **制度管理的原则**　一个高效营销团队只有切实做好激励、培训、考核三项有效的工作，才能避免因管理失控而出现的各类问题。激励，即作为管理者，应该清楚物质激励与精神激励并举，但精神激励比物质激励更重要；培训是要为了实战而培训，不能为了培训而培训，即营销团队的培训必不可少,而培训的效果来自成员对培训内容的不断练习;考核是指为了业绩而考核,过程是关键。对于一个团队乃至公司,业绩的要求是毫无疑问的,但对于营销团队的管理,过程才是关键的,过程保证了销售业绩能否达成。

如何保证上述激励、培训、考核三项能有效执行呢? 制度管理是关键。通过设立适合的制度,让激励、培训、考核成为销售团队管理的日常工作。一个成熟的团队,一定具备较为科学、完善的管理制度。

总之,团队的问题行为发生后,要及时、彻底地解决和矫正。

点滴积累 ╲

营销团队问题行为的矫正原则:

1. 提高组织成员的心理相容性,提高自控能力。

2. 求同存异,或采用"冷处理"和平共处的策略避免冲突升级。

3. 团队内部建立奖罚机制,强调公平竞争,处理问题时公平合理。

4. 解决问题透明、公开,使冲突的各种因素表面化。

5. 坚持民主集中制。

目标检测

一、选择题

(一) 单项选择题

1. 下列冲突中,属于团队成员个人存在的心理冲突的是( )

    A. 童年经历引起的冲突

    B. 自我意识偏差导致的心理冲突

    C. 建设性冲突

    D. 学历或者专业引起的冲突

    E. 破坏性冲突

2. 下列哪种心理状态最适于团队合作( )

    A. 争强好胜,创新求变   B. 锱铢必较,看重得失

    C. 积极乐观,热情宽宏   D. 不喜言辞,敏感内向

    E. 善抓机遇,独断专行

3. 下列哪项**不是**团队凝聚力培养的有效途径( )

    A. 宣讲团队精神   B. 共同制定下一阶段销售目标

    C. 集体业务培训   D. 异地出差

    E. 团队拓展训练

4. 营销团队的心理和谐需要的条件包括( )

A. 清晰的目标 　　　　　　　　B. 相关的技能

C. 相互的信任 　　　　　　　　D. 良好的沟通

E. 以上全是

5. 营销团队问题行为的产生原因,**不包括**(　　　)

A. 小团体主义 　　　　　　　　B. 各自为政

C. 需要不能得到满足 　　　　　D. 勇担责任

E. 制度不严谨、执行不力

(二)多项选择题

1. 组建一支高效的药品营销团队时应考虑以下哪些方面(　　　)

A. 团队成员的个性 　　　　　　B. 团队成员的专业背景

C. 医药市场大环境 　　　　　　D. 平均分配的奖惩机制

E. 团队目标

2. 营销团队成员情绪健康的表现包括(　　　)

A. 能够在较短时间内消解自己的负性情绪,不影响工作状态

B. 状态积极,相对稳定

C. 面对冲突冷静处理

D. 高兴时乐于完成任务,沮丧时回避工作

E. 时常害怕完不成销售指标

3. 解决破坏性冲突要注意(　　　)

A. 积极听取各方意见 　　　　　B. 不能进行人身攻击

C. 求大同存小异 　　　　　　　D. 以情绪为中心

E. 规避矛盾

4. 学会"接纳自己"是指(　　　)

A. 自我评价要准确 　　　　　　B. 受到挫折不要盲目否定自己

C. 自己就是最好、最完美的 　　D. 我行我素

E. 避免对自己的完美主义要求和苛求

5. 缺乏凝聚力的营销团队特点包括(　　　)

A. 工作热情高 　　　　　　　　B. 不断地产生创新行为

C. 群体协同配合的散漫性 　　　D. 成员过于突出自己

E. 小团体主义

二、问答题

1. 团体问题行为矫正应注意哪些原则?

2. 建立药品营销团队的主要意义是什么?

三、实例分析

实际分析营销团队成员应当具有的综合素质。

（胡 秦）

综合实训

实训一　消费者情绪情感对药品营销活动的影响

【实训目的】

1. 了解消费者不同情绪情感产生的原因。

2. 熟悉消费者不同情绪情感对药品营销活动的影响。

【实训内容】

1. 教师带领学生复习相关知识点，了解情绪情感的类别和产生的原因。

2. 全班分为两组，第一组播放受到消费者欢迎、让人心情愉悦的药品广告；第二组播放不受消费者欢迎、看到之后会产生反感情绪的广告。

3. 让两组学生写出看完广告后的情感体验和对药品的印象。

【实训要求】

1. 根据对广告中药品的介绍情况，学生写出直观的情绪情感体验，主要描述自己的情感体验和对药品的印象，填写记录单。

2. 教师要根据学生记录的内容，让学生分组总结良好的和不良的情绪对营销活动有哪些影响。

【实训注意】

本实训是学习第二章内容才能完成的综合性实训。完成本实训要求必须熟悉以下知识点：

1. 消费者的心理过程。

2. 情绪情感过程的概念和产生原因。

3. 情绪情感对消费活动的影响。

【实训检测】

1. 每个小组写出分析报告，由每组代表总结发言。

2. 教师根据学生记录单和总结发言为每个小组打分。

实训二　消费流行心理

【实训目的】

培养学生观察、分析消费流行的能力。

【实训内容】

1. 调查你所接触的一个消费流行现象,并运用所学理论进行分析。

2. 将消费流行的市场调查情况在全班进行交流和研讨。

【实训要求】

每个学习小组要写出调研和分析报告。

【实训注意】

要根据不同顾客群体对消费流行的心理特点制定营销策略。

【实训检测】

教师根据报告情况为每个学习小组评估打分。

实训三　不同群体药品消费心理

【实训目的】

培养学生观察、分析不同顾客群体消费心理的能力。

【实训内容】

1. 以学习小组为单位选择一类感冒药品,然后进行相关调查,分析该类感冒药品的销售是否随着年龄、性别和收入的变化而变化。

2. 针对这类感冒药品的少儿、青年、中年、老年顾客需求情况进行市场调查。

【实训要求】

每个学习小组要写出调研和分析报告。

【实训注意】

要根据不同年龄、性别及收入群体的消费心理去开展营销。

【实训检测】

老师根据报告情况为每个学习小组评估打分。

实训四　设计服务营销过程，促进医药消费者满意

【实训目的】

通过实训,学生能够运用服务营销的基础理论,结合所给资料,针对医药消费者心理,设计服务营销流程,促进医药消费者满意。

【实训内容】

当今社会是一个竞争的社会,随着生活节奏的加快、工作压力的加大,人们的健康受到影响,特别是失眠给人们带来的痛苦是可想而知的。针对这一情况,某医疗器械企业研制生产出一种使用后就可以获得平静、舒畅睡眠的保健枕。请同学们围绕该产品,设计服务营销流程,并说明如何提高医药消费者的满意度。

【实训要求】

请实训教师提前申请,经学校同意后与有关药店接洽协商,组织激励学生按以下要求完成操作。

1. 通过实地走访药店寻找到相关产品,并搜集该产品资料,进行产品分析。

2. 药店实地调研,向药店营业员了解该产品的消费者购买行为及购买心理。

3. 设计促进医药消费者满意的服务营销流程。

4. 4 人或 5 人一组进行创作,然后由各组派代表进行服务流程展示及研讨。

5. 优选两个服务流程设计,应用在该产品的服务流程,探寻其对促进医药消费者满意的作用,确定最佳服务营销流程。

【实训注意】

1. 可利用到医药零售企业见习、综合实训的机会灵活机动开展此实训,有必要时灵活调整教学进度。

2. 如学校合作零售企业无相关产品,可在其他药店寻找。

【实训检测】

围绕促进医药消费者满意的策略这一核心要求,检查测试学生掌握情况。可结合以下评分标准给出定量评价。

1. 能够实地走访药店寻找到相关产品,并搜集该产品资料,进行产品分析的,计 2 分。

2. 能够认真调研该产品医药消费者购买行为及购买心理的,计 2 分。

3. 设计促进医药消费者满意的服务营销流程,试运行良好的,计 5 分。

4. 实训报告条理清晰,字迹工整的,计 1 分。

实训五　沟通技巧在营销中的运用

【实训目的】

根据顾客的消费心理及购买行为习惯进行药品介绍及促成交易,掌握顾客接待及药品介绍的操作流程,学习在营销过程中如何根据消费者心理运用心理学技巧。加强学生对所学专业理论知识的理解,培养实际操作能力,也是对学生所学专业知识的一个检验。

【实训内容】

情景模拟:某药店是一家经营化学药制剂、抗生素、生化药品、生物制品、医疗器械、保健食品的连锁药店。假设有位顾客进店了,作为药店的营业员,请你根据顾客的需求向其推荐有关医药产品。

1. **物品准备**　常用药品的药盒(含药品说明书)、白大褂、胸卡、商品价格标签。

2. **人员准备**　8~10 人一组,并由 1~2 人扮演顾客,其他成员扮演药店营业员,通过角色扮演完成实训操作。

情景一:

一位顾客(中年妇女)进入药店。

营销人员:请问有什么可以帮到您的?

顾客:我想买点感冒药。

营销人员:请问您用? 还是其他人用?

顾客:给孩子用!

营销人员:孩子多大了? 有什么症状?

顾客:4岁了。发烧,流鼻涕,咳嗽。

营销人员:您想购买什么样的药,是中药成分的还是西药成分的?

顾客:我也很矛盾。西药见效快,但是觉得副作用较大;中药副作用小,但是味道太苦,孩子不喝。以前也买过一些中药,但是孩子喝不下去,也都浪费了,后来就一直吃西药了。但是西药副作用大,现在也想给他换成中药,但是又害怕他不吃。

面对这种情况不同的推销员做出了不同的反应:

推销员1的回答:

营销人员1:这种情况我们也没办法,那你到底想买中药还是西药?

顾客:那就西药吧。(有点恼火)有没有咳嗽方面的药?

营销人员1:你不是要感冒药吗? 怎么又说咳嗽药?

顾客:算了,我自己看吧。

推销员2的回答:

营销人员2:对。我能理解您的感受,这也是很多家长存在的困惑。我可以向您推荐一个味道稍微好点的中成药。这个药卖得很好,很多小孩都可以接受这个口味药。下面,我来给您具体介绍一下它的特点……

顾客:听了您的介绍,我觉得还不错。我就拿一盒试试吧。

营销人员2:嗯,好的。您还需要其他方面的药吗?

顾客:您再向我介绍一下咳嗽方面的药吧?

营销人员2:好的。这边请。

小组总结:"世界上最伟大的推销员"乔·吉拉德有句名言,凡是向你买东西的人,买的都是你。很多客户只是对推销员本人产生怀疑、恐惧的心理,同时对推销员带来的商品也必然产生疑惑。顾客的拒绝不是拒绝商品,而是拒绝推销员,所以推销员本身的吸引力非常重要。这次推销活动中,推销员1缺乏耐心,没有聆听顾客的需求。出现了指责的言语,引起顾客产生反感心理。推销员2在其推销的过程中能够学会聆听,让顾客说话,让她说出她感兴趣的东西和她矛盾冲突的地方,真正了解顾客内心的需求,根据她的需求介绍了自己的商品,引导其产生购买欲望,进而采取购买行动。因此,药品营销人员在推销的过程中,要学会倾听和共情,能够理解对方的感受做到真诚不能欺骗对方,让对方对推销员产生信任感。

推销是一门大学问,不可能通过一两个案例就将其概括全面,因此要做一名优秀的推销人员,就要从各种推销案例和实例中吸取经验,并坚持"永远满足顾客的需要为先"的真理。

情景二:

顾客进入药店。

营销人员:请问有什么需要帮助的吗?

顾客:我最近嗓子疼,想买点药。

营销人员:那您想买点什么药呢?

顾客:不知道。我就是觉得嗓子特别疼,干疼。

营销人员:嗯。是不是晚上咳嗽得厉害,白天症状轻,总觉得里边有痒痒的感觉,但是咳不出来,也没有痰。

顾客:是啊! 就是这样啊! 您说得很对。

营销人员:那我给你推荐一种药,对你这种情况效果是不错的。

顾客:好啊! 太谢谢了!

营销人员:不客气! 祝您早日康复!

小组总结:顾客临门,营销人员要心平气和并且微笑服务,通过眼睛以及适当的体态语言告诉顾客"我很乐意为您服务"。这种由衷的微笑会给顾客带来阳光般的温暖。营销人员态度要诚恳,语言要有礼貌,要多用"您""请""谢谢""对不起""祝您早日康复"等之类的语言。很多顾客对专业知识不了解,或者一知半解。需要营销人员根据顾客的需求及时做出专业方面的指导,这样能够增强消费者对专业人员的信任感。营销人员要尊重顾客,真诚、热情。

【实训要求】

1. 药店中如何接待消费者,学会运用开放式提问和封闭式提问了解顾客的需求。

2. 学会倾听消费者的思想、情感,并做出相应的反馈。

3. 面对消费者的异议,学会根据具体情况采用不同的处理异议的方法。

【实训注意】

1. 根据自己平时对药店业务开展的观察和了解,模拟情景要符合药店的基本流程和安排。

2. 注意运用所学的基本技术,尽量采用专业的语言,避免口语化。

3. 注意自己的非语言在营销过程中的作用。

4. 可以自行设计情景进行模拟演示。

【实训检测】

1. 评价内容 基本知识技能水平评价、方案设计能力评价、任务完成情况评价、团队合作能力评价、工作态度评价、项目完成情况演示评价。

2. 评价方式 自评、小组成员互评、教师评价三者结合。

3. 思考在情景一和情景二中,分别运用了哪些沟通中的心理学原则和技术?

实训六 增强自我认知,加强团结协作

【实训目的】

1. 增强团队成员的自信心,以及自我认知和自我了解的能力。

2. 在团体训练中锻炼合作意识以及协作精神。

3. 强化集体意识,学习在任何情况下与集体保持统一思想和一致行为。

4. 培养成员解决人际关系问题的能力。

【实训内容】

团体活动第一步为安排成员之间的相识;第二步为自我认识过程;第三步是培养合作意识及成员间彼此接纳与建立信任;第四步希望培养成员解决人际关系问题的能力。

【实训要求】

1. 促进团体成员相识的活动

(1)轻柔体操

目的:放松,减轻焦虑,活跃气氛。体操可以协助成员对自己的身体更加敏感,对自己的存在更有实质的把握。

时间:酌情而定。

准备:全体成员围成圆圈,核心指导者也在队伍里。要求有足够的活动空间。

进行:指导者先带头做一个动作,要求成员不评价、不思考,模仿做三遍。然后每个人依次做一个自己想出来的动作,大家一起模仿。无论什么动作都可以达到放松,减轻紧张气氛。

(2)四人一组,相互认识

目的:初步认识。

时间:数分钟左右。

进行:每个人各向其他三人简单介绍一下自己,然后每个人再把自己听到的其他三人的自我介绍讲给剩下的人听。

(3)八人一组,自我介绍

目的:进一步扩大交往范围,引发个人参与团体的兴趣。

时间:约 8~10 分钟。

操作:两个四人小组合并,八人围圈而坐。每人用一句话介绍自己,一句话中必须包括三个内容:姓名、所属、自己与众不同的特征。当第一个人说完后,第二个人必须从第一个人开始说起,第三个人一直到第八个人都必须从第一个人开始说起,这样做可促使全组注意力集中,相互有协助他人表达正确的倾向,而且在多次重复中,不知不觉地记住了他人的信息。

2. 促进团体成员进一步自我认识的活动

(1)20 个我是谁

目的:认识并接纳自我,认识并接纳独特的他人。

准备:1 张白纸,1 支笔。

操作:指导者让大家开始边思考边回答"我是谁"这个问题,至少写出 20 个。其中最好能既包括自己的优点,也包括自己的缺点。然后请团体成员在小组(四人组,随意组合)内交流。任何人都抱着理解他人的心情,去认识团体内一个个独特的人。最后指导者请每个小组代表发言,交流活动的感受。

(2)人际关系中的我

目的:促进成员全面认识自我。

准备:每人准备好 1 张表(表实训-1),1 支笔。

表实训-1　人际关系中的我

父亲眼中的我	兄弟姐妹眼中的我	朋友眼中的我	自己眼中的我
母亲眼中的我	同事同学眼中的我	爱人（恋人）眼中的我	自己理想中的我

操作：每人发1张表，自己思考后填写，填完后大家一起交流。填写的过程会反映出不同的心态。有些人再一次肯定积极而可爱的自我，但有些人却引发一些长期压抑的感受。指导者要特别注意：成员对哪一个人的看法最重视，为什么，最难填写的是什么，为什么有人填不出来，成员填的内容多是正面的还是负面的。然后指导者要引导成员做探索。这个活动可以从多个角度来看自我，有助于成员全面认识自己。同时，也可以在他人的鼓励下做深入的自我探索。

3. 培养合作意识的活动

（1）同舟共济

目的：增强合作意识，营造团结和谐的团体气氛。

操作：全体成员分为8～10人一组。将报纸看作本小组在落水时唯一的一艘救生艇，请小组成员想办法让更多的人站到报纸上获救，每个人都必须踩到报纸作为支点。看哪一组获救的人最多，团体分享感受。

（2）积极赋义

目的：宣泄情绪，引导学员在积极赋义的过程中学会调整自己的认识。

操作："同舟共济"的小组围成圈坐好，每人发1张白纸，请每位成员将最让自己头疼烦恼的两个小组成员的名字写到纸上，然后讲述这两个人的基本情况与特点。每讲完一个，请小组其他成员帮助他积极赋义。如何积极赋义？如：封闭孤独——积极赋义就是自我保护意识强；竞争意识不强——积极赋义就是不争强好胜。

尽量把缺点赋予积极的意义，使之先从心理上接纳他们。每组一人做记录，将小组所作的所有积极赋义的例子进行团体分享。

（3）脑力激荡

目的：发挥集体力量探讨解决问题的有效办法及途径。

操作：团体总结出5个大家最关心或最烦恼的关于营销小组的问题，分给各个固定组，小组在给定的时间内就本组的题目发表意见，派一人记录，集思广益。写完后，小组代表总结本组讨论结果。全体成员评比，通过评比，拓宽思路，群策群力，获得解决问题的方法。

4. 促进团体成员间彼此接纳与建立信任的活动

（1）信任之旅

目的：通过助人与受助的体验，增强对他人的信任与接纳。

准备：指导者事先要选择好盲行路线，最好道路不是坦途的，有障碍，如上楼、下坡、拐弯、室内室外结合。每人准备蒙眼睛用的毛巾或头巾。

操作:团体成员两人一组,一位作为盲人,另一位作为帮助盲人的人,盲人蒙上眼睛,原地转3圈,暂时失去方向感,然后在帮助人的搀扶下,沿着指导者选定的路线,带领"盲人"绕室内外活动。其间不能讲话,只能用动作指示"盲人"做各种动作。活动结束后两人坐下交流当"盲人"的感觉与帮助别人的感觉,并在团体内交流。然后互换角色,再来一遍。

(2)镜中人

目的:培养成员对他人的敏感性,相互沟通而相互接纳。

操作:团体成员两人一组,一人自由做动作,另一个人模仿,模仿两分钟后互换角色,不可说话,用心体会对方用意。结束后互相交流,看看自己对他人的理解是否正确。然后仍然两人一组,一人说话,一人照原话重复叙述,两分钟后互换角色。结束后两人交流思想,全身心投入地观察理解他人,并学会在今后生活中应用。

(3)哑口无言

目的:学会通过非语言的形式理解他人的感受。

操作:全体围成一个圆形,然后闭上眼睛回忆一下这一周内生活的感受,是疲乏、兴奋,还是焦虑、烦闷。然后每人用手势和表情、体态语言表达出自己内心的感受,让其他成员猜测动作及表情所反映的感受是什么。被猜者说明他人的猜测是否正确及其原因。通过活动,学会从他人的手势、表情、眼神、动作等非语言的沟通方式理解他人,训练自己敏锐地观察他人的感受。

5. 培养成员解决人际关系问题的能力的活动

目的:培养成员解决人际关系问题的能力。

准备:每人1份自我教导语言提示卡(表实训-2)和1张人际问题解决方法提示卡(表实训-3)。

表实训-2　自我教导语言提示卡

我的问题是什么	我该怎么办	专心想一想	做做看	我做得怎么样

表实训-3　人际问题解决方法提示卡

	人际关系	人际问题解决方法	语言反应
情境一			
情境二			
情境三			

操作:指导者先说明指示卡的作用。"我的问题是什么""我该怎么办"帮助我们解决问题时能想出不同的解决方法;"专心想一想"帮助我们集中注意力去解决目前面临的问题;"做做看"帮助我们选择一个适合的方法和答案;"我做得怎么样"帮助我们检验结果,很好时增强信心,不好时不放弃,继续努力。

然后,请每位成员想一想,人际交往中最为难的情境是什么,列在表上,想一想解决的办法及适当的表达。每位成员轮流到团体中央,面对大家,大声说出自己的问题,大家给予鼓励。最后,全体讨论这个方法怎样在今后的实际中运用。

6. 大团圆式的结束活动

目的：通过身体的接触带来温暖和力量使成员在结束前更实在地肯定团体的团结，体验我们在一起的感受，获得支持与信心。

操作：在团体最后一次活动结束时，指导者请大家站立，围成圆圈，将两手搭在两侧成员的肩上，聚拢静默 30 秒。然后轻轻地哼唱大家共同熟悉的歌曲，并随着歌曲旋律，自由摇摆。从儿童歌曲到乡村歌曲，尽量找大家会的，全部投入，一首接一首，使全体成员在一个充满温馨甜蜜而有凝聚力的情景中告别团体，走向生活，留下一个永远的、美好的、极有象征性的、难忘的回忆。

【实训注意】

为保证团队心理训练活动的顺利进行，必须注意以下事项。

1. 在确定团体心理训练目标时，指导者要具有进行个体培训的经验，并参加过团体培训。

2. 在选择、确定训练方案时，应有科学的依据，不可为活动而活动。活动方案应循序渐进，注意前后衔接；必要时，可以邀请督导或同行进行研讨。

3. 团体成员的选择尽量是企业工作要求与个人自愿的有机结合。从企业角度来讲，对药品营销人员进行心理培训是必需的，也是必要的。但只有营销人员的动机明确、态度积极，才可能促进团体凝聚力的形成，达到预期的效果，不然员工就会产生较大的阻抗，训练效果也很难保证。

4. 团队指导者应具有较高的素质和条件。指导者应具有良好的人格特质，对心理训练的理论有深入、全面的了解，具有较高的领导力和专业技巧，有较丰富的培训经验，遵守职业道德。

5. 在训练过程中，指导者应避免低级问题的发生。在训练中常见到的问题，如对队员关心过多，甚至包办代替；或者以专家、领导身份自居，高高在上，或仅仅限于说教；或者为了表现自己的坦率和真诚，自我开放过度，造成成员角色混乱等。

【实训检测】

1. 在信任之旅活动中你有什么样的体验？你认为任务成功完成的要点是什么？

2. 在团体活动中，你自己有些什么样的收获，结合实际工作还应当注意些什么？

参考文献

1. 刘国防.营销心理学.北京:首都经济贸易大学出版社,2007.

2. 吕玲.营销心理学.武汉:武汉理工大学出版社,2008.

3. 王明旭.药品消费者行为学.北京:人民卫生出版社,2006.

4. 于慧川.消费者心理与行为.北京:清华大学出版社,2012.

5. 江林.消费者心理与行为.4 版.北京:中国人民大学出版社,2011.

6. 德尔 I·霍金斯,戴维 L·马瑟斯博.消费者行为学.12 版.符国群译.北京:机械工业出版社,2014.

7. 加里·阿姆斯特朗,菲利普·科特勒.市场营销学.12 版.赵占波、王紫薇译.北京:机械工业出版社,2016.

8. 单风儒.营销心理学.3 版.北京:高等教育出版社,2014.

9. 徐琴.营销心理学.合肥:中国科学技术大学出版社,2012.

10. 林国君.营销心理学.南京:江苏凤凰科学技术出版社,2015.

11. 吴虹.医药市场营销实用技术.北京:中国医药科技出版社,2008.

12. 王玉敏.营销心理学.北京:北京邮电大学出版社,2015.

13. 郭念锋.心理咨询师.北京:民族出版社,2015.

14. 段岩涛,李中扬.药品包装色彩的艺术与技术.包装工程,2008,29(6):139-140.

15. 江燕,陈几香,李秋惠.药品的包装设计对消费者心理的影响.医药报,2010,29(1):130-131.

16. 萨提亚.新家庭如何塑造人.易春丽,译.北京:世界图书出版公司,2016.

17. 程淑丽.销售人员岗位培训手册.人民邮电出版社,2015.

18. 颜江瑛.中国药品安全的伦理学研究.中南大学,2013.

19. 肖涧松.消费心理学.北京:高等教育出版社,2012.

20. 侯胜田,张振洋.医药营销案例点评.北京:中国医药科技出版社,2006.

21. 董国俊,张兰芳,张丽.药品市场营销学.北京:人民卫生出版社,2009.

22. 丛媛.药品营销心理学.北京:人民卫生出版社,2013.

目标检测参考答案

第 一 章

一、选择题

（一）单项选择题

1. D　　2. C　　3. C　　4. D　　5. A

（二）多项选择题

1. ABDE　2. ABC　3. ACD　4. BCE　5. AC

二、问答题

1. 实验法的优点：可以有控制地分析、观察某些现象之间是否存在因果关系，以及相互影响的程度；可以重复检验；通过实验取得的数据比较客观，具有一定的可信度。缺点：人为控制情境强，可能干扰实验结果的客观性。

观察法的优点：比较简便，所得材料真实。缺点：观察者只能被动地等待所要观察事件的出现；观察资料易受观察者本人的能力水平、心理因素的影响；耗费的人力和时间较多。

2.（略）

第 二 章

一、选择题

（一）单项选择题

1. A　　2. C　　3. D　　4. B　　5. C　　6. D

（二）多项选择题

1. ABC　2. BCD　3. ABCDE　4. ACD　5. ABC　6. ABD　7. ABCD　8. ABD

二、问答题（略）

三、实例分析

这则广告成功调动了消费者的感觉、知觉、思维和想象，引起了消费者的注意，并将黑芝麻糊这一产品的形象记忆保存在了大脑中，达到了很好的营销目的。

第 三 章

一、选择题

（一）单项选择题

1. B　　2. B　　3. D

（二）多项选择题

1. BDE　2. ABCD　3. ABDE

二、问答题

1. 个性反映个体差异；个性有一定的稳定性与延续性；个性在一定条件下能够被改变。

2. 自我观念影响着人们对商品价格的认知和接受程度。自我观念也会影响到消费者对商品种类和购买地点的选择。自我观念还会影响消费者对广告的接受程度。

3. 创造一个让消费者接受的概念，并在这个概念的挖掘上引起消费者的注意和共鸣，尽可能深入地影响到目标消费者的精神层面，以达成营销目标，这就是生活方式营销。

4. 无论一个人是怎么生活的，都会有自己的生活原则和处理事情的方式，应该说这些生活中的原则的总和就是一种生活方式，因此生活方式在推广中的运用是十分广泛的。任何行业的品牌或产品都可以从生活方式着手进行诉求，即使是一些比较强调功能性的理性化的行业比如生活用具等也可以从舒适或者色彩以及布局等方面去进行一些生活方式的擦边球营销。

第 四 章

一、选择题

（一）单项选择题

1. D　　2. A　　3. B　　4. C　　5. D

（二）多项选择题

1. BCD　2. ABCDE　3. ABC　4. ABCDE　5. ABCD

二、问答题（略）

三、实例分析（略）

第 五 章

一、选择题

（一）单项选择题

1. C　　2. D　　3. A　　4. B　　5. E

（二）多项选择题

1. ABCDE　2. ABCD　3. ACD　4. BD　5. ABCD

二、问答题(略)

三、实例分析

这种说法是非常错误的。药品的种类很多,服用时间大多有要求,比如脂溶性药品一般适宜饭后服用,水溶性药品一般适宜饭前服用,再比如降糖、降压药也有要求的服用时间。第二,有些药品服用后有不良反应发生,药店营业员将不良反应向顾客强调可以避免误会和恐慌。再者,有些药品不能与一些食品同时服用,比如头孢类药品服用期间乃至随后几天是都不能饮酒的,否则会发生严重的反应。第四,药品配伍禁忌有专门的知识体系,药品配伍不当会导致严重健康事件。综上所述,药店营业员给顾客提供详尽的药品服用注意事项是非常必要的。

第 六 章

一、选择题

(一)单项选择题

1. B   2. B   3. C   4. D   5. C   6. C   7. A   8. B   9. D   10. A

(二)多项选择题

1. ABCD   2. ACD   3. ABC   4. ABCD   5. ABCD

二、问答题(答案略)

三、实例分析

营销人员不能及时与顾客进行沟通,态度冷淡,没有倾听顾客的内心感受。

第 七 章

一、选择题

(一)单项选择题

1. B   2. C   3. E   4. B   5. D

(二)多项选择题

1. ABCD   2. ABDE   3. BCD   4. ABCDE   5. ABCDE

二、问答题

1. 战略目标导向原则,岗位绩效导向原则,以"学习人"为本的导向原则,关注员工的职业生涯发展规划,重视动态因素,增强营销培养的灵活性和适用性。

2. (1)目标激励;(2)参与激励;(3)感情激励;(4)尊敬激励;(5)榜样激励;(6)工作激励。

3. 创新对于药品营销人员而言创新是必不可少的。

营销人员具有灵活的应变能力以迎接市场挑战,在不失原则的前提下,灵活实施应变行为,针对变化的情况,及时采取必要的营销对策。

营销人员应当勇于挑战自我、突破自我,善于发现自我的内在需求,需要不断地进行自我激励与自我超越。

实践可以使任何先进的、独特的营销理念成为过去。营销人员需要不断更新营销理念,清晰地了解现代营销的发展方向,还要掌握和超越一些销售技巧,并且不断去实践,形成自己的特点,走出自己的路子,才能有强大的生命力,才能在激烈的市场竞争中出奇制胜。

第 八 章

一、选择题

（一）单项选择题

1. B　　2. C　　3. D　　4. E　　5. D

（二）多项选择题

1. ABCE　2. ABC　3. ABCE　4. ABE　5. CDE

二、问答题

1. 心理相容、搁置争议、奖罚分明、解决问题透明、公开、民主集中制。

2. 统一目标,团队利益的一致化;提高士气,充分调动积极性;提升能力,共同成长。

三、实例分析

尽管医药产业在不断发展,医药营销人才队伍中从业人员的素质和能力良莠不齐,非"科班"出身的不在少数。营销团队的核心成员要求具备极高的综合素质,不但要掌握扎实的专业基础知识,还需具有深厚的社会知识以及高超的销售技巧。

(1)具有医药专业知识学习背景。作为一名医药营销者,必须对药学知识有较全面系统的掌握和了解,这是开展好营销工作必备的前提和基础。必须熟练掌握的专业知识至少应该包括基本的医药市场营销学、客户管理、医学基本知识以及常用药物学,其中包括药物基本作用机制(药动学和药效学),功效和常见不良反应,还应该具备一定的法律法规知识。

(2)具备较高的医药销售技巧和能力。营销创新团队成员不仅要掌握扎实的专业基础知识,还须具有广泛的社会知识以及高超的销售技巧。①较强的沟通表达能力;②较好的组织策划和管理协调能力;③较好的团队合作精神和人际关系处理能力;④较好的职业素养;⑤吃苦耐劳、勇于奉献的精神;⑥具备自信自制的特质;⑦诚实正直的人格品质;⑧适应环境的交际能力;⑨较好的客情维护的能力;⑩较强的医药政策的研究能力。营销团队成员掌握了上述能力和技巧则可以达到事半功倍的营销效果。

药品营销心理学课程标准

（供药学、药品经营与管理专业使用）

ER-课程标准